本专著为教育部青年基金项目（直播带货情景下社会线索对消费者贡献行为的影响机制研究：社会临场感视角 22YCZH099）阶段性研究结果

直播带货情景下消费者贡献行为的影响机制研究

廖文虎◎著

吉林大学出版社

·长春·

图书在版编目（CIP）数据

直播带货情景下消费者贡献行为的影响机制研究 /
廖文虎著. -- 长春：吉林大学出版社，2024. 5.
ISBN 978-7-5768-3291-4

Ⅰ. F713.36；F713.55

中国国家版本馆CIP数据核字第2024XJ1893号

书　　名：直播带货情景下消费者贡献行为的影响机制研究
　　　　　ZHIBO DAIHUO QINGJING XIA XIAOFEIZHE GONGXIAN XINGWEI DE YINGXIANG JIZHI YANJIU

作　　者：廖文虎
策划编辑：殷丽爽
责任编辑：殷丽爽
责任校对：安　萌
装帧设计：雅硕图文
出版发行：吉林大学出版社
社　　址：长春市人民大街4059号
邮政编码：130021
发行电话：0431-89580036/58
网　　址：http://www.jlup.com.cn
电子邮箱：jldxcbs@sina.com
印　　刷：天津和萱印刷有限公司
开　　本：787mm×1092mm　　1/16
印　　张：17
字　　数：300千字
版　　次：2024年5月　第1版
印　　次：2025年1月　第1次
书　　号：ISBN 978-7-5768-3291-4
定　　价：78.00元

前 言

随着直播带货的迅速发展，越来越多的企业走向直播带货的模式。实践表明直播带货比单一渠道的零售商在短时间内更加成功。在直播带货的背景下，传统零售商逐渐向线上进行扩张。然而，随着消费者主体特征和行为方式的变化，越来越多的消费者选择将直播间作为一种娱乐和打发时间的场所，消费者对企业的贡献率越来越低。面对这一严峻的形势，如何提升消费者贡献行为，增强消费者对直播间产品的购物和分享是零售商亟待解决的问题。

目前，学术界对贡献行为的研究主要集中在信息管理领域，一些学者分别从社会认同理论、动机理论、社会资本理论、承诺理论、期望确认理论、观察学习理论、领导–成员交换理论等视角来研究虚拟社区用户贡献行为。此外，部分学者还将贡献行为进一步分成初始贡献行为、持续贡献行为和整体贡献行为，从这三个方面进一步研究贡献行为。由于大部分贡献行为的研究都集中在信息管理领域，较少从营销领域，特别是基于直播带货的情景来研究消费者贡献行为，本书从营销的视角来研究直播带货情景下消费者贡献行为的影响因素，丰富了已有直播带货的相关研究，扩展了贡献行为的研究范畴，具有重要的理论价值和实践意义。

本书在对相关文献和相关理论进行回顾的基础上，首先通过访谈，获取影响消费者贡献行为的因素，通过归纳和总结，将影响消费者贡献行为的因素归纳为背景图片、背景音乐、直播间的人气、产品展示、产品吸引力、消费者评论、消费者互动、网红可信性、网红专业性、网红吸引力、AR App设计、自我披露、服务补救十三个因子。并在此基础上，进一步将其归纳为网红特质、社会线索、产品展示、AR App设计、网红自我披露和服务补救六个副范畴。最终，将其归纳为人、场、货、其他情景四个主范畴，为直播带货情景下的消费者贡献行为探讨奠定了基础。

其次，本书参照Churchill（1979）量表开发流程对消费者贡献行为进行量表开发，利用前文访谈获得的相关资料，通过关键事件法，通过多人编码，生成初始测量题项。并在此基础上，通过预调研来净化测量题项。随后通过正式调研，通过信效度评估，生成正式的消费者贡献行为量表，并将其划为主动贡献行为和反应贡献行为，由七个题项进行测量。

再次，本书在对人的因素进行研究时，通过构建网红特质与消费者贡献行为之间的研究模型，通过引入调节变量涉入度，进一步研究网红特质与消费者贡献行为之间的影响机制。通过研究发现，网红可信性显著正向影响产品质量感知和唤醒感知，网红专业性显著负向影响产品质量感知和唤醒感知，产品质量感知显著正向影响消费者贡献行为，唤醒感知与消费者贡献行为之间不相关。产品质量感知在网红可信性、网红吸引力与消费者贡献行为之间起中介作用。涉入度在网红可信性、网红吸引力与产品质量感知之间发挥调节作用。涉入度在网红可信性与唤醒感知之间发挥调节作用。

然后，本书在对场的因素进行研究时，通过构建社会线索与消费者贡献行为之间的模型来探求社会线索对消费者贡献行为的影响机制。结构方差模型研究发现：物理性社会线索显著正向影响社会临场感、场景依恋，人员性社会线索显著正向影响社会临场感、场景依恋，氛围线索显著正向影响社会临场感、场景依恋。社会临场感显著正向影响消费者贡献行为，场景依恋与消费者贡献行为之间不相关。模糊分析法研究发现：在核心条件为物理性社会线索、人员性社会线索，边缘条件为氛围线索、社会临场感时，会产生较高的贡献行为；在核心条件为物理性社会线索、氛围线索，边缘条件为人员性社会线索、场景依恋时，会产生高的贡献行为；在社会临场感、场景依恋核心条件缺失，人员社会线索、氛围线索边缘条件缺失时，会产生非高的贡献行为；在社会临场感、场景依恋核心条件缺失，物理性社会线索边缘条件缺失，边缘条件为人员性社会线索、氛围线索时，会产生非高的贡献行为。

最后，本书在对货的因素进行研究时，通过构建产品展示与消费者贡献行为之间的研究模型来探求产品展示对消费者贡献行为的影响机制。研究发现：产品展示生动性与认知不信任之间不相关，产品展示生动性显著负向影响情感不信任。产品展示互动性显著负向影响认知不信任和情感不信任。认知不信任和情感不信任显著负向影响消费者贡献行为。认知不信任在产品展示互动性与消费者贡献行为之间起中介作用。情感不信任在产品展示生动性、互动性与消费者贡献行为之间起中介作用。

另外，本书还针对其他情景进行了研究，通过构建AR设计、网红自我披露、服务补救与消费者贡献行为之间的研究模型来探求AR App设计、网红自我披露、服务补救与消费者贡献行为之间的影响机制。研究发现AR App设计会显著影响叙事传输和空间沉浸。叙事传输和空间沉浸会显著正向影响消费者贡献行为。涉入度在AR App设计与叙事传输和空间沉浸之间发挥调节作用。产品知识在叙事传输、空间沉浸和贡献行为之间发挥调节作用。网红自我披露显著正向影响网红可信性、专业性和吸引力。网红可信性、专业性、吸引力与消费者贡献行为之间呈现正相关关系。网红可信性、专业性、吸引力在网红自我披露与消费者贡献行为之间起中介作用。产品知识在网红专业性、吸引力与消费者贡献行为之间发挥调节作用。服务补救（有形补偿和心理补偿）显著正向影响心理契约。心理契约显著正向影响消费者宽恕。消费者宽恕显著正向影响消费者贡献行为。准浪漫关系在心理契约与消费者宽恕之间发挥负向调节作用。

除此之外，本书还以YT百货为例，来研究直播带货情景下消费者贡献行为的影响机制，研究发现在人的因素方面，网红自身的属性如可信性、专业性和吸引力会对消费者贡献行为产生重要的影响。在场的方面，直播间的陈设布置等物理性社会线索、直播间的观看人数等氛围线索会影响消费者贡献行为。在货的方面，产品的展示、产品自身的吸引力也会影响消费者贡献行为。此外，在直播带货过程中，由于性别、年龄、收入、职业的差异，造成不同消费者之间在进行产品分享和购买时会产生差异，而企业适时的促销、企业自身的声誉等也会影响消费者最终的产品分享和购买等贡献行为。除了以上两个因素以外，竞争对手的力度也是影响消费者贡献行为的一大因素。竞争对手的促销力度，大牌网红的选择，都会影响最终消费者对产品的分享和购买等贡献行为。

通过探讨，本书认为多基于直播带货的场景，整体实施布局；重视人的因素，合理选择主播进行直播；重视场的因素，营造良好的社会线索；重视货的因素，提升产品的展示水准。

笔者在撰写本书时，参考了大量资料，书中部分图表未标明来源均为笔者自绘。由于笔者水平有限，加之时间仓促，书中难免有不足之处，希望广大读者及时指正，在此表示真诚的感谢。

廖文虎

2024年1月

目　　录

第一章　导　论

第一节　选题背景

2021年12月召开的中央经济工作会议，强调结构政策要着力畅通国民经济循环。要深化供给侧结构性改革，重在畅通国内大循环，重在突破供给约束堵点，重在打通生产、分配、流通、消费各环节。直播带货作为国内大循环中流通环节的一个方面，在近年来得到迅速的发展。根据淘宝公布的2021年3月数据显示，直播为当月商家带来的成交订单数同比增长超过160%。新开播商家数同比增长近3倍，直播场次同比增长190%。数字经济时代，越来越多的企业走向直播带货的道路，寄希望于直播带货这种模式来提升企业的业绩。

数字经济时代，越来越多的主播走上直播平台，为企业带货。然而企业在直播带货的过程中，由于各种缘由如主播选择不合适等，造成消费者不愿意参与相关产品的讨论，也不愿意对相关产品进行分享和购买，这些在一定程度上对企业自身的业绩造成一定的影响。如何使消费者在观看主播直播带货的过程中积极购买企业的产品，是企业亟待解决的重要问题之一。

一、现实背景

（一）直播带货稳步增长，越来越多的企业走向直播带货

根据2022中国直播带货行业报告，我国电商直播自2016年兴起以来得到了一定的发展。此外，根据抖音2022年电商上半年行业报告，直播带货场次高达5 000万以上，同比增长198%。带货视频数高达8 000万以上，同比增长460%。带货达人数高达300万以上，同比增长141%。品牌数达30万以上，同

比增长20%。商品数达1亿以上，同比增长109%。行业涉及服装、家具建材、医药保健、宠物用品等，越来越多的实力品牌强势抢占市场。这些都进一步表明，直播带货已变成一种趋势，越来越多的企业逐渐走向直播带货的道路。

（二）在直播带货情景下，越来越多的消费者通过信息分享来进行购买

数字经济时代，口碑变得越来越重要。越来越多的消费者通过口碑、通过信息分享来进行产品的购买。直播带货情景下，消费者会根据人（网红）–货（产品）–场（直播间的线索）所展现出来的口碑、线索，来决定是否进行信息分享和购买。此外，大量的事实也表明企业产品口碑、消费者信息分享都会在一定程度上影响消费者购买。如在直播带货中，常见的美妆，更多情况下是消费者根据第三方平台的口碑或身边的朋友进行的信息分享，而决定购买的。因此，在直播带货情景下，企业要鼓励消费者积极进行信息分享。通过信息分享，促进消费者更好地购买。

（三）消费者贡献行为的重要性日益突出

大量的事实表明企业必须向客户学习并与客户合作，以创造满足其个性化和动态需求的价值。对于企业而言，消费者提供的相关信息是他们长期生存和繁荣的宝贵资源。对于消费者来说，这些用户生成的内容逐渐成为他们搜索、评估和选择产品的重要信息来源之一。在直播带货情景中，部分主播由于其本身的人气较低，粉丝数量不足，往往造成带货效果较差，在一定程度上造成产品销量不足。此时，消费者及时有效的产品信息分享，则有利于其他消费者搜集相关的产品信息，并及时地评估和购买。这种分享模式，则在一定程度上增加了直播带货的成功率，提高了企业的销量，对企业的发展和业绩的提升有一定的作用。

综上所述，随着直播带货的兴起，越来越多的消费者选择在直播间进行购物。企业产品的口碑、主播的吸引力、直播间的氛围等会吸引消费者，在一定程度上促使消费者对产品相关的信息进行分享，并产生购买行为，而对相关产品的分享，则会吸引更多的消费者到直播间进行购买，对企业产品的销量、品牌价值的提升都会产生重要的影响和意义。

二、理论背景

直播带货又称为直播购物。梁芷璇（2019）认为直播购物是一种客户服务行为，商家和直播借助媒介工具，在直播间将商品向客户展示并实时解答疑问，通过增进与用户的互动激发其购买行为。

目前，学者对直播购物的研究主要集中在四个方面。第一，基于直播购物的特征。Su等（2020）在研究直播购物过程中消费者对绿色产品购买意愿时，选择从可视化的视角来研究其是如何通过社会临场感、自尊来影响消费者绿色产品购买意愿的。Sun等（2019）在研究直播购物是如何影响消费者购买意愿时，将直播购物特征分为可视化的功能、反馈功能、导购功能三个维度，并进一步研究其是如何通过沉浸和临场感来影响消费者购买意愿的。第二，基于直播购物的内容。Xu等（2022）在研究网红社会资本对消费者购买意愿的影响时，发现网红的专业素养、对直播的相互期望以及消费者的类社会关系会对消费者购买意愿产生影响。网红负面公共事件的发生会显著降低消费者的购买意愿。Chen（2020）在研究产品刺激和社会刺激对消费者冲动性购买时，发现产品刺激和社会刺激会通过中心观看者的积极情绪来影响冲动性购买。Geng等（2020）在研究网红经济背景下的电商平台内容营销时，发现网红代言会对营销结果产生一级效应和二级效应。刘凤军等（2020）则研究网红信息源特性对消费者购买意愿的影响。第三，基于直播购物的动机。Cai等（2018）在研究直播购物的动机时，将直播购物的动机分为功利性动机和享乐性动机，研究发现享乐动机与名人导向动机正相关，功利动机与产品导向动机正相关。第四，基于整体的视角。Li等（2020）基于替代学习的视角，研究直播购物意愿的影响因素，研究发现叙事、对比、鼓励、口碑、观察学习等会通过情感承诺、产品知识、团体识别在一定程度上影响直播购物意愿。

贡献行为是指用户在社区中进行信息分享的行为，分享的形式包括文字、图片、音频和视频等（Ipe，2003）。目前，对贡献行为的研究主要集中在信息管理领域，一些学者分别从社会认同理论、动机理论、社会资本理论、承诺理论、期望确认理论、观察学习理论、领导成员交流理论等视角来研究虚拟社区用户贡献行为。

综上所述，已有的直播带货的研究，主要集中在消费者行为领域，而贡献行为的研究主要集中在信息管理领域。将信息管理领域的贡献行为延伸到消费者行为领域，具有重要的意义。

第二节　研究目的与意义

一、研究目的

直播带货作为一种营销活动，对提升企业的竞争力，改善企业与顾客之间的关系发挥一定的作用。目前在直播带货的研究方面，一些学者主要从直播购物的特征、内容、动机等视角进行研究。在直播购物的特征上，Sun等（2019）在研究直播购物是如何影响消费者购买意愿时，将直播购物特征分为可视化的功能、反馈功能、导购功能三个维度，并进一步研究其是如何通过沉浸和临场感来影响消费者购买意愿的。在直播购物的内容上，Xu等（2022）在研究网红社会资本对消费者购买意愿的影响时，发现网红的专业素养、对直播的相互期望及消费者的类社会关系会对消费者购买意愿产生影响。网红的负面新闻会在一定程度上降低消费者的购买意愿。在直播购物的动机上，Cai等（2018）在研究直播购物的动机时，将直播购物的动机分为功利性动机和享乐性动机，研究发现享乐动机与名人导向动机正相关，功利动机与产品导向动机正相关。由于在直播带货的研究上，一些学者并没有达成统一的研究框架，更多是基于相关单一的视角进行研究，本书尝试着基于人（网红）-场（直播间的社会线索）-货（产品）-其他情景（AR、自我披露）的视角构建直播带货的框架。

消费者贡献行为强调对产品信息、图片的分享，对提升产品销量和品牌认知发挥重要作用。在直播带货过程中，直播间的网红、直播所展现出的社会线索、产品都会影响消费者最终的贡献行为，两者之间的机制是什么，如何影响是本书的又一研究目的。

二、研究意义

以往在直播带货的研究上，一些学者集中在直播购物的特征、内容和动机的研究上面，其中网红为主要研究对象。本书在研究直播带货时，基于人–场–货–其他情景的视角，构建直播带货情景下消费者贡献行为的研究，扩大了已有贡献行为的研究范畴。

在实践过程中，由于互联网信息技术的发展，使得信息搜索成本大大降低。越来越多的消费者选择在不同渠道上进行信息搜索和购买，口碑变得越来越重要。直播带货不再是消费者唯一的选择。如何增强消费者贡献，让消费者进行产品分享和购买，对企业选择直播带货有重要的意义和价值。

第三节　研究内容、方法、思路

一、研究内容

在直播带货背景下，消费者信息搜索成本降低。越来越多的消费者选择在不同渠道之间进行信息搜索和渠道转换，消费者不再将直播带货作为唯一的选择，越来越多的消费者不再进行信息的分享和购买，消费者贡献行为变得越来越弱。相关研究发现，网红、直播间的氛围、产品等会对消费者贡献行为产生影响。基于人–场–货的视角，研究网红、社会线索、产品是如何影响消费者贡献行为。彼此之间的机制是什么？是本书需要解决的问题。

（一）进一步对消费者贡献行为进行阐述

在信息管理领域，贡献行为被界定为用户在社区中进行信息分享的行为，分享的形式包括文字、图片、音频和视频等（Ipe，2003）。在消费者行为领域，如何界定贡献行为，是本书需要重点阐述的问题之一。通过参照信息管理领域对贡献行为的界定，基于直播带货的情景，本书将研究直播带货情景下消费者贡献行为的概念和范畴。

（二）消费者贡献行为量表开发

已有贡献行为的研究主要集中在信息管理领域，一些学者将贡献行为划分为不同的维度。秦敏等（2017）在研究线上产品创新与贡献行为时，将贡献行为划分为主动贡献行为和反应贡献行为两个维度。王莉雅等（2022）在研究用户贡献行为时，则选择从贡献数量和贡献质量来测量贡献行为。胡名叶（2017）在研究虚拟社区对用户贡献行为时，将贡献行为划分为初始贡献行为和持续贡献行为两个维度。秦敏等（2020）在研究在线用户社区用户贡献行为形成机制时，将贡献行为作为单独的一个维度进行测量。由于贡献行为并没有统一的划分标准。在直播带货情景下，需要对消费者贡献行为进行重新划分和归纳。

（三）基于人–场–货–其他情景视角探求影响消费者贡献行为的机制

消费者贡献行为强调的是消费者对产品信息的分享和购买，包括文字、图片、音频等信息的分享。本书通过访谈、通过编码从人–场–货–其他情景视角构建影响消费者贡献行为的机制，即从网红、社会线索和产品、其他情景四个角度分别构建影响消费者贡献行为的研究模型。

综上所述，本书通过构建人–场–货–其他情景视角下消费者贡献行为的研究模型，探索网红、社会线索、产品是如何影响消费者贡献行为的，明确人（网红）、场（社会线索）、货（产品）、其他情景（AR和自我披露）与消费者贡献行为之间的关系。

二、研究方法

本书以直播带货和贡献行为的研究为基础，结合刺激–有机体–反应、场景理论等提出假设，选取有直播购物经历的消费者，以其参与贡献行为时的状况及心理为依据进行数据的收集，通过实证研究探索网红、社会线索、产品与消费者贡献行为之间的关系。

（一）文献研究

本书通过对国内外相关文献进行归纳和总结，了解相应的研究现状，确定本书需要进行研究的切入点；通过对与直播带货、网红、社会线索、产品展示、贡献行为等相关的文献进行总结，确认本书需要进行研究的内容和方向；在对相关概念进行界定的基础上，以刺激-有机体-反应理论为基础，构建人（网红）-场（社会线索）-货（产品）视角下的消费者贡献行为研究模型。

（二）问卷调查

本书通过问卷调查的方法对书中相应的变量进行测量。在问卷形成初期，本书通过对预调研对象进行调研，发现问卷中存在的问题，并对存在的问题进行局部修改，保证问卷的合理性与科学性。此外，在预调研过程中，为了保证问卷的合理性和准确性，本书对问卷的信度和效度进行相应的检验。在此基础上，本书进行大规模的问卷发放，数据的搜集。

（三）数据分析

本书采用SPSS20.0和AMOS22.0等统计软件进行数据分析，采用回归分析、t检验、探索性因子分析、验证性因子分析、结构方程模型等分析方法进行数据分析和假设检验。

（四）访谈法

本书主要对消费者贡献行为这一变量进行相应的访谈，并将访谈文本的内容进行分析，获得消费者对直播带货情景下的贡献行为认知的真实感受和内容特征，同时提取关键性影响因素。

三、研究思路

为达到对直播带货背景下消费者贡献行为的影响的研究目的，本书采用如下步骤。第一，文献综述。本书通过对直播带货、网红、社会线索、产品展示、贡献行为相关研究的分析，在现有研究的基础上，构建人（网红）-场（社会线索）-货（产品）-其他情景（AR、自我披露）视角下消费者贡献行为的影响研究。第二，建立模型。在相关理论分析的基础上，分别从人（网红）、场（社会线索）、货（产品）、其他情景（AR、自我披露）视角构建消费者贡献行为的模型。第三，方案的确定和实施。通过访谈进行文本的收集及信息的提取，通过调研进行数据的收集，利用SPSS和AMOS进行相应的数据处理及假设验证。第四，研究结论与展望。通过对前文数据进行分析，得出相应的结果，并进行讨论，得出本书最终的结论。在此基础上，提出相应的对策，并针对本书中存在的不足，提出本书未来的研究方向。本书具体技术路线如图1-1所示。

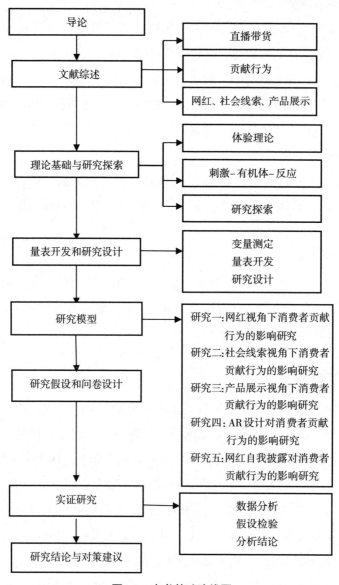

图1-1　本书基础路线图

第二章 文献综述

本章分别对直播带货、网红、社会线索、产品展示、贡献行为、AR、涉入度和产品知识的相关研究进行回顾。在直播带货的综述中，重点对直播带货的概念进行界定。在网红的综述中，分别从概念的界定、网红存在的问题等进行综述。对社会线索的综述，主要从社会线索概念界定和维度的划分来进行综述。对产品展示综述中，主要从产品展示的界定、维度划分来综述。在贡献行为的综述中，主要从贡献行为概念的界定、维度划分来综述。在AR的研究上，主要从AR的概念界定、AR相关的研究来进行综述。在涉入度的研究上，主要从涉入度的概念和维度划分来进行综述。在产品知识的研究上，主要从产品知识的概念和相关研究来进行综述。通过对以上研究进行综述，找出研究中存在的不足，明确本书的研究目的。

第一节 直播带货

一、直播带货界定

直播带货作为网络直播的一个分支，不同领域的研究者对其具有不同的定义。谭羽利（2017）将直播带货界定为一种商业模式，以直播为方法，利用直播媒介将用户与商品销售关联在一起。郑兴（2019）认为直播带货是一种营销行为，是网络直播实时交流、互动特征在电子商务领域的应用。梁芷璇（2019）认为直播带货是一种客户服务行为，商家和主播借助媒介工具，在直播间将商品向客户展示并实时解答疑问，通过增进与用户的互动激发其购买行为。国外学者Chen（2017）认为直播带货是一种新型互动直销渠道，主要用于销售服装等。Cai等（2019）认为直播带货是嵌入实时社会互动的一种新型电子商务模式。

二、直播带货相关研究

国内外学者对直播购物的研究主要集中在四个方面。第一，基于直播购物的特征。Su等（2020）在研究直播购物过程中消费者对绿色产品购买意愿时，选择从可视化的视角来研究其是如何通过社会临场感、自尊来影响消费者绿色产品购买意愿的。Sun 等（2019）在研究直播购物是如何影响电商购买意愿时，将直播购物特征分为可视化的功能、反馈功能、导购功能三个维度，并进一步研究其是如何通过沉浸和临场感来影响消费者购买意愿的。Su（2019）研究发现直播过程中，直播平台的易用性、有趣性、有用性等会影响消费者直播购物意愿。Ma 等（2019）研究发现直播过程中，消费者感知平台的易用性、有效性、社会价值、社会临场感会影响直播购物意愿。Tong等（2017）以空间临场感和社会临场感为中间变量，证实直播购物的互动、真实和生动等特性显著影响消费者购买意愿。喻昕等（2017）基于沉浸理论对用户参与弹幕互动行为展开理论研究，认为弹幕信息是网络直播中互动性、娱乐性、可视性与有用性的体现。刘洋等（2020）研究发现网络直播购物中真实性、娱乐性和可视性显著正向影响消费者唤醒情绪和愉悦情绪，并最终影响消费者购买意愿和冲动性购买。第二，基于直播购物的内容。Chen（2020）在研究产品刺激和社会刺激对消费者冲动性购买时，发现产品刺激和社会刺激会通过中心观看者的积极情绪来影响冲动性购买。Geng等（2020）在研究网红经济背景下的电商平台内容营销时，发现网红代言会对营销结果产生一级效应和二级效应。Quan 等（2020）以网红为例，在研究直播过程中类社会交互的经济性时，发现关系奖励、自我披露、情感交互、信息交互、信息的数量会影响消费者购买意愿。Ko 等（2020）基于类社会互动视角探求直播购物的影响因素，研究发现直播者自身的专业性、相似性、社会临场感会通过类社会互动来影响购物意愿。陶金国等（2017）则基于网红的发展模式，研究网红模式下消费者购物意愿的影响因素。周延风等（2018）则基于社交媒体的传播，研究网红社交媒体传播和消费者情感倾向分析。孟陆等（2020）则基于不同类型直播网红信息源特性，研究其对消费者购买意愿的影响。第三，基于直播购物的动机。Cai等（2018）在研究直播购物的动机时，将直播购物的动机分为功利性动机和享乐性动机，研究发现享乐动机与名人导向动机正相关，功利动机与产品导向动机正相关。第四，基于整体的视角。Li等（2020）基于替代学习的视角，研究直播购物意愿的影响因素，研究发现叙事、对比、鼓励、口碑、观察学习等会通过情感承诺、产品知识、团体识别来影响直播购物意愿。刘平胜等（2020）研究发现直播带货影响粉丝购买决策的主要环节在关注、兴趣、搜寻三个阶段，而优秀的内容、激励机制、网红的特有魅力、良好的互动、对网红的信任均能显著正向影响粉丝购买决策。但鸣啸等（2020）在研究网络直播营销对购买意愿的影响时，发现直播互动性、感知有用性、直播娱乐性、直播促销价、意见领袖、信任等会对购买意愿产生影响。

第二节　网红

一、网红的概念

中国广告协会在2020年"网红主播"发布的《网络直播营销行为规范》中，将主播界定为在网络直播营销活动中与用户直接互动交流的人员。孟陆等（2020）认为网红主播是借助各种直播平台媒介，以追求时尚自居，以独到的眼光和品位获得影响力，以此获得粉丝追捧，并将一定量的粉丝群体转化为购买力的人。刘凤军等（2020）认为网红主播是商家借助网红在直播过程中对粉丝的感召力，影响潜在消费者对商家产品或品牌的认知或情感，从而达到增强关注及购买的营销目的。谢莹等（2019）认为网红主播是在直播平台上通过对商品的试用和经验分享为消费者提供商品展示，进而促进消费者点击购买商品的新型群体。周延风等（2018）认为网红主播不仅指凭借各种互联网媒介在公众中获得高知名度、广泛影响力的人，还包括抽象的概念、物等。国外学者

Abidin（2015）将主播界定为日常的普通互联网用户，他们通过个人生活和生活方式的文本和视觉叙述，在社交软件上积累了大量的追随者，并在数字和物理空间与他们的追随者互动，通过将软文广告整合到他们的社交软件上，将他们的追随者货币化。Ye等（2021）将网红界定为数字平台上各种有影响力的用户。

本书在网红界定上参照中国广告协会对主播的界定，将其界定为在网络直播营销活动中与用户直接互动交流的人员。

二、网红存在的问题

随着网红在短时间内的暴增，产生了一些问题：第一，由于网红主播水准的良莠不齐，造成直播的同质化比较严重（韩萧亦，2020）。第二，网红主播虚假宣传导致较高的退货率。根据中国消费者协会最新发布的《直播电商购物消费者满意度在线调查报告》显示，大约有37%的消费者在直播购物中遭遇到虚假宣传的问题。第三，网红销售转化率忽高忽低。虽然直播给予了电商平台较高的流量，但潜在的消费者不一定就等同于购买者。很多电商平台为了追求流量，雇佣明星来帮助品牌带货，但效果甚微，看似较高的成交量往往伴随着较高的退货率。第四，直播行业乱象丛生，很多商家为了获利，向消费者销售假的产品。由于缺乏正规的维权渠道，消费者往往只能自食苦果。为了消除直播过程中的弊端，各大电商平台加强了对网红主播的培训和管理。如淘宝开展的直播导购师培训和认证，通过对主播进行培训来更好地服务商家和消费者。此外，各地政府机关也大力扶持直播经济，积极对主播进行培训，如杭州的青年电商主播培训基地等。随着直播从业人员的扩大，我国加大了对直播的规范力度，如2019年1月1日实施的《中华人民共和国电子商务法》就对直播的主体行为进行明确的规定。2021年5月1日，实施的《网络交易监督管理办法》则明确规定了"社交电商""直播带货"各方责任义务。

三、网红相关的研究

目前学者们对网红营销的相关研究主要集中以下五个方面。

（一）网红营销的说服力

网红营销作为一种新兴的营销策略，其说服力在一定程度受到了人们的广泛关注。具体来说，这一主题的研究可以分为两个子主题。

首先，一些学者针对网红营销效果的影响因素进行大量的研究，主要分为三个不同的组，分别是网红、内容和消费者特征。首先，关于网红特质，因素如网红类（Schouten et al.，2020）、专业性和可信性（Breves et al.，2019）、外表和社交吸引力（Lee et al.，2016）、追随者和被追随者的数量（Veirman et al.，2017）、受喜欢的数量（Kay et al.，2020）、网红的同质性（Ladhari et al.，2019）已经被认为是影响网红营销效果的重要因素。至于内容特征、讯息的吸引力（Zanon et al.，2016）、讯息的面向（Veirman et al.，2020）、微博信息的质量（Balabanis et al.，2019）、帖子内容的享乐价值（Hughers et al.，2019）和品牌内容特征（Jin et al.，2020）已经被认为是影响消费者对网红所推广的品牌或服务反应的重要因素。在消费者特征方面，网红自我一致性（Shan et al.，2020）、动机和信息处理的参与（Balabanis et al.，2019）、虚荣、意见领导、时尚意识（Jin et al.，2019）、对网红的妒忌和类社会互动（Jin et al.，2020）已经被认为是重要的因素。除此之外，还有文化特征（Hong et al.，2014）和平台特征（Hughes et al.，2019）等其他因素也在之前的网红营销研究中进行了调查。

其次，一些论文试图揭示影响者营销的潜在机制。在之前的研究中，人们经常研究信息源和信息可信度，以解释网红营销是如何工作的（Lou et al.，2019；Schouten et al.，2020）。此外，为了更好地理解网红营销是如何运作的，一些中介变量需要被识别如类社会互动（Shan et al.，2020）、感知相似性和渴望认同（Schouten et al.，2020）、钦佩（Jans et al.，2020）、对网红的情感依恋和网红的流行性（Ladhari et al.，2020）。

（二）利益相关者视角下的网红营销

从战略传播的角度出发，构建一个概念框架来揭示战略影响者传播的过程（Sundermann et al.，2019）。更具体地说，确定流程中的主要利益相关者，并且揭示了他们之间的相互联系。根据框架中确定的主要利益相关者，该研究可以分为三个子主题。一是研究企业在战略影响者沟通中的作用。更好地指导管理者和公司选择合适的有影响力的人来认可他们的产品或服务。Lin，Bruning和Swarna（2018）提出了一个五个阶段规划程序。他们认为，管理者首先需要设定活动的目标和网红的角色。其次，他们需要确定有影响力的和相关的有影响力的人，并将他们所推广的产品或服务与有影响力的人和媒体平台相匹配。最后，他们应该以一种符合他们社会角色的方式来奖励网红，并最终协商、监督和支持网红的影响（Grave，2019；Navarro et al.，2020；Uzunoglu et al.，2014）。二是研究影响者自身在战略影响者传播中的作用。首先，为了更好地理解为什么博主愿意在他们的博客上分享他们的感受、经历和观点，在之前的研究中揭示了许多动机，如自我表达、生活记录、论坛参与和信息寻找（Huang et al.，2007）。同样，Ting等（2014）发现感知有用性、声誉、利他主义和信任对博主的博客意愿有正向影响。此外，作为品牌和受众之间的中介，网红必须小心地掌控自己与受众和所合作品牌的关系。Gannon、Prothero（2018）及Wellman等（2020）强调了真实性的重要性，以缓解因将品牌信息整合到媒体内容中而产生的紧张关系。此外，Emadi和Yahia（2020）强调了可信度、讲故事和内容质量、与平台的契合、实际的和渴望的形象同质性及一致性对网红在社交媒体上获得名声和意见领袖的重要性。三是研究受众的角色。在网红营销传播过程中，网红和公司鼓励受众产生反馈，帮助传播广告内容（Abidin，2016；Kozinets et al.，2010）。为了为网红和公司提供如何利用受众实现共同创造价值的指导方针，一些研究已经被引导来确定受众参与博客的动机。例如，Huang等（2008）发现人们阅读博客的动机有四种，即情感交流、信息搜索、娱乐和赶时髦，进一步证明这些因素对受众接受博主的观点及与之互动和传播的意愿有显著影响。此外，一些研究从受众的角度探讨了他们如何看待网红营销现象，以及网红在他们日常生活中的作用。例如，Choi（2020）发现，当受众表现出对时尚博主的偏好时，会引发一种社会比较的倾向。Olsson等（2019）研究了儿童如何看待YouTube上的做法，发现儿童把YouTube上的博主看成名人，并把YouTube视频解读为广告、"小技巧"和学习的场所。

（三）特定产品类别和行业下的网红营销

相关研究是针对特定产品类别和行业的网红营销，如奢侈品、美容、旅游、食品、游戏、健身或玩具。根据不同的产品类别和行业，该主题研究可分为三个子主题。第一个子主题是时尚、奢侈品和美容产品的网红营销。许多研究人员进行文本分析、结构访谈和叙事分析去探求网红如何组织他们的品牌故事（Mazzoli et al.，2019）。例如，Kretz和Valck（2010）对时尚博客的内容进行分析，并对时尚博主进行深度访谈，发现博主根据其性格类型不同，将显性和隐性文本和视觉品牌刺激结合在一起。第二个子主题是旅游行业的网红营销。为了更好地理解网红营销在旅游过程中的使用，研究人员试图调查游客的体验是如何在旅游博客中被描述和表达的，以及这些信息如何影响博客读者的决策过程（Pan et al.，2007；Volo，2010）。例如，Volo（2010）发现博主倾向于描述他们旅行的每一个方面，从访问事件到整体印象。更具体地说，是目的地的各个方面，如景点、天气、基础设施、食物、交通、餐厅、酒店和安全问题，都是旅游博客的主要内容（Pan et al.，2007）。目的地营销人员可以监控博客作者对各个方面的评价，以评估他们的服务质量，提高旅行者的整体体验。第三个子主题是食品、游戏、健身和玩具等其他领域的网红营销。例如，Coates等（2019a）研究了食品网红营销对儿童食物摄入量的影响，结果表明，不健康食品的网红营销增加了儿童的即时食物摄入量，而健康食品的认可对儿童的食物摄入量没有影响。Wang等（2020）利用社交媒体上的用户数据来绘制某款热门手游的信息扩散过程，发现在早期关键意见领袖在信息扩散中发挥着至关重要的作用。

（四）识别、选择和激活网红

网红营销的流行给品牌带来了如何识别、选择和激活网红的问题。它的解决方案可以支持企业建立一个有效的有影响力的营销活动，并有效地推广他们的产品和服务。因此，大量的研究关注这些问题的解决，并出现了三个具体的子主题。一是识别社交网络中的潜在网红，帮助企业为营销活动创建一组最初的网红。因此，研究人员提出了一些方法和算法来识别潜在的网红。例如，Li等（2011）提出营销影响力价值模型，用来评估影响力强度，找到具有营销价值的有影响力博主。Vollenbroek等（2014）构建一个模型来识别网红，并调查他们如何影响企业声誉。Overall等（2017）和Bamakan等（2019）总结了所有为识别网红而开发的模型，并介绍了每个模型的特征、新方面和使用的数据集。二是从最初的一组网红中为特定产品选择最合适的网红。由于网红与品牌契合度显著影响消费者对推广产品或服务的反应（Breves et al.，2019），因此营销人员如何选择和更好地理解怎样与他们合作来推广不同的产品变得很重要。例如，Lee和Eastin（2020）发现相对于象征性产品，享乐性的产品更有利于使高真诚的网红从消费者那里获得良好的品牌态度。此外，Freberg等（2011）提出了一种q排序技术，允许公司比较消费者对网红的看法，以及他们对首席执行官或其他利益实体的看法。三是研究何时及如何激活选定的网红，以最大限度地发挥他们的影响。由于时间和预算的限制，网红应该在一个时间段内的不同时间间隔内被动态激活，以避免网红营销效率的恶化（Samadi et al.，2018；Yerasani et al.，2020）。此外，所选网红的同质性可能会导致高估网红激活策略的有效性（Aral et al.，2013）。一些模型已经被构建来解决这些影响最大化的问题。例如，Wang和Street（2018）构建一种新的多路径异步阈值模型，以解决病毒营销背景下的影响扩散建模和最大化的挑战。Li等（2017）开发广告传播路径规划机制，帮助网红传播营销信息，帮助营销人员评估不同营销策略下可能的传播效果，如提高产品销量和品牌知名度。

（五）网红营销中的道德问题和披露效应

网红分享的品牌信息是一种隐蔽的广告形式，类似并嵌入有机的用户生成内容，这使得消费者很难区分商业内容和非商业内容（Evans et al.，2017）。为了避免网红营销的这种隐蔽和欺骗性性质，并保证公平和道德沟通，现在法律要求网红披露其网红帖子的商业性质，如增加赞助披露（Evans，2017；Boerman，2020）。因此，该聚类的研究可以分为两个子主题。一是关于网红营销的道德规范。作为一种新兴的营销策略，它还缺乏一个伦理的框架来指导这个发展中的行业。最近，有一些研究对网红营销的道德框架进行了探索（Nafi et al.，2019）。例如，Rahim等（2018）发现尽管大多数消费者认为，为获得正面评论而向网红支付报酬并不违法，但网红应该真诚透明，也就是说，披露他们是否得到了任何形式的补偿。此外，Wellman等（2020）提出，当网红决定与那些商业品牌合作的内容及如何向受众披露报酬时，他们应该依靠真实性道德来建立与受众的信誉。二是检验赞助信息披露对减轻伦理关注的有效性。事实上，许多研究已经证实了广告披露在增加消费者广告和品牌认知度方面的有效性（Boerman et al.，2020），这反过来又导致消费者信誉感知、品牌态度和购买意愿的下降（Evans et al.，2017；Kim et al.，2020）。然而，一些研究显示了不一致的发现，披露并不总是导致负面后果。例如，Coates等人（2019b）发现，与那些观看没有披露的食品营销的儿童相比，观看有披露的食品营销的儿童消费了更多的已上市零食。同样，Kay等（2020）发现，暴露于披露状况下的消费者报告称，被认可的产品更有吸引力，而且比那些暴露于非披露的网红营销美容产品的消费者有更高水平的购买意愿。对这些混合结果的一个可能的解释是信息披露在消费者类社会互动和网红之间发挥调节效应（Boerman et al.，2019；Chapple et al.，2017）。当消费者与网红之间有较强的类社会互动关系时，信息披露对品牌态度没有影响（Boerman et al.，2019），但会增加网红的信誉和提高认知品牌的接受度（Chapple et al.，2017）。

第三节　社会线索

一、网络场景中的社会线索

近年来，一些学者开始将社会线索作为服务场景的重要元素加以研究，在实体环境中，部分研究者主要关注服务场所中的人员密度、服务人员数量和其他顾客（Rosenbaum et al.，2007）。Barker（1994）指出，若服务场所过度拥挤和服务人员服务态度不佳会对顾客形成感知印象产生影响。Tobms（2004）进一步构建社会化的服务场景模型，引入人员密度、其他顾客和购买情景为变量，证实其他顾客在服务场所中展现的外显情绪会对消费者自身的情绪和购买意愿产生影响。Hu（2006）对社会线索的含义做出进一步拓展，认为社会线索不仅包括人与人之间的交际互动，而且包含一定社会含义的物理线索。Massiah（2011）在消费场所中采用照片引导的凡是证实有象征性、人性化的图案或装饰品会让顾客产生归属感，感到自己与其他顾客是同类人，从而形成较好的场景印象。网络服务场景从社会角度扩展为我们分析的下一个阶段社会线索的框架提供了一定的基础。利用服务场景概念的研究人员对服务环境的社会性质的关注有限（Johnstone，2012）。

二、网络场景中的社会线索维度划分

最初对网络服务场景的研究是基于认知心理学和环境心理学相关理论，在传统服务场景的基础上研究网络服务场景，以单因素角度进行的一阶结构。但有些人指出，这种描述是不够的，因此进一步结合社会心理学，认为个体对环境的认知是综合各种因素后进行评价，从其他可能的维度或子维度对网络服务场景进行了补充。对于网络服务场景社会线索的研究大多借鉴实体环境中的社会线索概念，因此本书沿用 Hu（2006）对服务场景维度的划分，应用于在线环境，认为网络服务场景中的社会线索可以分为物理性社会线索和人员性社会线索两个维度。

在物理性社会线索的研究中，大量学者在网络环境特征、网站质量、网站设计等方面对在线服务场景物理线索进行了探索和研究。通过在网络商店设置丰富的媒介（图片、音频、文字等）提高环境氛围能够使顾客产生较高的感知吸引力和愉悦情绪，进而引发满意的购物体验（Wang，2011）。在购物网站中设置丰富"人性化"的图片和音频、背景等视觉元素有助于提升消费者的社会临场感，对顾客情绪和认知带来积极的影响。本书基于学者们的研究，认为物理性社会线索是指在直播带货过程中那些符合消费者个人习惯和价值观的图片、音频以及有个人代入感的视频，如在选购时会根据用户之前的习惯在直播间展示与其消费习惯相关的图片，拥有人性化的布局，设计也更加注重从顾客的社会需求出发用温暖关怀的语言来描述产品，展示产品的视频也侧重于让消费者产生社会临场感，能够体现个人品位和价值，让选购产品的消费者在心理上得到一种共鸣。

对于人员性社会线索的研究，主要是从人与人之间的互动交际出发。Nickson 指出服务人员与顾客的互动会直接影响到企业的服务质量。在线环境中，消费者因个人需求会和客服人员进行及时沟通，如果在线客服能够及时回复消费者的疑问则会提升顾客对整个网站的场景印象，对顾客的情绪有正向影响，从而产生在线行为（陈阳，2011）。在线客服、网络购物助手等"服务人员"通过网络媒介使得顾客产生高度的社会临场感。此外在大多数服务场景中，"其他顾客"都会存在，线下它可能是在服务现场的朋友或购物伙伴，一般的熟人或者是完全陌生的人，在一定的购物环境当中它显然会对顾客的消费决策产生一定的影响，而线上的"其他顾客"通常是虚拟社交网络关系下产生的，如社交平台中的网友，购买平台下的买家评论，拥有相同网络属性的社区互动等，这些都会对顾客的认知和评价产生影响。本书认为人员性社会线索主要是"服务人员""其他顾客"与消费者之间线上的人际互动。

第四节　产品展示

一、产品展示的界定

在物物交换时期，劳动产品被当作商品进行交换。当时人们生产物品通常是满足自身需求，之后为了更好地进行资源共享，便将除满足自身使用外的剩余物品向他人换取等值的其他物品，以便生活所需。随着这种交换方式的发展，出现了等值交换物——货币，于是就有了专门用于物品交换的集聚地——集市。通过摆设摊位陈列自己的剩余物品来换取等值货币，然后将换取的货币用于购买其他所需物品，这就是早期商品展示的形式。随着时代的发展，如今的商品展示形式多样，但总体可以分为店铺展示、场馆展示与展示会三种。但不管何种形式的商品展示都受到时间、空间的限制，并且成本比较高，信息单向传递。

随着互联网技术的发展，网络购物成为人们日常生活的一部分。决定网购用户产生购买行为的关键因素之一是消费者能否在购物网站上获得足够的产品信息，而这一点对于消费者感知的形成及塑造消费者态度和行为起到了一定的作用（郑春东等，2016）。在线商品展示克服了传统商品展示的缺点，打破时空限制，并且成本较低。20世纪90年代，在线商品展示开始受到学者的关注。目前已有大量关于在线商品展示对消费者影响机制的研究，但由于该领域研究年限较短，还未形成体系。因此对于在线商品展示的定义尚未有权威定义。国内学者赵宏霞等（2014）在研究在线商品展示过程中认为商品展示是指为了使消费者能够更加直观地了解展示的商品，对商品规格、款式颜色等相关信息进行展示，让消费者在观察商品的同时也能够对商品的细节信息有一定的了解。

二、产品展示相关研究

以往学者对于在线图片展示的研究多局限于二维图片展示。从在线图片呈现信息量角度，Yoo 等（2014）研究发现图片呈现的内容越具体，就越能引发消费者关于商品更生动的想象。Kim 等（2012）则认为图片中所呈现的商品数量越多，就越有利于消费者的评价，但也有学者持相反态度，认为会限制消费者想象的发挥（McQuarrie，2007；Lutz et al.，1978）。Cho 和 Swarz（2012）从在线图片中产品的展示方式，探讨图片模糊效果对决策信心的影响。在线商品展示的图片多为多图展示，因此也有学者将这些图片展示分为产品图片和模特图片（Aydinoglu et al.，2014）。朱国炜等（2015）对网络环境下模特呈现对消费者触觉感知影响进行研究。黄静等（2015）从信息处理模式的角度，探讨图片呈现顺序对消费者购买意愿的影响。李佩镅（2016）从个体思维方式差异角度分析不同在线商品展示图（铺货式展示图与情景式展示图）对消费者非计划购买意愿的影响。随着网络购物的发展，出现了动态商品展示方式，Park 等（2010）将网上商品展示的方式进行重新划分，包括大图片、小图片、动态展示和静态展示四种商品展示方式。在线商家通过在商品展示中加入声音、虚拟现实技术和视频等实现了商品的动态展示方式，使消费者在获取商品信息时有了更多选择。邹淯鹏（2017）就网上产品动静呈现方式对消费者评价进行研究，对于不同产品类型（搜索品和体验品），产品动静呈现方式对消费者评价具有不同的影响。动态的呈现方式还能够增强展示商品展示内容的生动性（Steuer，1995），使消费者能够联想到更多与商品相关的图像（Nisbett et al.，1980），更容易激发消费者对产品使用场景的想象，进而提升消费者对产品的评价，增加想象消费（Nowlis et al.，2004）。有一些学者已经对各种展示形式的影响做了研究。

互动性和生动性是在线商品展示的两个功能性特征（Coyle et al.，2001；Steuer，2000），并且成为目前学者在对网上商店产品展示研究时普遍认同的两个变量。Jiang 等（2007）在此基础上，对在线商品展示特征进行研究，对这些展示形式所依据的功能进行研究，并建立了一个模型来表明这些功能性特征如何影响消费者的再惠顾意愿和购买意愿。这两个特征分别代表了在线商品体验的两个独立且不同的方面，分别是消费者与产品互动的方式（互动性）和商品信息代表性质量如何传递给消费者（生动性）（Jiang et al.，2007）。

第五节　贡献行为

一、贡献行为的界定

Lüthje（2005）认为，如果用户能够准确清楚地描述他/她在使用产品或服务体验过程中的真实感受，以及所遇到的问题，同时这些产品/服务的反馈信息正好是企业迫切需要的，显然这就是用户产生的贡献行为。Atuahene-Gima等（2006）将用户贡献行为表现在个体能够有意识地主动分享产品使用的经验或服务体验的感受。Ipe等（2003）将贡献行为界定为用户在社区中进行信息分享的行为，分享的形式包括文字、图片、音频和视频等。本书将贡献行为界定为在直播带货过程中，消费者对产品信息的分享和购买，分享的形式包括对产品使用经验或服务经验的文字描述、图片、音频、视频等。

二、贡献行为的研究

目前，对贡献行为的研究主要集中在信息管理领域，一些学者分别从社会认同理论、动机理论、社会资本理论、承诺理论、期望确认理论、观察学习理论、领导成员交流理论等视角来研究虚拟社区用户贡献行为。在虚拟社区用户持续贡献行为方面，Liu等（2020）在研究微博用户持续贡献时，发现感知满意对持续内容贡献行为有积极但微不足道的影响。社会影响对用户行为影响具有显著的正向作用，对感知满意与用户行为的关系具有正向调节作用。Oh等（2016）基于领导–成员交换理论探索领导风格对持续贡献行为的影响时，发现有区别的领导成员交流风格在环境不确定性高的情境下更有效，而一致的领导–成员交换风格在去中心化的沟通结构及社区发展初级的情景下更为有效。金晓玲等（2013）在网上问答社区中运用实证研究方法，研究用户持续回答问题的贡献值意愿时，发现声誉、学习和获取知识的能力对持续贡献知识意愿存在正向影响，同时积分调节了这一影响过程。在虚拟社区初始贡献行为方面，Riding 和 Gefen（2004）通过动机理论对虚拟社区中的用户初始贡献行为进行探索性研究，发现用户自身的动机，如信息交换、社会支持、社会交往等会影响用户的初始贡献。在贡献行为整体研究方面，Dholakia 等（2004）构建一个以用户需求目标为自变量，由群体规范、相互理解和社会认同组成的一类社会影响变量为中介变量，用户贡献行为为结果变量的研究模型。实证阶段，选取 7 种不同类型的虚拟社区：邮件列表、网站公告栏（在线论坛）、新闻组、实时在线聊天系统、网络聊天室、多人虚拟游戏、多用户计算机会议系统作为样本来源，通过问卷调查收集数据。研究发现，前置变量对因变量参与行为的解释程度为24%。Cullen 和 Morse（2011）研究了基于人格的五个模型，构建人格特征对虚拟社区贡献行为的影响模型，通过问卷调查的方式收集数据，结果发现，对于女性成员来说，外向性特征的人更少地在线提问，神经质特征的人更少地提出问题或寻求交友，随和性特征的人不太可能提供意见，责任性特征的人不太可能寻求友谊或提供意见。对于男性成员来说，外向型特征的人不太可能寻求友谊，神经质特征的不太可能提供意见，随和性特征的人不太可能寻求友谊，责任性特征的人不太可能找到归属感或寻求友谊，开放性特征的人不太可能提出问题。

第六节　AR

一、AR的界定

AR（增强现实）是一种将虚拟物体叠加到物理环境的实时视图上的技术。Milgram等（1994）将AR界定为"任何通过虚拟（计算机图形）对象来'增强'真实环境的情况。" Steffen等（2019）将AR界定为：一是连接现实和虚拟内容，二是即时互动，三是在3D空间进行。由于增强现实不需要完全沉浸，可以使用更多的特定技术来实现AR。

本书将AR界定为任何通过虚拟对象来增强真实环境的情况。其包含三个部分，一是在3D空间进行，二是即时互动，三是需要相关现实和虚拟的内容。

二、AR相关的研究

目前，一些学者在零售领域对AR进行大量的研究。Hilken等（2017）以情境认知理论为基础，研究AR对线上体验的影响时，发现AR增强了消费者对在线体验、决策舒适度和行为意图的感知。Yim等（2017）在比较AR和基于网站的产品展示时，发现与基于网站的产品展示相比，AR由于其互动性和生动的特性而更具沉浸感。因此，AR被认为更有用和更令人愉快，更容易使消费者产生积极的态度和购买意愿。Brengman等（2019）在研究AR对感知所有权的影响时，发现与其他触摸和非触摸界面相比，支持移动的AR创造了更高的感知所有权，对消费者的购买意愿产生一定的积极影响。Hilken等（2020）在研究社交AR对共享决策的影响时，发现AR会刺激推荐人对产品的渴望，从而产生积极的行为意图。Tan等（2022）在研究AR对零售企业的销量时，发现AR对不太受欢迎的品牌、吸引力较小的产品和价格较高的产品的销售有积极影响。此外，研究还发现AR对零售商在线渠道或产品类别的新客户有更强的影响。

第七节　涉入度与产品知识

一、涉入度的界定

涉入度最早由Sherif和Cantril（1947）提出，后经学者Krugman（1965）引入营销领域。Zaiehkowsky（1985）将涉入度界定为消费者基于个人自身需求等因素从而产生的对产品感兴趣的程度。此外，一些学者在此基础上不断拓展，Matthes等（2013）认为涉入度是个人与感知对象的相关性。具体如表2-1所示。

表2-1　涉入度的界定

作者	定义
Schiffman，Kanuk（1983）	涉入度是指消费者对特定决策关心并认可的程度
Zaichkowsky（1985）	涉入度是个人基于自身需求、价值观和兴趣而对产品感兴趣的程度
Nijssen等（1995）	涉入度是消费者个人的兴趣爱好、价值观等方面的感知与产品的关联程度
Josiam，Kinley和Kim（2005）	涉入度是个体的一种连续且处在变化状态的内心活动
Gammoh等（2006）	涉入度是消费者依据个人的爱好等感知与产品的关联性和重要性
Matthes等（2013）	涉入度是个人基于利益、目标和需求而与感知对象的相关性
宋明元 等（2014）	涉入度是一种信息处理过程
朱华伟和黄印（2016）	涉入度是指在个人生活、自我态度等与社会的关系中，某一特定产品处于中心位置的程度
张锋，邹鹏和于渤（2016）	涉入度是能够反映出消费者对刺激物的关注程度与兴趣

由于在涉入度的界定上，一些学者更多采用的是Zaiehkowsky（1985）的界定或基于其基础上进行的界定。因此，本文在界定涉入度时，选择参照

Zaiehkowsky（1985）的界定，将涉入度界定为消费者基于个人自身需求、价值观和兴趣，从而引发的对产品感兴趣的程度。

二、涉入度的测量

目前，在涉入度的测量上，比较公认的是Zaichkowsky（1985）开发的个人涉入度量表及Laurent和Kapferer（1985）开发的消费者涉入度量表。Zaichkowsky（1985）认为个人、产品等是影响消费者涉入度的三大因素。在此基础上，其开发了一套涉入度（PII）量表。在PII量表中，涉入度分为三个维度即需求、价值和兴趣，共二十小题。Laurent和Kapferer（1985）在Zaichkowsky（1985）的基础上提出多维度消费者涉入轮廓，其通过测量影响消费者涉入度的风险重要性等变量来测量。

此后，学者Zaichkowsky（1994）在PII的量表基础上进一步做出修正，将PII量表从20个题项减到10个，称为修正后的个人涉入度量表，其主要由两个维度即认知涉入程度和情感涉入程度，其中认知涉入程度由重要性、相关性等因素构成，情感涉入度由有趣味的、令人吸引的、迷人的等项构成。Kyle等（2004）在总结前人的基础上，将涉入度分为重要性、愉悦性、中心性等。Cox（2009）则从主观知识和认知需求来测量涉入度。Liu等（2014）在研究思维导向型客户涉入度时，将其分为社交能力、文化能力等维度（李英等，2015）。国内学者在涉入度的研究，更多选择将涉入度分为高涉入度和低涉入度，进行试验研究。如宋明元等（2014）在研究涉入度对品牌体验与购买意愿间关系时，将涉入度分为高涉入度、低涉入度，研究发现品牌涉入度越高，品牌体验对品牌态度等影响越显著。张锋、邹鹏和于渤（2016）在研究附属产品促销定价对消费者价格评估的影响时，将涉入度分为高涉入度、低涉入度。本书在涉入度的测量上参照Zaichkowsky（1985）和Zaichkowsky（1994）进行测量。

三、产品知识

产品知识是消费者对产品的熟悉程度和专业知识的感知水平。其主要包括主观知识、客观知识、前期经验三个部分。已有研究表明产品知识会影响消费者回忆和评估产品的方式。高产品知识信息会倾向于处理具体的产品信息，因而更加客观、理性。低产品信息会倾向边缘信息，因而更加主观、感性。本项目将产品知识界定为消费者对产品的熟悉程度和专业知识的感知水平。

第八节　服务补救与心理契约

一、服务补救

服务补救的概念源于英国某航空公司"顾客至上"的服务理念，主要指商家出现服务失误后，为处理消费者抱怨等后果而采取的补救措施（Gronroos，1988）。Jian和Ke（2017）将服务补救界定为服务提供者在服务失败后对顾客的不满和投诉所采取的回应和措施。服务补救不仅可以使顾客满意，而且可以在一定程度上提高顾客对服务的满意度，从而增加顾客的再购买意愿（Chen et al.，2018）。本书将直播带货情景下的服务补救界定为主播在直播带货过程中出现"翻车"后，主播和平台为处理消费者抱怨等后果而采取的补救措施。

在服务补救维度划分上，以往有研究将服务补救划分为物质补偿、响应速度、道歉、补救主动性四种类型。Miller等（2000）将其总结为有形补偿和心理补偿。在网购情境中，物质补偿主要包括退款、优惠券等形式，精神补偿或心理补偿包括道歉、解释原因等形式。本书参照Miller等（2000）对服务补救的划分，将服务补救划分为有形补偿和心理补偿两个维度。

在服务补救效果的研究方面，研究人员关注了感知公平对在线购物、零售和旅游行业的服务恢复质量、客户满意度和客户忠诚度的影响（Assefa，2014）。在情绪与服务补救效应的关系上，有研究者从情绪、情绪平衡和情绪感染的角度分析了服务补救效应的机制（Jia，Zhao，2018）。此外，部分学者开始关注顾客不当行为的影响、时间感知、文化差异、顾客心理契约违背、经济补偿与情感补偿、群体失败与个人失败对服务补救后客户满意度的影响（Albrecht等，2017；Wei et al.，2020；Wei，Lin，2022）。

二、心理契约

心理契约最早由Argyris（1960）最早提出，Kotter（1973）将心理契约界定为个人与其组织之间的一份内隐的协议。Rousseau（1990）提出狭义心理契约，其将心理契约界定为个体在雇佣关系背景下对雇佣双方相互义务的一种理解或有关信念。随后，其又指出这种信念是雇员对外显和内在的雇员贡献与组织诱因之间的交换关系的承诺、理解和感知（Robinson et al.，1994）。

营销领域中的心理契约研究始于1996年，Roehling（1996）指出心理契约可以扩展到企业与外部顾客之间的关系。Wilkinson-Ryan（2012）将心理契约描述为人们如何理解双方的承诺条款。Guo等（2017）将心理契约界定为一种有关个人与组织之间进行资源交换的规则和条件的关系模式。在心理契约的研究上，Pavlou和Gefen（2005）基于网上拍卖情景，提出心理契约违背的内容包括被欺骗、错误描述产品、契约条款违背、延迟配送、未履行产品质量保证和付款承诺条款。Goles等（2009）针对顾客网上购物行为的研究，验证了顾客与商家不良的服务经历、归因于商家、服务商对待的公平性等会影响心理契约违背。Lovblad等（2012）在探讨顾客与供应商之间关系中的前因变量对情感承诺的影响时，验证了心理契约在多个前因变量对情感承诺的影响中起中介作用。Yang等（2013）研究发现交易心理契约违背会导致顾客的退出行为、抱怨增加、忠诚度和满意度降低，关系心理契约违背会在一定程度上降低顾客忠诚度。此外，Eckerd等（2013）在研究供应链上客户关系时发现客户的心理契约违背会对客户的决策行为产生显著的影响。通过相关研究还发现，客户心理契约破裂会影响客户在交易过程中的公平感知。Zhao等（2020）在研究服务情境下顾客心理契约的动态过程时，发现顾客心理契约违背、破裂会影响顾客满意度。

综上所述，已有贡献行为的研究主要集中在信息管理领域，主要从内外动机、用户、用户间和社区环境等方面探究对在线社区用户贡献行为的影响，认为物质激励、同行认可、声誉系统、自我展示、用户属性、领先用户特征、用户信任、用户交互、用户互惠、社区治理机制、社区信任、社区认可激励等因素对用户持续贡献行为产生显著影响。在直播带货的研究上，虽然部分学者选择从直播带货的平台特征来研究其对消费者购买的影响，但大部分研究都集中在网红自身的特征或属性的研究上，从其他视角来研究消费者贡献行为的研究较少。本书尝试基于人-场-货-其他因素视角来研究影响消费者贡献行为的影响机制，并基于此给出相应的建议和借鉴。

第三章　直播带货情景下消费者贡献行为的影响因素

第一节　理论基础

通过理论可以找到解决具体事件的方法，通过阐述变量与变量的关系，可以解释变量与变量之间的结果。本章以刺激–有机体–反应原理、场景理论为研究框架，通过从不同角度研究变量之间的关系和解释研究中的问题，实现理论之间进一步联系和补充。

一、刺激–有机体–反应（S-O-R模式）

（一）刺激–反应模式（S-R模式）

刺激–反应模式认为人类的复杂行为可以分解为刺激和反应两部分，人的行为完全是大脑对刺激物的反应。其认为刺激主要源于身体内部的刺激和体外环境的刺激，而反应是随着刺激而呈现的。基于这一原理，Howard和Sheth（1969）提出了消费者的刺激反应模式，其认为外部的刺激会嵌入消费者的意识，然后根据消费者自身的特征如学习结构、感知结构等作出购买决策。外部刺激涉及产品质量、产品价格、产品特性、产品的可用性和服务等企业活动，此外外部刺激还涉及消费者自身的文化、个性、财务，以及家庭和相关群体等的因素。所有的刺激活动在消费者接受后，经过心理加工如消费者自身的学习结构等，作出反应决定是否进行最终的购买。

该模式将消费者购买行为分为三个阶段。一是刺激物，具体包含产品实体刺激、产品符合刺激和社会环境刺激；二是消费者内在因素，包括消费者感知和学习；三是消费者反应或产出因素，具体涉及消费者最终的购买和拒绝。此外，该模式将购买决策分为三类，即广泛性问题解决、有限性问题解决、常规性问题解决。其中，广泛性问题解决强调的是消费者没有特定品牌偏好，通过搜集海量的信息来解决问题；有限性问题解决是指消费者依据有限的信息或自身对品牌的偏好，利用有限的信息进行问题的解决；常规性问题解决是指消费者对品牌出现了忠诚，不再进行信息搜集，更多地凭借消费经验来决定。

（二）刺激–有机体–反应模式（S-O-R模式）

由于刺激–反应模式将个体的内心活动视为一个"黑箱"，在研究过程中忽略了人的主观能动性，因此遭到了批评。此后，新行为主义开始修正S-R模式，在S-R之间增加了一个中介变量O，形成S-O-R模式，其中S（stimulus）代表对个体的刺激，O（organism）代表反应的主体，R（response）代表刺激带来的反应。Belk（1975）在研究情境变量与消费者行为关系时，将S-O-R模式应用其中，将刺激因素归因为情境和商品，将反应主体归为消费者，将刺激带来的反应归为行为。此后，Bitner（1992）在研究服务环境对消费者和雇员的影响时，将S-O-R模式引入其中，并用S-O-R模式来解释消费者和雇员行为的内心活动，其认为消费者和雇员对外部刺激会产生认知（信念、分类、符合、意义）、情感（态度、情绪）、身体（痛苦、舒服、移动、实体相符）上的反应，进而迫使雇员和消费者对环境作出趋近和趋避的选择。

（三）刺激–有机体–反应模式在营销学中的应用

Fiore和Kim（2007）在总结前人研究的基础上，基于实体购物经验，提出综合化的刺激–有机体–反应模式。其认为刺激是一种动力，这种动力能够影响认知、情感过程和感知价值。其将刺激分为环境线索（如音乐、光线照明、气味和气温），设计线索（如颜色、空间尺度）和社会线索（如拥挤和数量、雇员的友好性）。其进一步认为反应的主体或有机体在刺激和消费者反应之间起中介作用。情感状态和认知状态在购物环境线索和消费者行为之间起中介作用，而感知价值作为一种重要的机理，其源于一系列的购物环境，有利于消费者行为。顾客反应包含实际的资源消耗、感知的资源消耗、行为意向及满意和忠诚。

在线上购物环境中，反应的主体和反应方式与实体店购物类似。线上购物刺激因涉入复杂因素较多而不一样。它们包括相关任务线索（如导航和信息质量）、相关心情线索（如视觉的吸引力）（Parboteeah et al.，2009）、虚拟商店的布局（Manganari et al.，2011）、商店氛围（Eroglu et al.，2003）、彼此沟通（Huang，2012）、网站质量（信息质量、系统质量和服务质量）（Hsu et al.，2012）、图像交互技术的水准（Fiore et al.，2005）和网站品牌（Chang et al.，2008）。此外，有关线上购物环境社会因素的研究正随着社会网络和虚拟社区而增加（Shen et al.，2010）。感知熟悉度、感知相似性、感知善意性在一定程度上影响社会网络和虚拟社区背景下的主体。

此外，刺激-有机体-反应模式还被广泛应用到不同的背景下。Eroglu等（2001）在研究在线零售氛围质量对消费者反应的影响时，发现高任务相关线索（如产品描述、价格、交付和返回的政策、导航辅助设备）和低任务相关线索（如颜色、背景模式、卡通人物、音乐和声音）会通过情感和认知的状态的效果来影响消费者趋近和规避。Eroglu等（2003）发现线上的氛围（如音乐、颜色、商店的装饰）会影响消费者愉悦度和唤起那些有助于消费者对线上商店满意接近或规避的情感。Jeong等（2009）在研究产品陈列特征刺激对主体的体现价值时，发现消费者愉悦和唤起的情感有助于其光顾意图。Parboteeah等（2009）在调查网站界面时发现其（刺激）通过对消费者认识反应（感知有用性）和情感反应（感知愉悦性）进行影响，从而达到最终影响消费者急切购买的冲动，如表3-1所示。

表3-1 S-O-R模式应用的总结

作者	自变量	中介	因变量	结论
Eroglu(2001)	线上环境线索：高/低任务	情感、认知	趋近/规避	提出虚拟商店氛围质量检验的概念模型，通过利用商店氛围线索影响消费者认知和情感，进而使消费者对虚拟商店进行趋近和规避
Childers 等(2002)	导航、便利、替代经验	有用性、易用性、享乐性	零售网站互动媒介的态度	导航、便利和个人检验产品的替代性使互动媒介成为一种重要预测器。反之，导航、便利和感知易用性、感知愉悦性产品的替代性也会影响消费者对零售网站媒介的态度
Eroglu 等(2003)	网站氛围	愉悦、唤起	满意、趋近/规避行为	网站氛围（如音乐、颜色、商店装饰）影响消费者的愉悦性和唤起那些有助于消费者对线上商店的满意情感，以及消费者的趋近的愉悦性和唤起行为。涉入度和气氛调节反馈性
Fiore 等(2005)	形象互动技术、临场感	使用价值、体验价值	消费者对线上零售商的态度、消费者从线上零售商的进行购买的意愿、消费者惠顾线上零售商的意愿	零售商网站提供的形象互动技术会对消费者临场感产生影响。形象互动技术和临场感水平是体验价值和使用价值的预测器。其与消费者对线上零售商惠顾意愿成正相关关系
Park, Lenno和Stoel(2005)	产品陈列	心情、感知风险	购买意愿	商品陈列（形象尺寸和商品移动）会给消费者带来积极的情绪，降低感知风险。积极的情绪和较低的感知风险会在一定程度上影响购买意愿

续表

作者	自变量	中介	因变量	结论
Holzwarth, Janiszewski 和Neumann（2006）	形象化符号的呈现，形象化符号的可类型	愉悦的信息化场所，令人喜爱的信任性形象化符号	对零售商的满意度，对商品的态度、购买意愿	形象化符号的呈现增加了场所的娱乐价值对零售商和信息价值，在一定程度上影响了消费者对零售商的满意度。对商品产品意度和购买意愿。当消费者处于中等水平的态度的时候，一个吸引人的形象化符号更有效；然而，当消费者处于高水平的产品涉入度时，一个专业的形象化符号更有效
Chang 和Chen（2008）	网站质量，网站品牌	信任和感知风险	购买意愿	网站的质量和品牌与消费者信任和感知风险积极相关。同时网站的质量和品牌会对顾客的购买意愿产生影响
Kim 和Lennon（2008）	视觉和语言信息	感情和认知态度	购买意愿	视觉和语言信息不仅对消费者情感和对商品的认知态度有显著直接影响，而且语言信息显著地影响购买意愿
Jeong 等（2009）	商品陈列特征	娱乐性、教育性、逃避现实性、美学性、愉悦性和唤起性	光顾网站意愿	网站特征会影响娱乐性、逃避现实性和审美体验、与情感和唤起积极相关。愉悦性、唤起性和审美体验都直接影响网站光顾意愿
Yang 和Wu（2009）	临场感	实用价值，享乐价值	满意度、购买、再次浏览	形象互动技术所产生的临场感对实用价值和享乐价值具有重要的影响。这两个价值会影响电子购物的满意度，进而影响消费者购买意愿和再次浏览意愿
Harris 和Goode（2010）	美学诉求、布局、功能、财务安全	网站信任	购买意愿	美学诉求、布局、功能和财政安全对网站的信任有显著的影响，进而影响消费者购买意愿。美学诉求通过设计创意，视觉诉求和娱乐价值进行测量。财政安全由感知安全性和易支付性构成

续表

作者	自变量	中介	因变量	结论
Jiang等（2010）	活动控制、交互传播	认知涉入度、情感涉入度	购买意愿	网站互动由活动控制和交互传播进行测量。其能影响消费者认知涉入度和情感涉入度，进而增强消费者购买意愿
Hsu等（2012）	信息质量、系统质量、服务质量	感知娱乐性、感知沉浸性	消费者满意、购买意愿	网站质量由信息质量、系统质量和服务质量组成。其作为感知娱乐性、感知沉浸性的一种重要预测器对线上旅行社的满意和购买意愿有重要影响。感知愉悦性和感知沉浸性是相互的
Huang（2012）	活动控制、交互传播、社会身份	情感涉入度、沉浸性、认知涉入度	购买意愿	消费者在社交网站上的互动特征（由活动控制和社会身份的预测器。由社会体验的预测器）和社会特征（由社会体验的预测器）。这种特征购进行测量）是消费者涉入度和沉浸感对网络社交平台虚拟产品的购买意愿
孙锐和李星星（2017）	矛盾性追评（好评—差评、差评—好评）	产品涉入度、评论发布者信度	消费者购买意愿	研究发现矛盾性追评的评论顺序对消费者购买意愿影响显著。评论发布者的可信度对信度影响显著。评论顺序、产品涉入度和评论发布中可信度对消费者购买意愿的交互影响显著
梁阜、李树文和孙锐（2017）	组织学习	组织承诺	组织创新绩效	研究发现组织承诺在组织学习与组织创新绩效中起完全中介。组织情绪能力在组织学习与组织承诺之间起正向调节作用。环境竞争性在组织情绪能力与组织学习与组织承诺之间起正向调节作用

（作者根据相关文献、资料整理）

二、场景理论

Kolter（1973）在早期的研究中就发现服务环境在提高服务型企业竞争力方面有重要的作用。他将一个设计良好、可控的消费环境定义为"氛围"，并表示它有利于消费者产生特殊的情感感受，增强消费者的消费意愿。Bitner（1992）认为，"服务场景"是指服务企业中有形和无形的环境因素的总和，其主要分为三个维度：工艺品（如标识、标志、符号）、环境因素（如音乐、温度、光线、气味等）和空间布局与功能（如设备、显示的布局情况及它们之间的相对空间关系）。Baker 等（1994）认为，除了有形或无形的物质因素外，人际因素和社会因素也应该考虑在内。他们将服务场景划分为氛围因素、设计因素和社会因素，成为早期最具代表性的服务场景维度划分研究。通过进一步的研究，越来越多的学者意识到客户支持服务不仅为了满足功能的需求，也为了满足心理和社会的需要，如自尊、归属感、自我认同、社会交往、社会支持和社会认同等。因此，一些学者开始将社交因素作为服务场景研究中的一个重要元素（Hu，2006；Rosenbaum et al.，2007）。

然而，随着人工智能、移动互联网、云计算、大数据、物联网等信息技术的快速发展，人们对场景的理解也开始受到信息技术的影响。Scott 和 Israel（2014）预测未来互联网将进入场景时代，场景时代的五大技术趋势（场景五力）是定位系统、传感器、可穿戴设备、社交媒体和大数据，它们将重塑整个人类的生活和商业模式。目前，部分学者开始关注线上服务场景，但已有研究相对较少。

三、信任理论

信任理论认为信任来源于互动，个人之间的互动是所有社会构成形成的起点。其认为现代社会中占支配地位的互动形式或社会关系是交换。

依据信任理论，信任作为交换的一个最重要的条件，不仅包含消费者对零售商的信任，也包括消费者对线上购物交易方式的信任。 Das和Teng（1998）、程振宇（2013）研究发现信任有助于消费者与零售商之间进行合作，有利于双方降低交易成本和投机行为，而信任建立则需要消费者与零售商之间反复的沟通和交流，只有当消费者与零售商进行不断的沟通互动后，彼此间才会出现信任，并最终完成交易。

此外，Lee等（2007）研究发现信任可以从一个可信的客体转移到陌生的客体上，反之亦然，即信任存在传递或转移。其将信任传递的过程分为渠道内的信任传递和渠道间的信任传递两类。其中渠道内的信任是指在同一渠道情境下，消费者对一种产品或服务的信任会影响另一种产品或服务的信任。渠道间的信任传递是指消费者在不同渠道之间进行信任转移。

国内学者王国顺和杨晨（2014）在Lee等研究的基础上，结合消费者信任形成因素将渠道内的信任传递分为线上渠道之间的传递和线下渠道之间的传递两部分。

在渠道内的信任传递研究上，Stewart等（2003）在研究线上渠道之间的传递时，发现当一个知名网站链接一个陌生网站时，消费者对知名网站的信任可以通过超链接转移到陌生网站。其中网站之间的相似性、消费者的信任水平和第三方的认证识别商标等会影响线上渠道之间的传递。金玉芳等（2006）则在研究消费者品牌信任机制建立时，提出经验机制、计算机制和传递机制。其将品牌信任的转移机制界定为由施信方了解的实体传递到其不了解的实体。

在渠道间的信任传递的研究上，Lee（2007）以银行业为研究对象，研究发现用户对实体银行的信任会影响该用户对电子银行的沉浸体验、结构保证、网站满意度和继续使用的程度，进而在一定程度上影响用户对电子银行的感知。Kuan和Bock（2007）在研究多渠道情境中网络信任时，发现消费者对零售商实体店的信任会影响消费者对网站信任的建设。Yang等（2008）在构建信任传递模型时，发现消费者对零售商实体店的信任会直接或间接地影响其对网站的初始信任。Hahn和Kim（2009）以服装店为研究对象，研究发现消费者对服装店实体店的信任会影响网上的购买信心。Badrinarayanan等（2012）以条件反射为依据，构建消费者态度和信任传递模型，研究发现消费者对实体店的信任会影响其对网点的信任。国内学者林家宝等（2010）在研究网上证券服务的信任与移动证券服务的初始信任时，发现网上证券服务不仅直接影响移动证券服务的初始信任，而且通过感知易用性、结构保证、便利性等间接影响移动证券的初始信任。万君等（2015）在研究信任转移视角的移动购物用户接受行为时，发现传统互联网购物信任不仅直接影响移动购物的初始信任，而且通过感知易用性、结构性保障等间接影响移动购物信任。吴锦峰等（2016）在研究多渠道整合对零售商权益的影响时，将消费者对商店的态度，分为线上商店态度和线下商店态度，研究发现线下商店态度会对线上商店态度产生影响，两者共同影响整体零售商权益。

综上所述，一些学者从不同的角度对信任进行了深入的研究，积累了丰富的成果。由于互联网的虚拟性，消费者感知到的风险和交易成本更高，网红与消费者之间的信任，有助于消费者对产品进行购买和分享，对提高消费者对企业的贡献率有一定的意义。笔者认为在直播带货情景下，消费者与网红之间的信任，对削减消费者感知风险，增强消费者对产品质量的感知，以及提升消费者对企业的贡献率都具有一定的作用和意义。

第二节　探索性研究

一、扎根理论

1967年Glaser和Strauss提出了一种从现象上升到理论的质性研究方法，即扎根理论。与其他定性研究方法不同的是，扎根理论要求研究人员必须从研究问题的实际情况出发，通过田野调查，获取第一手资料，从经验资料中提炼和归纳出概念和范畴，最后形成新的理论升华。扎根理论方法在实际的研究应用中，是一个循环反复的过程。研究人员在不断收集和分析数据的过程中，持续将新的范畴融入理论，在不断地归纳和修改中达到理论的饱和，最终得出真正体现问题本质的新理论。

扎根理论是一种对经验资料进行三级编码（开放式编码、主轴式编码和选择性编码）的探索性研究过程。首先，研究人员需要研究问题，在确定研究问题的基础上广泛地收集资料；其次，对收集的原始资料进行三个阶段的编码分析，将其概念化、范畴化，探究范畴之间的逻辑关系；最后，对其进行理论饱和检查，构建出新的理论。具体流程如图3-1所示。

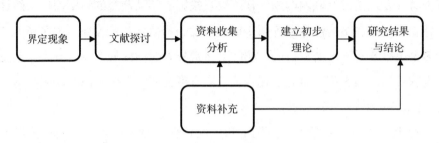

图3-1　扎根理论方法研究流程

扎根理论自提出之日，短短几十年间受到了国内外学者的肯定，因理论自身所具有的严谨而规范的研究流程和灵活而系统的研究标准，快速发展为当代社会科学研究中最经典的定性研究方法。国内学者对扎根理论的研究应用也愈发重视，如李杨等（2017）通过半结构性访谈对46位受访者进行深入访谈，通过扎根理论研究方法，构建出影响城市居民绿色出行的因素分析框架。郑称德等（2011）以75个实际企业商业模式的成功案例为样本，通过三级编码构建出商业模型结构模式。于桂兰等（2016）基于扎根理论研究方法，通过对76个企业样本进行深度访谈，构建出企业和谐劳动关系概念模型。

笔者选择扎根理论作为本节的研究方法之一，在实地收集大量一手数据的基础上，对原始资料进行开放式编码、主轴编码、选择性编码，并构建出直播带货情景下消费者贡献行为的理论模型框架，不断提炼和修正理论，直至达到理论饱和。之所以选择扎根理论作为研究方法，主要从以下三方面进行考量。第一，相关理论的不完善。从国内外相关研究综述来看，虽然已有网络情境下对网红影响消费者购买意愿的相关研究，但尚未有针对直播带货情景下消费者贡献行为的影响因素的研究。第二，学界目前缺乏对于直播带货情境下消费者贡献行为的变量范畴、测量量表和理论研究。第三，通过实地考察我们发现，消费者在观看直播时，其内在状态受到多种因素的影响，因此无差别的结构化问卷不适合本书的研究。因此，选择扎根理论进行直播带货情景下消费者贡献行为的研究是非常适合的。

二、访谈来源及过程

本节首先要结合研究问题采取理论抽样的方法，确认合适的访谈对象；其次通过半结构化访谈的方式对所选择的访谈对象进行访谈，完成第一手资料的搜集工作；最后采用扎根理论的方法基于原始访谈进行编码分析，提炼本研究的范畴并探讨他们之间的逻辑关系，搭建出本研究的理论模型框架。

本研究选择40位具有直播购物经历的消费者进行访谈，其中男性21人，女性19人，比例约为1∶1，涉及公司员工、公务员、教师和大学生等，覆盖不同区域和不同人群。在正式访谈前，先向访谈对象解释场景、直播带货、消费者贡献行为等相关概念，在访谈对象对相关概念进行准确理解以后，进行正式访谈。访谈方式采用社交软件交谈、面对面交流和电话录音的方式。在访谈时，作出承诺，所谈内容仅作为学术目的，在征得同意后，进行录音。访谈按照之前设计的提纲进行，在访谈之前通过问被访者是否有过在直播间进行购物的经历和写下该直播平台的名称和网红名来甄别受访对象。主要问题有"进入购物直播间您第一眼会注意什么？""在观看直播时您一般会注意到直播间的哪些要素？""您认为直播购物过程中存在哪些场景因素？""您认为直播过程中哪些情境因素会影响您的贡献行为，为什么？"等。具体访谈题项见附录A。为了避免受访者敷衍，在访谈过程中，要求受访者尽可能详细，在消费者对零售商服务能力的评价上，要求消费者给出对应的原因，整个过程控制在40min内。访谈结束后，将访谈过程中进行录音的部分，转换为文本，采用内容分析法进行分析。部分个人信息如表3-2所示。

表3-2　部分个人信息

编号	称谓	性别	年龄	学历	职业	访谈方式
01	段先生	男	35	博士	教师	个人深度访谈
02	李先生	男	37	博士	教师	个人深度访谈
03	曾先生	男	37	博士	公务员	个人深度访谈
04	代先生	男	37	本科	经销商	个人访谈
05	柳女士	女	48	本科	银行职员	个人访谈
06	宋先生	男	32	硕士	企业员工	个人访谈
07	刘女士	男	35	博士	教师	个人访谈
08	陈女士	女	36	博士	教师	个人访谈
09	王先生	男	33	硕士	辅导员	个人访谈
10	王女士	女	36	硕士	公司员工	个人访谈
11	孙女士	女	37	本科	公司员工	个人访谈
12	周女士	女	47	本科	公司员工	个人访谈
13	董女士	女	44	本科	公司员工	个人访谈
14	黄先生	男	43	高中	公司员工	个人访谈
15	周先生	男	42	博士	教师	个人访谈
16	李先生	男	54	博士	教师	个人访谈
17	朱先生	男	45	本科	公司员工	个人访谈
18	廖先生	男	51	本科	公司员工	个人访谈
19	王女士	女	35	本科	公司员工	个人访谈
20	陈女士	男	38	本科	公司员工	个人访谈

三、结果分析

使用 NVIVO 软件对其中的30份访谈数据进行编码,将不同材料内容标志为不同子节点,当编码节点数达到一定数量时进行整合,对相同材料中出现的多个子节点需分别进行标记。不确定的新概念可以临时标记为自由节点。初步编码完成后，软件就可以提取出每个节点所包含的内容，并根据内容进一步修改节点名称。在此基础上，通过采用 Huberman 方法对编码的信度进行检验，编码结果的信度由两个独立编码器的一致性百分比决定，编码结果表明，一致性达到90.13%。为了保证总编码员的内部可靠性，随机抽取20份脚本，让总编码员在半个月后重新编码。通过比较结果，一致性为 92.35%，编码结果比较合理。在此基础上，通过对访谈资料进行加工处理，整理出初始概念、找出概念范畴。然后对初始范畴进行进一步区分，提炼出主范畴和副范畴，并将相似的范畴按照其相互联系与逻辑顺序划分归类，构建直播带货情景下消费者贡献行为的影响因素，具体如表3-3所示。

表3-3 直播带货情景下消费者贡献行为的影响因素

主范畴	副范畴	初始范畴
场的因素	社会线索	物理性社会线索 人员性社会线索 氛围线索
人的因素	主播特质	主播可信性 主播专业性 主播吸引力
货的因素	产品展示	生动性 互动性
其他因素	AR 自我披露 服务补救	AR技术 网红自我披露 服务补救

最后，本研究利用剩下的 10 份访谈记录做理论饱和度检验。结果显示，直播带货情景下消费者贡献行为的影响因素架构范畴已经发展得相对比较丰富，主要包含三个范畴（社会线索、主播特质、产品展示），经过检验均未发现新的重要范畴。由此可知，直播带货情景下消费者贡献行为的影响因素组成在理论上是饱和的。

四、总结

本章通过访谈的形式对直播带货情景下消费者贡献行为的影响因素进行

探讨。通过对访谈材料进行编码，总结出影响消费者贡献行为的三大因素：场的因素、人的因素和货的因素。其中场的因素，主要是社会线索，具体包括物理性社会线索、人员性社会线索和氛围线索。人的因素主要是主播特质，具体包括主播可信性、专业性和吸引力。货的因素主要是产品展示，具体包括生动性和互动性。在此基础上，下文将分别从场、人、货、其他情景的视角来研究消费者贡献行为。

第四章　消费者贡献行为量表开发

由于在消费者贡献行为的测量上，并没有成熟的量表。因此，本章在对消费者贡献行为测量上采用量表开发的方法进行测量，在对消费者贡献行为的概念进行界定的基础上，采取访谈的方法进行定性研究。

第一节　消费者定性访谈

本章选择40位具有直播购物经历的消费者进行访谈，在对消费者贡献行为的概念进行界定的基础上，让消费者描述其贡献行为，并让消费者回忆是什么原因引发其贡献行为（具体访谈过程见上一章）。访谈结束后，邀请3位判断者，向他们阐述消费者贡献行为的概念。在此之后，请判断者根据自己的理解对文本每一句的关键词进行提取。如果无法提取关键词，则认为该句不适合用来测量零售商服务能力。不适合的标准由3名判断者判断该句是否可以删除。具体结果如表4-1所示。

表4-1 定性访谈结果

维度	关键语句
主动贡献行为	我会发表产品的使用经验与体会，并与其他用户分享，如产品的质量、物流、价格等
	我会发表对现有产品的改进建议或解决方案，以期公司完善产品，如快递的速度太多，产品不保价
	我会发表未来产品的新想法和创意，以期公司能重视采纳
	我会向其他消费者推荐相关的产品，如通过链接分享或平台分享
	我会继续在直播间购买相关产品
反应贡献行为	我会参与他人提出的各类产品话题讨论，而不只是特定产品的话题，如在直播间针对产品色泽的讨论
	我会被提出的主题内容或创意所吸引，继而参与讨论如直播间其他消费者提出好的建议
	我会就他人产品的建议方案，提出自己的意见和想法，如建议在直播间采用3D展示，或者直接采用buy+

其中，主动贡献行为是消费者主动将产品使用经验、体会等信息进行分享，分享形式包括评论、视频、图片等形式。在访谈过程中主要涉及"我会发表产品的使用经验与体会，并与其他用户分享"，如产品的质量、物流、价格等；"我会发表对现有产品的改进建议或解决方案，以期公司完善产品"，如"快递的速度太多，产品不保价""我会发表未来产品的新想法和创意，以期公司能重视采纳""我会向其他消费者推荐相关的产品"，如链接分享或平台分享，"我会继续在直播间购买相关产品"等。反应贡献行为是消费者被动参与产品信息的分享，通过与他人进行沟通交流，从而将相关产品的使用经验、体会等信息传达出去。在访谈过程中主要涉及"我会参与他人提出的各类产品话题讨论，而不只是特定产品的话题"，如在直播间针对产品色泽的讨论；"我会被提出的主题内容或创意所吸引，继而参与讨论"，如直播间其他消费者提出好的建议；"我会就他人产品的建议方案，提出自己的意见和想法"如建议在直播间采用3D展示，或者直接采用buy+。

第二节 消费者贡献行为量表的开发

一、量表的开发方法

Churchill（1979）认为量表的开发分为八个步骤。一是对概念的界定。概念的界定是后续研究的基础，本节将消费者贡献行为界定为在直播带货过程中，消费者对产品信息的分享和购买，分享的形式包括对产品使用经验或服务经验的文字描述、图片、音频、视频等，并通过相应的访谈来确定维度。二是生成初始测量题项。通过对相关文献和消费者访谈进行分析，并参考相关专业老师的意见，对生成的测量题项进行修改。三是预调研。四是净化测量题项。五是正式调研。六是信度评估，主要采用CR和Cronbach's α进行分析。七是效度评估，主要采用判别信度和收敛信度。八是生成正式量表。具体流程图如图4-1所示。

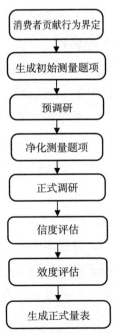

图4-1 消费者贡献行为的量表开发流程

二、消费者贡献行为测量题项的生成

在对消费者贡献行为的概念进行界定后，本节按照Churchill（1979）的方法，通过相关的文献和访谈的量表生成测量题项。

（一）现有文献中的相关测量

秦敏等（2020）在研究在线用户社区贡献行为时，将贡献行为作为单一的维度，主要由"我在社区分享产品/服务体验"等七个题项构成。Lin等（2009）在研究虚拟社区贡献行为时，将贡献行为作为单一维度，主要由"我经常参加知识分享活动，在这个虚拟社区中与他人分享我的知识"等三项构成。秦敏等（2014）在研究企业开放式创新在线用户贡献行为时，将贡献行为划分为主动贡献行为和反应贡献行为。其中主动贡献行为由"我经常发表产品的使用经验与体会，与其他用户分享"等三项构成。反应贡献行为由"我经常参与他人提出的各类产品讨论"等三项构成。胡名叶（2019）在总结前人研究的基础上，将贡献行为划分为初始贡献行为和持续贡献行为。其初始贡献行为主要由"我愿意成为社区成员"等三项构成，持续贡献行为则由"我愿意继续在该社区贡献知识或信息"等两项构成。

综上，虽然一些学者在贡献行为的维度上做出一定的贡献，但由于不同学者在贡献行为的划分上存在不同，且已有研究都集中在信息管理领域，缺乏对消费者贡献行为的研究。通过借鉴信息管理领域贡献行为的划分，特别是Lin等（2009）和秦敏等（2014）对贡献行为的研究，本节在此基础上通过对有直播购物经验的消费者进行访谈，构建消费者贡献行为量表。

（二）内容分析

本节在文献回顾的基础上，采用访谈的方法，以此来生成概念的初始题项。在访谈过程中，让消费者描述自我对产品信息进行分享的内容和缘由。在访谈结束后，先通过内容分析法将关键的语句提炼出来，然后根据语句的信息进行编码，最后将意义相同的语句归纳在相应的类别中。访谈的方法与程序与上一章一致。

（三）初始测量题项的生成

通过文献回顾和消费者访谈，本节提出消费者贡献行为的初始测量题项，具体结果如表4-2所示。

表4-2　消费者贡献行为的初始测量题项

维度	测量题项	题项来源
主动贡献行为	1. 我会发表产品的使用经验与体会，并与其他用户分享 2. 我会发表对现有产品的改进建议或解决方案，以期公司完善产品 3. 我会发表未来产品的新想法和创意，以期公司能重视采纳 4. 我会向其他消费者推荐相关的产品 5. 我会在直播间购买相关产品	Lin等（2009），秦敏等（2014）和定性访谈
反应贡献行为	1. 我会参与他人提出的各类产品话题讨论，而不只是特定产品的话题 2. 我会被提出的主题内容或创意所吸引，继而参与讨论 3.我会就他人产品的建议方案，提出自己的意见和想法	秦敏等（2014）和定性访谈

（四）消费者贡献行为题项的修改

在得出消费者贡献行为的题项后，需要对题项进行修改，以删除其中不符合要求的题项，具体流程如下。

第一，邀请3名判断者对初始测量进行评判。首先，让他们仔细阅读所有的测量题项，找出其中语义表达不清的问题。其次，在充分阅读所有题项后，他们认为主动贡献行为中的"我会发表未来产品的新想法和创意，以期公司能重视采纳"应该删除，因为其不具有普遍性，在直播间进行购物时，大部分消费者不会发表对未来产品的新想法和创意，因此在测量时选择删掉。

第二，向3名判断者解释本书提出的消费者贡献行为的定义和相关维度及题项的意思。在此基础上，让判断者对每个维度中的题项进行判断。按照程度解释进行划分即完全解释、比较解释、比较能够解释和不能解释。题项保留标准是至少两位判断者认同该题项可以完全解释该维度，否则将该题项删除。

第三，请3名判断者对测量进行评判。首先，向其解释消费者贡献行为的定义及维度的定义，请其判断维度划分是否合理。其次，请3名判断者进行阅读，并判断每个题项对相应维度的解释程度，如果有两位以上的判断者认为该题项能解释则保留，反之则删除。通过上述步骤，得出消费者贡献行为的量表，整理后的量表，共7项，与整理前的量表相比，主动贡献行为的测量少了"我会发表未来产品的新想法和创意，以期公司能重视采纳"一项，由"我会发表产品的使用经验与体会，并与其他用户分享"等构成，反应贡献行为还是由"我会参与他人提出的各类产品话题讨论，而不只是特定产品的话题"等构成。

三、消费者贡献行为预调研与题项净化

（一）消费者贡献行为预调研问卷设计

本节通过内容分析和效度分析，得出感知零售商服务能力的17个测量项，通过对测量项进行整理，形成本文的初始调研问卷。问卷采用7点Likert量表，1~7分别代表非常不同意到非常同意。被调查者根据自身的感受从1~7进行打分。本节的预调查问卷由三个部分构成，一是简要说明，主要告诉被调查者，调查问卷内容主要用于学术研究，调查过程中对被调查者信息进行保密；二是问卷的主体部分，先问被调查者两个问题，如"您是否有过在直播间购物的经历？""请您根据自己的回忆，写下您所购物的直播平台？"这两个问题，主要是为了更好地甄别所选的被调查者；三是被调查者的人口统计信息如年龄、性别、职业等。预调查的消费者贡献行为的测量题项如表4-3所示，其中主动贡献行为用字母A表示，题项按照A1、A2等顺序表示；反应贡献行为用B表示，题项按照B1、B2等顺序表示。

表4-3　预调研消费者贡献能力的测量题项

维度	测量题项
主动贡献行为 （A）	A1.我会发表产品的使用经验与体会，并与其他用户分享 A2.我会发表对现有产品的改进建议或解决方案，以期公司完善产品息 A3.我会向其他消费者推荐相关的产品 A4.我会在直播间购买相关产品
反应贡献行为 （B）	B1.我会参与他人提出的各类产品话题讨论，而不只是特定产品的话题 B2.我会被提出的主题内容或创意所吸引，继而参与讨论 B3.我会就他人产品的建议方案，提出自己的意见和想法

（二）消费者贡献行为预调研数据收集

预调研的目的是检验量表的信度和效度，通过数据分析结果对测量题项进行修正，从而形成正式调研问卷。本次预调研共发出问卷180份，收回180份，收回率100%。在收回的问卷中，依据"请您回忆一下，有过在直播间购物的经历"，并让其写下直播购物的平台，通过排除部分不在直播间进行购物的调查者，通过对问卷中未填写、漏选或多选的问卷进行删除，最终得到有效问卷150份，问卷回收率为83.33%，样本统计结果如表4-4所示。

表4-4 预调研消费者贡献能力受访者统计特征[①]

特征	分类	样本数量	百分比	特征	分类	样本数量	百分比
性别	男	64	42.67%		在校学生	10	6.67%
	女	86	57.33%		技术人员	22	14.67%
年龄	18岁以下（不含18岁）	1	0.67%		专业人员	24	16%
	18~24岁	34	22.67%		教师	12	8%
	25~34岁	75	50%	职业	工人	15	10%
	35~44岁	35	23.33%		个体户/自由职业者	18	12%
	45岁以上	5	3.33%		销售人员	17	11.33%
受教育程度	初中及以下	10	6.67%		文职/办事人员	20	13.33%
	高中或中专	28	18.67%		无业/失业/下岗	1	0.67%
	大专	32	21.33%		退休	2	1.33%
	本科	72	48%		其他	9	6%
	硕士及以上	8	5.33%	个人月收入	1000元以下	7	4.67%
					1000~3000元	38	25.33%
					3000~5000元	60	40%
					5000~10 000元	40	26.67%
					10 000元以上	5	3.33%

---

① 全书此类数据中的数据为约数（结果四舍五入），下同。

从表4-4可以看出，女生比率略高于男生，调查对象年龄段主要集中在25~34岁，学历以本科为主，职业主要集中在技术人员、专业人员、个体户/自由职业者、销售人员、文职/办事人员，月收入主要集中在3 000~5 000元和5 000~10 000元这个阶段，与中国互联网络信息中心调查显示的结果相一致。

（三）消费者贡献行为预调研信度检验

本次调查在信度检验上，参照吴明隆（2010）《问卷统计分析实务：SPSS操作与应用》一书中信度的检验方法，采用修正的项目总相关（CITC）和Cronbach's α 进行分析，其中修正项目总相关是指该题项与其余题项加总后的积差相关，其认为修正后的项目总相关数值小于0.4，则表示该题项与其余题项的相关为低相关关系，该题项与其余题项所要测量的心理或潜在特质同性质不高，应该予以删除。在Cronbach's α 的检验上，吴明隆认为Cronbach's α 系数<0.5，不理想，舍弃不用；0.5≤Cronbach's α 系数<0.6，可以接受，增列题项或修改语句；0.6≤Cronbach's α 系数<0.7，尚佳；0.7≤Cronbach's α 系数<0.8，佳（信度高）；0.8≤Cronbach's α 系数<0.9，理想（甚佳，信度很高）；0.9≤Cronbach's α 系数，非常理想（信度非常好）。项目删除时的Cronbach's α 值是指该项目删除后，整个量表的 α 系数改变情形。若是删除后，量表的内部一致性 α 系数反而更大，则此题所测量的行为或心理特征与其余量表的行为或心理特质并不同质，因此应该将其删除。具体结果如表4-5所示。

表4-5　预调研消费者贡献行为的信度分析

维度	测量题项代码	修正的项目总相关（CITC）	项目删除时的Cronbach's α 值	Cronbach's α
主动贡献行为（A）	A1	0.721	0.853	0.901
	A2	0.683	0.856	
	A3	0.643	0.886	
	A4	0.754	0.846	
反应贡献行为（B）	B1	0.791	0.912	0.921
	B2	0.832	0.891	
	B3	0.845	0.889	

从表4-5可以看出，消费者贡献行为维度的Cronbach's α都大于0.8，这表明消费者贡献行为维度的测量信度较好。吴明隆认为若是删除后，量表的内部一致性α系数反而更大，应将其删除。在所有题项测量中，删掉单一测项后，其项目删除时的Cronbach's α值都小于总体的Cronbach's α值，因此所有题项均应保留。

（四）消费者贡献行为预调研效度检验

由于消费者贡献行为并没有相应的量表进行测量，因此本节在做效度检验时，采用探索性因子分析（EFA）的方法进行研究。吴明隆（2009）认为KMO系数在0.5以下，非常不适合进行因子分析；在0.5以上，不适合进行因子分析；在0.6以上，勉强可以进行因子分析；在0.7以上，尚可进行因子分析；0.8以上，适合进行因子分析；在0.9以上，极适合进行因子分析。本节KMO值为0.905，Bartlett球体检验的P值为0.000，小于0.05，表明消费者贡献行为适合做探索性因子分析。本节采用主成分分析方法，利用最大方差法进行旋转。具体结果如表4-6所示。

表4-6　预调研消费者贡献行为探索因子分析

维度	代码	成分	
		因子1	因子2
主动贡献行为（A）	A1	0.360	0.824
	A2	0.167	0.849
	A3	0.343	0.764
	A4	0.416	0.871
反应贡献行为（B）	B1	0.786	0.257
	B2	0.845	0.185
	B3	0.792	0.323

吴明隆认为因子载荷小于0.32，应该舍弃，其建议因子载荷的标准最好在0.4以上，此时共同因素可以解释题项的16%。

四、消费者贡献行为正式调研与量表检验

（一）消费者贡献行为正式调查问卷设计

在预调查阶段，本节通过对测量题项进行信度和效度检验，并依据数据分析结果对相应的题项进行删减，最后得到消费者贡献行为的7个题项。在正式调查问卷中，本节加入调查人口统计信息，并要求调查对象写下相应的直播平台的名称，从而形成消费者贡献行为测量的正式量表，具体问卷见附录B。正式问卷分为三个部分，一是调查目的，主要是告诉调查对象，所有的调查仅用于学术研究；二是消费者贡献行为的测量题项，所有题项均采用七点李克特量表。三是分人口统计变量的调查，包括性别、收入、受教育程度等。

（二）消费者贡献行为正式调查问卷数据的收集

本次调查共发放问卷600份，收回600份，在回收过程中先按照问卷中"有无在直播间进行购物的经历"和"写下该直播平台的名称"题项的标准删掉部分不符合要求的问卷，再按照未作答、有遗漏或多选的标准删掉剩下的问卷，最终得到有效问卷540份，有效率为90%，样本的具体结果如表4-7所示。

表4-7　正式调研消费者贡献行为受访者统计特征

特征	分类	样本数量	百分比	特征	分类	样本数量	百分比
性别	男	256	47.41%		在校学生	38	7.04%
	女	284	52.59%		技术人员	98	18.15%
年龄	18岁以下（不含18岁）	3	0.56%		专业人员	130	24.07%
	18~24岁	132	24.44%	职业	教师	38	7.04%
	25~34岁	286	52.96%		工人	19	3.52%
	35~44岁	96	17.78%		个体户/自由职业者	30	5.56%
	45岁以上	23	4.26%		销售人员	26	4.81%

特征	分类	样本数量	百分比	特征	分类	样本数量	百分比
受教育程度	初中及以下	5	0.93%	职业	文职/办事人员	150	27.78%
	高中或中专	58	10.74%		无业/失业/下岗	5	0.93%
	大专	121	22.41%		退休	3	0.56%
	本科	320	59.26%		其他	3	0.56%
	硕士及以上	36	6.67%	个人月收入	1 000元以下	30	5.56%
					1 000~3 000元	131	24.26%
					3 000~5 000元	245	45.37%
					5 000~10 000元	100	18.52%
					10 000元以上	34	6.30%

从表4-7可以看出，首先女在占比为52.59%略高于男生的47.41%，调查对象年龄段主要集中在25~34岁，共286人，占比为52.96%。其次是18~24岁，共132人，占比为24.44%。学历以本科为主，共320人，占比为59.26%。职业主要集中在技术人员、专业人员和文职/办事人员，其中技术人员占比为18.15%，专业人员占比为24.07%，文职/办事人员占比为27.78%。月收入主要集中在3 000~5 000元和5 000~10 000元这个阶段，分别占比为24.26%和45.37%，与中国互联网络信息中心调查显示的结果相一致。

（三）消费者贡献行为正式调查问卷的量表信度检验

本节对消费者贡献行为的信度检验，主要通过Cronbach's α值和组合信度（CR）进行检验，具体结果如表4-8所示。

表4-8　正式调研消费者贡献行为的信度分析

维度	测量题项代码	修正的项目总相关（CITC）	项目删除时的Cronbach's α值	Cronbach's α	组合信度（CR）
主动贡献行为（A）	A1	0.751	0.737	0.845	0.839 4
	A2	0.733	0.745		
	A3	0.742	0.786		
	A4	0.732	0.803		

续表

维度	测量题项代码	修正的项目总相关（CITC）	项目删除时的Cronbach's α值	Cronbach's α	组合信度（CR）
反应贡献行为（B）	B1	0.735	0.763	0.889	0.807 3
	B2	0.654	0.782		
	B3	0.685	0.812		

从表4-8可以看出，所有消费者贡献行为的Cronbach's α都大于0.8，这表明消费者贡献行为维度的测量信度较好，所有修正的项目总相关（CITC）都大于0.5，项目删除时的Cronbach's α值均小于Cronbach's α，表明问卷不需要删除其余的测量题项。各个维度的组合信度（CR）均大于0.6，表明消费者贡献行为的内部一致性较好。

（四）消费者贡献行为正式调查问卷的效度检验

由于消费者贡献行为并没有相应的量表进行测量，因此本节在做结构效度检验时，采用探索性因子分析（EFA）进行研究，主要采用主成分分析的方法，其中KMO=0.915，Bartlett球体检验的P值为0.000，小于0.05，表明消费者贡献行为适合做探索性因子分析，具体结果如表4-9所示。

表4-9　正式调研消费者贡献行为探索因子分析

维度	代码	成分	
		因子	因子2
主动贡献行为（A）	A1	0.272	0.782
	A2	0.335	0.727
	A3	0.138	0.713
	A4	0.318	0.721
反应贡献行为（B）	B1	0.742	0.269
	B2	0.735	0.142
	B3	0.754	0.232

由表4-9可以得出，消费者贡献行为通过最大方差法旋转后，共提取四个特征值大于1的因子，累计方差贡献率达到66.493%。吴明隆认为因子载荷小

于0.32，应该舍弃，其建议因子载荷的标准最好在0.4以上，此时共同因素可以解释题项的16%。

（五）收敛效度检验

收敛效度是指用不同的测量方式对同一概念进行测量时，测得的结果在统计的一致性，所观测到的数值之间是高度相关的。本节在对消费者贡献行为的收敛效度的测量上，主要采用平均变异抽取量（AVE）来测量。吴明隆（2009）认为潜在变量的AVE若大于0.5，则表示模型内在质量佳。本节使用验证性因子分析（CFA）进行收敛效度分析。其中，近似误差均方根（RMSEA）为0.052，GFI为0.936，AGFI为0.954，NFI为0.932，RFI为0.945，IFI为0.953，TLI为0.960，CFI为0.963。吴明隆（2009）在《结构方程模型》一书中，提出SEM整体模型适配度的评价指标及其评价标准，其认为GFI、AGFI、NFI、RFI、IFI、TLI、CFI大于0.9，RMSEA小于0.05则效度较好。具体分析结果如表4-10所示。

表4-10 正式调研消费者贡献行为的收敛效度分析

维度	测量题项代码	因子载荷	平均变异抽取量（AVE）
主动贡献行为（A）	A1	0.75	0.566 7
	A2	0.76	
	A3	0.78	
	A4	0.72	
反应贡献行为（B）	B1	0.76	0.582 8
	B2	0.75	
	B3	0.78	

从表4-10可以看出，消费者贡献行为各个维度测量的因子载荷都在0.4以上。平均变异抽取量（AVE），除了整合能力都大于0.5，表明模型的内在质量较高，收敛效度较好。

（六）二阶验证性因子分析

为了检验各个维度间的相关性，本节采用二阶验证性因子分析，通过利用一阶因子载荷到二阶共同因子上的标准化系数来检验收敛效度。具体结果如

表4-11所示。

表4-11　消费者贡献行为二阶验证性因子分析结果

二阶因子	一阶因子	标准化路径系数	测量题项代码	标准化因子载荷
消费者贡献行为（O）	主动贡献行为（A）	0.92	A1	0.74
			A2	0.75
			A3	0.78
			A4	0.72
	反应贡献行为（B）	0.94	B1	0.73
			B2	0.75
			B3	0.77

从表4-11可以看出，一阶因子与二阶因子之间的标准化路径系数分别为0.92，0.94，都大于0.8，表明消费者贡献行为二阶验证性因子分析模型的内在质量较好，即收敛效度较好。其中在消费者贡献行为二阶因子分析模型中，近似误差均方根（RMSEA）为0.052，小于0.08，表明模型内在质量较好，GFI为0.932，AGFI为0.939，NFI为0.948，RFI为0.927，IFI为0.962，TLI为0.945，CFI为0.953，均大于0.9，适配度指数较好，结构效度较好。

首先，以文献回顾和消费者访谈为基础，在界定了消费者贡献行为概念和内涵的基础上，通过对消费者进行深度访谈，提出消费者贡献行为的四个维度。其次，参照Churchill（1979）量表开发的方法和流程，最终保留了7个测量题项从而得到可用于正式调研的量表。最后，通过正式调研对测量量表的信度和效度进行检验，并最终得出消费者贡献行为的测量量表，一共7个题项。笔者通过对消费者贡献行为这一概念进行有效的测量，为后续研究奠定基础。

第五章　人的因素：网红对消费者贡献行为的影响研究

第一节　引论

一、引言

根据《2019中国网红经济发展洞察报告》，2018年粉丝规模在10万以上的网红人数量持续增加，较2017年增长51%，越来越多的个人和机构加入网红行业。2020年4月8日曾有过一次大型的直播活动，根据某零食品牌官方公布的数据，截至当天晚上6点，整场直播卖出了2万单商品，销售破百万，是平时的5倍。这一现象引发了人们的思考：网红直播是如何影响消费者贡献行为的？

网红作为网络直播的载体之一，既是商品体系，又是产业。袁国宝等（2016）认为在社交媒体上，任何人能够拥有社交资产变现的能力，就是"网红"。周延风等（2018）认为网红不仅指凭借各种互联网媒介在公众中获得高知名度、广泛影响力的人，而且包括抽象的概念、物等。孟陆等（2020）认为网红是借助各种直播平台媒介，并将粉丝转化为购买力的人。刘凤军等（2020）认为网红是商家借助网红对粉丝的感召力，影响潜在消费者，从而达到增强关注及购买的营销目的。

在网红发展史的研究上，袁国宝等（2016）则基于网红的发展阶段来研究网红，并把网红分为三个阶段即以网络文学为代表的1.0、以新奇著称的草根2.0、以直播型网红为代表的3.0。陶金国等（2017）则基于网红的发展模式，研究网红模式下消费者购物意愿的影响因素。

综上所述，虽然有一些学者对网红进行了研究，但大部分都集中在消费者购买意愿和购买决策方面，缺乏对消费者贡献行为的研究。本章将信息管理领域的贡献行为迁移到消费者领域，研究网红对消费者贡献行为的影响，丰富了贡献行为的相关研究，有利于指导企业进行精准营销。

二、研究模型

S-O-R模式认为刺激是一种动力，这种动力能够影响认知、情感过程和感知价值。其将刺激分为环境线索（如音乐、光线照明、气味和气温），设计线索（如颜色、空间尺度）和社会线索（如雇员的友好性）。其进一步认为反应的主体或机理在刺激和消费者反应之间起中介作用。情感状态和认知状态在购物环境线索和消费者行为之间起中介作用。此外，在心理唤起的作用下，受众更多会表现出内心自我。由于网红自身的专业性、吸引力等特质，其通过专业的讲解、及时的互动，向消费者有效传递产品的信息，通过唤起消费者，从而提升消费者贡献意愿，使消费者愿意对产品进行分享和购买。基于以上分析，提出本章研究模型，如图5-1所示。

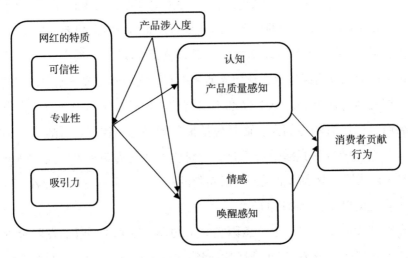

图5-1　本章研究模型

第二节 研究假设

一、网红特质影响的假设

网红带货作为一种说服性传播活动，信息源的可信度特质是影响信息说服效果的因素。产品质量感知作为一种主观评价（Zeithaml，1988），对消费者的购买决策有一定的影响（Woodruff，1997）。产品质量感知作为一种判断，源于企业内外部信息（黄苏萍 等，2019）。在信息不对称的情况下，消费者对网红的认知与评价在一定程度上可以代替产品信息，从而影响消费者对产品质量的感知。因此，信息来源越可信，消费者产品质量感知越高，越能唤醒消费者的个人情感。基于以上分析，提出以下假设。

H1a：网红可信性显著正向影响产品质量感知。

H1b：网红可信性显著正向影响消费者唤醒感知。

Kim和Lennon（2013）认为信息源专业性对消费者态度具有正向影响。Freiden（1984）研究也发现代言人具有专业性有利于增强所传递的产品信息的说服效果。网红在直播过程中表现得越专业，消费者对企业产品的质量感知越好，越容易唤醒消费者个人情感。基于以上分析，提出以下假设。

H2a：网红专业性显著正向影响产品质量感知。

H2b：网红专业性显著正向影响消费者唤醒感知。

Ohanian（1991）认为代言人的形象会影响消费者购买意愿。刘凤军等（2020）认为网红的吸引力源于其精致的面孔、较好的身材、甜美的声音等。网红通过其精致的面孔、较好的身材等吸引消费者，让消费者产生愉悦感，唤醒消费者情感感知。此外，已有研究表明具有吸引特质的广告源会影响受众的品牌态度和意愿（Jerry, et al., 1991）。因此网红自身的吸引力，会在一定程度上改变消费者对产品的质量感知。基于以上分析，提出以下假设。

H3a：网红吸引力显著正向影响产品质量感知。

H3b：网红吸引力显著正向影响消费者唤醒感知。

二、认知、情感影响的假设

两阶段动态信号检测理论认为即使在决策产生之后，信息依然进行积累，决策信心就是决策前后收集信息的函数。决策发生后，累积的信息性质、数量等都会对消费者分享、购买产生影响。消费者感知到产品质量越好，消费者对产品购买越有信心，越容易产生贡献行为如分享和购买。基于以上分析，提出以下假设。

H4：产品质量感知显著正向影响消费者贡献行为。

情绪作为一种认知过程中产生的对外界事物的态度，其通过干扰个体心理，来使行为产生变化。唤醒感知是个体在特定时间里所体验到的兴奋程度和动机强度。Bitner（1992）研究发现S-O-R模式下消费者和雇员对外部刺激会产生认知、情感、身体上的反应，进而迫使雇员和消费者对环境作出趋近和趋避的选择。唤醒感知作为一种情绪，必然会迫使消费者作出某种购买决策如分享和购买，促使消费者产生贡献行为。基于以上分析，提出以下假设。

H5：唤醒感知显著正向影响消费者贡献行为。

三、产品涉入度的调节作用

精细加工可能性模型认为说服个人态度形成、改变的过程有两种思考路径：一是中心化路径，使用该路径的个体会根据因果逻辑对一个概念做纵深性的推演思考；二是外围性路径，使用该路径的个体在考虑一个问题时会更注重一些环境因素和表征性线索。在产品高涉入度的情况下，消费者会对信息源更加敏感，会花费更多的时间资源和精力来搜寻产品信息。在这种条件下，网红的可信性等会增加消费者对产品质量的感知。基于以上分析，提出以下假设。

H6a：产品涉入度在网红可信性与产品感知质量之间发挥调节效应。

H6b：产品涉入度在网红专业性与产品感知质量之间发挥调节效应。

H6c：产品涉入度在网红吸引力与产品感知质量之间发挥调节效应。

Zaiehkowsky（1985）将涉入度界定为消费者基于个人自身需求等因素从而产生的对产品感兴趣的程度。Lee等（2014）研究发现在高产品涉入度下，名人代言人与产品的一致性等会显著正向影响广告效果。在产品高涉入度的影响下，消费者会因代言人的专业性、吸引力等改变对产品的态度和兴奋程度。基于以上分析，提出以下假设。

H7a：产品涉入度在网红可信性与唤醒感知之间发挥调节效应。

H7b：产品涉入度在网红专业性与唤醒感知之间发挥调节效应。

H7c：产品涉入度在网红吸引力与唤醒感知之间发挥调节效应。

第三节　研究设计

本节主要通过问卷调查的方式来获取相关数据和文字资料，并以此为基础构建直播带货情景下消费者贡献行为的影响因素的研究。首先，介绍相关概念的定义，并通过借鉴现有的国内外学者开发的测量量表生成初始测量题项；其次，通过预调研的数据分析对测量量表的信度和效度进行测量，从而形成正式的问卷。本节构建的理论模型共涉及六个概念，分别是可信性、专业性、吸引力、产品质量感知、唤醒感知和消费者贡献行为。

一、变量的界定和测量

（一）网红的界定和测量

网红由于其自身在外貌等方面存在一定的优势，其通过发挥自身的吸引力、专业性、可信性的优势来吸引消费者，唤醒其情感，促使消费者产生分享和购买等贡献行为。本节将网红界定为在网络直播营销活动中与用户直接互动交流的人员。

由于本节主要从网红特质属性视角来研究网红，研究网红特质下消费者贡献行为的影响机制。因此在测量过程中，更多的选择是网红属性特质相关的量表进行测量。同时，结合直播带货这一特定的背景，提出各个变量相应的测量量表。本节在参照Jerry和Gotlieb（1991）及刘凤军等（2020）的基础上，将网红特质分为可信性、专业性和吸引力三个维度。其中可信性是网红通过展示自身的能力和善意来获得消费者认可；专业性是网红通过发挥自身职业的专长来获取消费者认可；吸引力是网红通过发挥自身外貌的优势来获得消费者认可。网红特质测量题项如表5-1所示。

表5-1 网红特质测量题项

维度	编码	测量题项	文献来源
可信性 （C）	C1	该网红直播的内容是可信的	
	C2	该网红推荐的相应产品较为可靠	
	C3	信任所观看的直播网红	
专业性 （D）	D1	您所观看的网红具有专业的技巧	刘凤军等 （2020）、 Jerry和Gotlieb （1991）
	D2	您所观看的直播网红具有特殊的技能专长	
	D3	您所观看的直播网红对推荐产品具有丰富的使用经验	
	D4	您所观看的直播网红具有专业的知识	
吸引力 （E）	E1	您观看直播网红的原因是网红的外表吸引您	
	E2	您之所以关注该网红是因为他（她）很有魅力	
	E3	您认为您所观看的网红直播很幽默有趣	
	E4	您认同直播网红的生活习惯	

资料来源：刘凤军，孟陆，陈斯允，等. 网红直播对消费者购买意愿的影响及其机制研究[J]. 管理学报，2020，17（1）：94-104.

（二）产品质量感知的界定和测量

产品质量感知是消费者对产品质量的一种主观评价（Zeithaml，1988），对消费者的购买决策有一定的影响（Woodruff，1997）。产品质量感知作为一种判断，源于企业内外部信息（黄苏萍 等，2019）。在信息不对称的情况下，消费者对网红的认知与评价在一定程度上可以代替产品信息，从而影响消费者对产品质量的感知。目前，在产品质量感知的测量上，一些学者主要参照Zeithaml（1988）的量表，并在此基础上进行部分修改。本节在产品质量感知的测量上，主要借鉴Zeithaml（1988）、黄苏萍等（2019）和王海忠等（2007）的量表进行测量，主要由5个题项进行测量，如表5-2所示。

表5-2　产品质量感知测量题项

维度	编码	测量题项	文献来源
产品质量感知（F）	F1	网红推荐的产品很值得信赖	Zeithaml（1988）、黄苏萍等（2019）和王海忠等（2007）
	F2	网红推荐的产品工艺非常先进	
	F3	网红推荐的产品有很高的品质	
	F4	网红推荐的产品非常可靠	
	F5	网红推荐的产品效果非常持久	

（三）唤醒感知的界定和测量

唤醒感知是个体在特定时间里所体验到的兴奋程度和动机强度。其作为一种情绪，通过干扰个体心理，来使行为产生变化。依据刺激—反应原理，网红由于其自身外貌、形态等特征给消费者带来情绪上的变化，使消费者产生唤醒感知，并对消费者最终购买和分享产生影响。唤醒感知主要参照Koo和Ju（2010）的量表进行测量，由4个题项构成，如表5-3所示。

表5-3　唤醒感知测量题项

维度	编码	测量题项	文献来源
唤醒感知（G）	G1	当您在直播间进行购物时，您会很激动	Koo，Ju（2010）
	G2	当您在直播间进行购物时，您会睡意全无	
	G3	当您在直播间进行购物时，您会很兴奋	
	G4	当您在直播间进行购物时，您会很疯狂	

资料来源：黄苏萍，马姗子，刘军.刻板印象下企业家领导风格与产品质量感知关系的研究[J].管理世界，2019（9）：101-200.

（三）涉入度的界定和测量

涉入度最早由Sherif和Cantril（1947）提出，后经学者Krugman（1965）引入营销领域。Matthes等（2013）认为涉入度是个人与感知对象的相关性。在涉入度测量上，较公认的是Zaichkowsky（1985）开发的个人涉入度量表及Laurent和Kapferer（1985）开发的消费者涉入度量表。

在消费者与网红互动过程中，消费者往往会选择与自身利益、需求等相关的信息进行交流，所涉及的都是消费者感兴趣的产品和相关的信息。因此，本节在涉入度的测量上，主要从需求、价值和兴趣的视角出发，进行测量。本节在涉入度的测量上，参照Zaichkowsky（1985）、Laurent和Kapferer（1985）的量表进行测量，由3个题项构成，如表5-4所示。

表5-4　涉入度测量题项

维度	编码	测量题项	文献来源
涉入度（H）	H1	我在该直播间购买产品时会仔细挑选	Zaichkowsky（1985）；Slama和Tashchian（1985）
	H2	我愿意花很多时间在该直播间购买产品	
	H3	我对在该直播间购买产品很感兴趣	

（四）消费者贡献行为的界定和测量

在第四章，笔者将消费者贡献行为界定为在直播带货过程中，消费者对产品信息的分享和购买，分享的形式包括对产品使用经验或服务经验的文字描述、图片、音频、视频等，并详细介绍了消费者贡献行为的测量方法，并通过预调研和正式调研的方法对消费者贡献行为的信度和效度进行了检验。笔者将从感知消费者贡献行为分为主动贡献行为和反应贡献行为两个维度，共7个题项进行测量。其中主动贡献行为有4个题项进行测量，反应贡献行为有3个题项进行测量。

由于笔者将消费者贡献行为作为一个整体，选择从整体上研究其与其他变量之间的关系。因此，在研究过程中选择将消费者贡献行为作为一个整体，而不是从各个维度来研究其与其他变量之间的关系。此外，从整体概念入手有利于增加模型结构的稳定性。

二、问卷的预调研

为保证本本节问卷测量的有效性和准确性，本节在正式调查问卷之前进行了问卷的预调研。通过对预调研的数据结果进行分析，完成对问卷测量题项的修正，最终形成正式问卷。为保证预调研的效果，本节在问卷的第一部分告知被调查对象本次问卷主要用于学术目的和为调查对象个人信息进行保密。问卷的第二部分为主体部分，主要采用七点李克特量表进行判断，其中1表示非常不同意，7表示非常同意。

（一）问卷调查方式与调查对象

本节预调研采用问卷发放的方式，通过对问卷的调查来检验问卷的信度和效度，调查选择随机拦截的方式，共发放问卷150份，收回问卷150份，回收率100%。问卷通过设定消费者有没有在直播间进行购买的经历题项，以及要求其写下直播平台的名称的题项，去删除相应的问卷。此外，本节还通过对无效、未填或多选的问卷进行删减，共得到有效问卷120份，有效率为80%。统计如表5-5所示。

表5-5　预调研受访者统计特征

特征	分类	样本数量	百分比	特征	分类	样本数量	百分比
性别	男	54	45%		在校学生	3	2.5%
	女	66	55%		技术人员	8	6.67%
年龄	18岁以下（不含18岁）	1	0.83%		专业人员	20	16.67%
	18~24岁	38	31.67%		教师	25	20.83%
	25~34岁	52	43.33%		工人	3	2.5%
	35~44岁	27	22.5%	职业	个体户/自由职业者	15	12.5%
	45岁以上	2	1.67%		销售人员	12	10%
受教育程度	初中及以下	2	1.67%		文职/办事人员	30	25%
	高中或中专	3	2.5%		无业/失业/下岗	1	0.83%
	大专	30	25%		退休	1	0.83%
	本科	65	54.17%		其他	2	1.67%
	硕士及以上	20	16.67%	个人月收入	1 000元以下	1	0.83%
					1 000~3 000元	26	21.67%
					3 000~5 000元	45	37.5%
					5 000~10 000元	36	30%
					10 000元以上	12	10%

从表5-5可以看出，女生比率略高于男生，分别为55%和45%。调查对象年龄段主要集中在25~34岁，占比为43.33%。学历以本科为主，占比54.17%。职业主要集中在专业人员、教师、文职办事人员，占比分别为16.67%、20.83%和25%。月收入主要集中在3 000~5 000元和5 000~10 000元这个阶段，分别为37.5%和30%。购物人群与中国互联网络信息中心调查显示的购物人群相一致。

（二）问卷的信度和效度检验

本节涉及的变量有网红特质、主动贡献行为、反应贡献行为、可信性、涉入度、吸引力、产品质量感知、唤醒感知，为保证测量题项的内部一致性和有效性，对测量变量进行信度和效度检验。

1. 问卷的信度检验

本节在信度检验上，参照吴明隆（2010）《问卷统计分析实务：SPSS操作与应用》一书中信度的检验方法，采用修正的项目总相关（CITC）和Cronbach's α分别对主动贡献行为、反应贡献行为、可信性、涉入度、吸引力、产品质量感知、唤醒感知进行分析，如表5-6所示。

表5-6　预调研问卷变量的信度分析

变量	测量题项代码	修正的项目总相关（CITC）	项目删除时的Cronbach's α值	Cronbach's α值
主动贡献行为（A）	A1	0.554	0.735	
	A2	0.537	0.751	0.761
	A3	0.622	0.753	
	A4	0.642	0.724	
反应贡献行为（B）	B1	0.659	0.824	
	B2	0.704	0.843	0.816
	B3	0.689	0.812	
可信性（C）	C1	0.634	0.725	
	C2	0.659	0.745	0.792
	C3	0.569	0.753	

续表

变量	测量题项代码	修正的项目总相关（CITC）	项目删除时的Cronbach's α值	Cronbach's α值
专业性（D）	D1	0.523	0.745	
	D2	0.530	0.762	0.783
	D3	0.556	0.743	
	D4	0.663	0.761	
涉入度（H）	H1	0.623	0.732	
	H2	0.554	0.743	0.786
	H3	0.643	0.786	
吸引力（E）	E1	0.650	0.705	
	E2	0.516	0.723	0.756
	E3	0.568	0.663	
	E4	0.546	0.688	
产品质量感知（F）	F1	0.768	0.834	
	F2	0.739	0.821	
	F3	0.681	0.623	0.842
	F4	0.698	0.612	
	F5	0.652	0.739	
唤醒感知（G）	G1	0.863	0.853	
	G2	0.812	0.867	0.905
	G3	0.768	0.883	
	G4	0.754	0.872	

从表5-6可以看出，所有变量的Cronbach's α系数都大于0.7，表明所测变量的信度较好，所有修正的项目总相关（CITC）都大于0.4，项目删除时的Cronbach's α值均小于等于Cronbach's α，表明问卷不需要删除其余的测量题项。问卷的项目分析标准如表5-7所示。

表5-7　问卷的项目分析标准

题项	极端组比较	题项与总分相关		同质化检验	
	决断值	题项与总分相关	校正题项与总分相关	题项删除后的α值	共同性	因素负荷量
判断标准	≥3.000	≥0.400	≥0.400	≤量表信度	≥0.2	≥0.45

2.问卷效度检验

本节参照Churchill（1979）对问卷的内容效度进行检验。由于本节大部分的测量题项都源于国外学者，因此本节采用回译的方法进行检验。通过将国外学者使用的量表翻译为中文，再由英语专业的人员将翻译后的中文译成英文，并将原始的英文题项与英文题项进行对比。然后请营销专业的博士生探讨，对各个变量的题项进行评价，判断其是否能够测量对应的变量。最终结果表明本节所提变量具有良好的内容效度。

在结构效度上，本节预调研选择进行探索性因子分析（EFA），使用Bartlett球体检验和KMO检验来检验其相关性，其中KMO为0.905，大于0.5，Bartlett球体检验的P值为0，表明整体问卷题项适合做因子分析。所采用的方法主要为主成分分析方法，采用最大方差法进行因子旋转。

（1）网红特质

本节中网红特质的测量主要参照刘凤军等（2020），Jerry和Gotlieb（1991）等人的量表，分为可信性、专业性和吸引力，共11个题项，如表5-8所示。探索性因子分析结果显示，其KMO为0.902，Bartlett球体检验的P值为0，表明适合做探索性因子分析。

表5-8　预调研网红特质探索性因子分析

维度	代码	成分		
		因子1	因子2	因子3
	C1	0.285	0.321	0.688
可信性（C）	C2	0.043	0.352	0.703
	C3	0.475	−0.065	0.557

续表

维度	代码	成分		
		因子1	因子2	因子3
专业性（D）	D1	0.659	0.082	0.276
	D2	0.718	0.152	0.145
	D3	0.738	0.228	0.114
	D4	0.763	0.292	−0.042
吸引力（E）	E1	0.323	0.585	0.157
	E2	0.103	0.630	0.219
	E3	0.152	0.865	0.063
	E4	0.142	0.673	0.182

吴明隆认为因子载荷小于0.32，应该舍弃，其建议因子载荷的标准最好在0.4以上，此时共同因素可以解释题项的16%。

（2）产品质量感知

本节产品质量感知的测量主要参照Zeithaml（1988）、黄苏萍等（2019）和王海忠等（2007）的量表进行测量，共5个题项进行测量。探索性因子分析结果显示，其KMO为0.895，大于0.5，Bartlett球体检验的P值为0，表明适合做探索性因子分析。预调研产品质量感知探索值因子分析如表5-9所示。

表5-9　预调研产品质量感知探索性因子分析

变量	代码	成分
		因子
产品质量感知（F）	F1	0.840
	F2	0.842
	F3	0.818
	F4	0.836
	F5	0.845

从表5-9可以看出，所有因子载荷的数值都在0.8以上，表明共同因素对题项变量的解释较好。

（3）唤醒感知

本节中产唤醒感知主要参照Koo和Ju（2010）的量表进行测量，由4个题项构成。探索性因子分析结果显示，其KMO为0.832，大于0.5，Bartlett球体检验的*P*值为0，表明适合做探索性因子分析。具体结果如表5-10所示。

表5-10 预调研唤醒感知探索性因子分析

变量	代码	成分
		因子
唤醒感知（G）	G1	0.825
	G2	0.742
	G3	0.763
	G4	0.816

从表5-10可以看出，因子载荷的数值都在0.7以上，表明共同因素对题项变量的解释较好。

（4）涉入度

本节中涉入度的测量主要参照Zaichkowsky（1985）、Slama和Tashchian（1985）进行测量，共3个题项进行测量。探索性因子分析结果显示，其KMO为0.715，大于0.5，Bartlett球体检验的*P*值为0，表明适合做探索性因子分析。具体结果如表5-11所示。

表5-11 预调研涉入度探索性因子分析

变量	代码	成分
		因子
涉入度（H）	H1	0.754
	H2	0.812
	H3	0.832

从表5-11可以看出，所有因子载荷的数值都在0.7以上，表明共同因素对题项变量的解释较好。

（6）消费者贡献行为

本节在消费者贡献行为的测量上，主要从主动贡献行为和反应贡献两个维度，7个题项入手进行测量。探索性因子分析结果显示，其KMO为0.841，大于0.5，Bartlett球体检验的P值为0，表明适合做探索性因子分析。具体结果如表5-12所示。

表5-12　预调研消费者贡献行为探索性因子分析

变量	代码	成分
		因子
	A1⁻	0.901
	A2	0.912
	A3	0.862
消费者贡献行为（O）	A4	0.854
	B1	0.831
	B2	0.845
	B3	0.862

从表5-12可以看出，所有因子载荷的数值都在0.8以上，表明共同因素对题项变量的解释较好。

第四节　数据分析

本节主要完成数据的收集以及模型假设的验证。首先，进行相应的数据收集，之后对调查对象的特征进行描述性统计分析。其次，在此基础上进行本节的信度和效度检验。最后，运用结构方法模型对本节的整体模型进行分析判断并进行相应的中介检验。

一、样本概况

本节的正式问卷分为三个部分。一是调研的目的，主要向被调查者说明本次数据收集主要用于学术研究并对被调查者个人信息资料进行保密等。二是问卷的主体部分，主要为相关变量的测量，具体包括消费者贡献行为、可信性、专业性、涉入度、吸引力、产品质量感知和唤醒感知。三是被调查对象个人的信息特征，包含对性别、年龄、学历、职业和收入的测量。

（一）数据搜集

本节正式调研采用问卷发放的方式，采用虚拟情境调研法进行数据收集，于2020年7—8月通过在网上对某网红粉丝后援会QQ群发放问卷进行数据收集，共发放1 000份问卷，回收问卷931份，剔除部分填写不完整的问卷，有效问卷920份，有效率92%。虚拟情境如下：请您想象一种场景，您打算购买一件衣服，其他网点都没有销售，而此时您关注的一位网红恰好在直播平台销售该服装。具体结果如表5-13所示。

表5-13　调研受访者统计特征

特征	分类	样本数量	百分比	特征	分类	样本数量	百分比
性别	男	359	39.02%		在校学生	80	8.70%
	女	561	60.98%		技术人员	72	7.83%
年龄	18岁以下（不含18岁）	62	6.74%		专业人员	82	8.91%
	18~24岁	392	42.61%		教师	60	6.52%
	25~34岁	298	32.39%		工人	55	5.98%
	35~44岁	108	11.74%	职业	个体户/自由职业者	235	25.54%
	45岁以上	60	6.52%		销售人员	69	7.5%
受教育程度	初中及以下	62	6.74%		文职/办事人员	220	23.91%
	高中或中专	95	10.33%		无业/失业/下岗	25	2.72%
	大专	289	31.41%		退休	10	1.09%
	本科	392	42.61%		其他	12	1.30%
	硕士及以上	82	8.91%		1 000元以下	35	3.80%
					1 000~3 000元	198	21.52%
				个人月收入	3 000~5 000元	289	31.41%
					5 000~10 000元	338	36.74%
					10 000元以上	60	6.52%

从表5-13可以看出，女生比率高于男生，分别为60.98%和39.02%。调

查对象年龄段主要集中在18~34岁，占比为75%。学历以本科为主，占比42.61%。职业主要集中在个体户/自由职业者、文职/办事人员，占比分别为23.91%、25.54%。月收入主要集中在3 000~5 000元和5 000~10 000元这两个阶段，分别为31.41%和36.74%。购物人群与中国互联网络信息中心调查显示的购物人群相一致。

（二）问卷的信度和效度检验

本节涉及的变量有消费者贡献行为、可信性、专业性、涉入度、吸引力、产品质量感知、唤醒感知，为保证测量题项的内部一致性和有效性，对测量变量进行信度和效度检验。

1. 问卷的信度检验

本节在信度检验上，参照吴明隆（2010）《问卷统计分析实务：SPSS操作与应用》一书中信度的检验方法，采用修正的项目总相关（CITC）和Cronbach's α分别对消费者贡献行为、可信性、专业性、涉入度、吸引力、产品质量感知、唤醒感知进行分析。具体结果如表5-14所示。

表5-14　正式调研问卷变量的信度分析

变量	测量题项代码	修正的项目总相关（CITC）	项目删除时的Cronbach's α值	Cronbach's α值
消费者贡献行为（O）	A1	0.652	0.835	0.886
	A2	0.633	0.851	
	A3	0.622	0.823	
	A4	0.645	0.828	
	B1	0.648	0.825	
	B2	0.704	0.863	
	B3	0.689	0.802	
可信性（C）	C1	0.734	0.825	0.925
	C2	0.756	0.845	
	C3	0.768	0.896	

续表

变量	测量题项代码	修正的项目总相关（CITC）	项目删除时的Cronbach's α值	Cronbach's α值
专业性（D）	D1	0.623	0.845	
	D2	0.662	0.792	0.881
	D3	0.658	0.801	
	D4	0.692	0.861	
涉入度（H）	H1	0.623	0.832	
	H2	0.654	0.793	0.859
	H3	0.642	0.809	
吸引力（E）	E1	0.680	0.805	
	E2	0.623	0.823	0.832
	E3	0.641	0.795	
	E4	0.646	0.821	
产品质量感知（F）	F1	0.868	0.901	
	F2	0.839	0.881	
	F3	0.781	0.832	0.975
	F4	0.798	0.912	
	F5	0.752	0.839	
唤醒感知（G）	G1	0.863	0.833	
	G2	0.812	0.947	0.961
	G3	0.768	0.883	
	G4	0.754	0.882	

如表5-14所示，所有变量的Cronbach's α系数都大于0.6。变量中网红特质、产品质量感知、唤醒感知、涉入度和消费者贡献行为Cronbach's α大于0.8，表明所测变量的信度较好，所有修正的项目总相关（CITC）都大于0.4，项目删除时的Cronbach's α值均小于等于Cronbach's α，表明问卷不需要删除其余的测量

题项。

2.问卷的效度检验

本节参照Churchill（1979）对问卷的内容效度进行检验。由于本节大部分的测量题项都源于国外学者，因此本节采用回译的方法进行检验。首先，通过将国外学者使用的量表翻译为中文，再由英语专业的人员将翻译后的中文译成英文，并将原始的英文题项与英文题项进行对比。其次，请营销专业的博士生探讨，对各个变量的题项进行评价，判断其是否能够测量对应的变量。最终结果表明本节所提变量具有良好的内容效度。

在结构效度上，由于本节的大部分题项都源于国外学者的量表，因此本节在正式问卷调研时选择进行验证性因子分析（CFA），具体结果如表5-15所示。

表5-15　验证性因子分析结果

因子	题项	标准化因子载荷	组合信度（CR）	平均变异抽取量（AVE）
可信性 （C）	C1	0.946	0.926	0.808
	C2	0.867		
	C3	0.881		
专业性 （D）	D1	0.815	0.860	0.607
	D2	0.821		
	D3	0.742		
	D4	0.734		
吸引力 （E）	E1	0.726	0.812	0.520
	E2	0.734		
	E3	0.674		
	E4	0.759		
产品质量感知 （F）	F1	0.934	0.975	0.886
	F2	0.941		
	F3	0.972		
	F4	0.935		
	F5	0.923		
唤醒感知 （G）	G1	0.940	0.965	0.872
	G2	0.893		
	G3	0.966		
	G4	0.934		

续表

因子	题项	标准化因子载荷	组合信度（CR）	平均变异抽取量（AVE）
产品涉入度（H）	H1	0.925		
	H2	0.613	0.823	0.614
	H3	0.782		
消费者贡献行为（O）	A1	0.732		
	A2	0.912		
	A3	0.738		
	A4	0.752	0.934	0.672
	B1	0.916		
	B2	0.923		
	B3	0.733		

从表5-15可以看出，所有变量的因子载荷都在0.4以上。平均变异抽取量（AVE）大于0.5，表明模型的内在质量较高，收敛效度较好。

二、研究假设

（一）主模型假设

本节采用AMOS22.0进行多元回归分析，假设检验结果如表5-16所示。

表5-16　模型路径系数和假设检验结果

假设	路径系数	标准差	T值	P值	是否支持假设
网红可信性–产品质量感知H1a	0.619	0.107	5.761	0.000	是
网红可信性–唤醒感知H1b	0.551	0.139	3.960	0.000	是
网红专业性–产品质量感知H2a	−0.589	0.230	−2.566	0.010	否
网红专业性–唤醒感知H2b	−0.717	0.300	−2.391	0.017	否
网红吸引力–产品质量感知H3a	0.711	0.190	3.738	0.000	是

假设	路径系数	标准差	T值	P值	是否支持假设
网红吸引力–唤醒感知H3b	0.525	0.231	2.276	0.023	是
产品质量感知–消费者贡献行为H4	0.236	0.073	3.232	0.001	是
唤醒感知–消费者贡献行为H5	0.007	0.071	0.098	0.923	否

（二）中介检验

本节在中介检验上，参照Zhao等（2010）中介检验流程。先检验自变量与中介变量的系数（a）与中介变量与因变量的系数（b）之间的乘积，若ab显著则存在中介效应。若ab不显著则不存在中介效应。在此基础上，对控制中介后自变量与因变量之间的系数（c'）进行检验，若c'显著，则为部分中介。若c'不显著，则为完全中介。若自变量与中介变量的系数（a）与中介变量与因变量的系数（b），以及控制中介后自变量与因变量之间的系数（c'）的积为正，则为互补中介。若c'不显著，则为完全中介。若自变量与中介变量的系数（a）与中介变量与因变量的系数（b），以及控制中介后自变量与因变量之间的系数（c'）的积为负，则为竞争中介。陈瑞等（2014）认为在Bootstrap中介效应检验流程中，若间接效应区间不含0，则ab显著，存在中介效应。若在此基础上间接效应区间含0，则ab不显著，不存在中介效应。若直接效应区间含0，c'不显著，则为完全中介。直接效应区间不含0，则c'显著，为部分中介。由于网红专业性与产品质量感知之间不相关，因此在中介检验时，直接将其进行排除。此外，由于唤醒感知与消费者贡献行为之间不相关，因此不再做唤醒感知的中介检验。本节在中介检验上，主要采用AMOS进行检验，迭代次数为2 000，置信区间为95%，具体结果如表5-17所示。

表5-17　中介变量报告表格

变量	Indirect Effects		Direct Effects	
	Lower（Bias-Corrected 95% CI）	Upper（Bias-Corrected 95% CI）	Lower（Bias-Corrected 95% CI）	Upper（Bias-Corrected 95% CI）
网红可信性—产品质量感知—消费者贡献行为	−0.221	−0.179	−0.656	0.245
网红吸引力—产品质量感知—消费者贡献行为	−0.192	−0.094	−0.126	0.979

从表5-17可以看出，网红可信性与消费者贡献行为的间接效应区间在（−0.221，−0.179），区间不含0，表明存在中介效应。网红可信性与消费者贡献行为的直接效应区间在（−0.656，0.245），区间包含0，表明存在完全中介作用。网红吸引力与消费者贡献行为的间接效应区间在（−0.192，−0.094），区间不含0，表明存在中介效应。网红可信性与消费者贡献行为的直接效应区间在（−0.126，0.979），区间包含0，表明存在完全中介作用。

（三）调节检验

本节在涉入度调节效应的检验上，参照温忠麟等（2005）对调节效应的检验方法。温忠麟等（2005）认为当自变量（X）为类别变量，调节变量（M）为类别变量时，采用方差分析进行处理。当自变量（X）为类别变量，调节变量（M）为连续变量时，先将自变量（X）和调节变量（M）去中心化，然后采用层次回归分析。通过先做因变量（Y）对自变量（X）和调节变量（M）的回归，测定相关系数R^2_1。再做因变量（Y）对自变量（X）、调节变量（M）和自变量（X）与调节变量（M）的回归，测定相关系数R^2_2。然后，将R^2_2与R^2_1进行比较，以此来判断调节效应。当自变量（X）为连续变量，调节变量（M）为类别，则采用分组回归，按M值分组。当自变量（X）为连续变量，调节变量（M）为连续变量，先将自变量（X）和调节变量（M）去中心化，然后采用层次回归分析。由于网红专业性与产品质量感知和唤醒感知之间的关系不显著，因此本节在做调节效应时，只选择做涉入度在网红可信性、吸引力与产品质量感知、唤醒感知之间的调节效应。

1.产品涉入度在网红可信性与产品感知质量的调节作用

本节采用SPSS20.0对产品涉入度、网红可信性和产品感知质量进行分析，结果如表5-18所示。

表5-18 产品涉入度、网红可信性与产品感知质量回归分析

模型	R^2	调整 R^2		非标准化系数	标准误差	标准系数	T值	P值
1	0.661	0.659	常量	0.365	0.196			
			网红可信度	0.808	0.047	0.813	17.283	0.000
2	0.716	0.712	常量	−0.090	0.199			
			网红可信度	0.635	0.054	0.639	11.812	0.000
			产品涉入度	0.268	0.050	0.291	5.388	0.000
3	0.723	0.718	常量	0.498	0.347			
			网红可信度	0.429	0.113	0.431	3.781	0.000
			产品涉入度	0.369	0.088	0.375	4.193	0.000
			网红可信度 × 产品涉入度	0.048	0.023	0.342	2.058	0.042

从表5-18可以看出，模型1到模型3，R^2增幅分别为0.055、0.007，网红可信度×产品涉入度的系数为0.048，P值为0.042，小于0.05，系数显著，假设H6a成立即产品涉入度在网红可信性与产品感知质量之间发挥调节作用。

为了研究可信度与消费者产品质量感知的关系随涉入度变化的趋势，笔者绘制了相应的交互效应图。如图5-2所示。

从图5-2可以看出，在消费者涉入度高分组的前提下，随着网红可信性的增加，消费者产品质量感知会增强即高涉入度会增强网红可信性对消费者产品质量感知的影响。在消费者低涉入度低分组的前提下，随着网红可信性的增加，消费者产品质量感知也会增加即低涉入度也会增强网红可信性对消费者产品质量感知的影响。不过与高涉入度相比，低涉入度对网红可信性与消费者产品质量感知之间的影响有限。

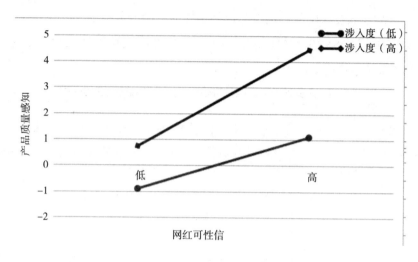

图5-2　涉入度对网红可信性与产品质量感知的调节效应

2.产品涉入度在网红吸引力与产品感知质量之间调节作用

本节采用SPSS20.0对产品涉入度、网红吸引力和产品感知质量进行分析，结果如表5-19所示。

表5-19　产品涉入度、网红吸引力与产品感知质量回归分析

模型	R^2	调整R^2		非标准化系数	标准误差	标准系数	T值	P值
1	0.502	0.499	常量	0.654	0.247			
			网红吸引力	0.732	0.059	0.708	12.414	0.000
2	0.572	0.567	常量	0.242	0.244			
			网红吸引力	0.481	0.074	0.465	6.466	0.000
			产品涉入度	0.332	0.066	0.360	5.003	0.000
3	0.577	0.568	常量	−0.269	0.470			
			网红吸引力	0.635	0.142	0.614	4.471	0.000
			产品涉入度	0.472	0.129	0.512	3.668	0.000
			网红吸引力× 产品涉入度	0.068	0.030	0.432	2.266	0.023

从表5-19可以看出，模型1到模型3，R^2增幅分别为0.07、0.008，网红可信

度×产品涉入度的系数为0.068，*P*值为0.023小于0.05，系数显著，假设H6c成立即产品涉入度在网红吸引力与产品感知质量之间发挥调节作用。

　　为了研究吸引力与消费者产品质量感知的关系随涉入度变化的趋势，笔者绘制了相应的交互效应图。如图5-3所示。

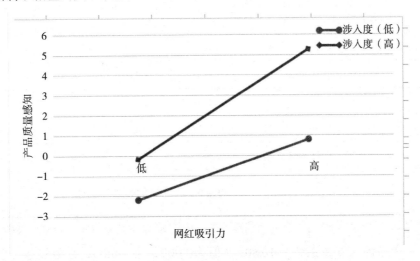

图5-3　涉入度对网红吸引力与产品质量感知的调节效应

　　从图5-3可以看出，在消费者涉入度高分组的前提下，随着网红吸引力的增加，消费者产品质量感知会增强即高涉入度会增强网红吸引力对消费者产品质量感知的影响。在消费者低涉入度低分组的前提下，随着网红吸引力的增加，消费者产品质量感知也会增加即低涉入度也会增强网红吸引力对产品质量感知的影响。不过与高涉入度相比，低涉入度对网红吸引力与消费者产品质量感知的影响有限。

　　3.产品涉入度在网红可信性与唤醒感知的调节作用

　　本节采用SPSS20.0对产品涉入度、网红可信性和唤醒感知进行分析，结果如表5-20所示。

表5-20　产品涉入度、网红可信性与唤醒感知回归分析

模型	R^2	调整R^2		非标准化系数	标准误差	标准系数	T值	P值
1	0.433	0.429	常量	0.603	0.281			
			网红可信性	0.724	0.067	0.658	10.803	0.000
2	0.521	0.514	常量	−0.039	0.286			
			网红可信性	0.479	0.077	0.435	6.204	0.000
			产品涉入度	0.379	0.072	0.371	5.286	0.000
3	0.523	0.514	常量	0.311	0.505			
			网红可信性	0.357	0.165	0.324	2.165	0.032
			产品涉入度	0.290	0.128	0.284	2.270	0.025
			网红可信性×产品涉入度	0.280	0.034	1.83	8.390	0.000

从表5-20可以看出，模型1到模型3，R^2增幅分别为0.088、0.002，网红可信度×产品涉入度的系数为0.280，P值为0.000，小于0.05，系数显著，假设H7a成立即产品涉入度在网红可信性与唤醒感知之间发挥调节作用。

为了研究吸引力与消费者唤醒感知的关系随涉入度变化的趋势，笔者绘制了相应的交互效应图。如图5-4所示。

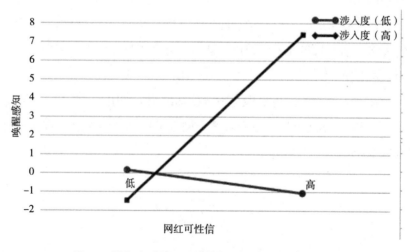

图5-4　涉入度对网红可信性与唤醒感知的调节效应

从图5-4可以看出，在消费者涉入度高分组的前提下，随着网红可信性的增加，消费者唤醒感知会增强即高涉入度会增强网红可信性对消费者唤醒感知的影响。在消费者低涉入度低分组的前提下，随着网红可信性的增加，消费者唤醒感知反而会降低即低涉入度会降低网红可信性对消费者唤醒感知的影响。

4. 产品涉入度在网红吸引力与唤醒感知的调节作用

本节采用SPSS20.0对产品涉入度、网红吸引力和唤醒感知进行分析，结果如表5-21所示。

表5-21 产品涉入度、网红吸引力与唤醒感知回归分析

模型	R^2	调整R^2		非标准化系数	标准误差	标准系数	T值	P值
1	0.323	0.319	常量	0.882	0.319			
			网红互动性	0.651	0.076	0.569	8.550	0.000
2	0.436	0.429	常量	0.304	0.310			
			网红吸引力	0.298	0.095	0.261	3.155	0.002
			产品涉入度	0.465	0.084	0.456	5.521	0.000
3	0.444	0.433	常量	−0.449	0.596			
			网红吸引力	0.525	0.180	0.459	2.915	0.004
			产品涉入度	0.672	0.163	0.659	4.117	0.000
			网红吸引力×产品涉入度	−0.057	0.038	−0.378	−1.477	0.142

从表5-21可以看出，模型1到模型3，R^2增幅分别为0.110、0.004，网红吸引力×产品涉入度的系数为−0.057，P值为0.142大于0.05，系数不显著，假设H7c不成立即产品涉入度在网红吸引力与唤醒感知之间不发挥调节作用。

本节调节分析的结果，如表5-22所示。

表5-22 调节作用假设检验结果

假设	路径	结论
H6a:	涉入度在网红可信性与产品质量感知之间发挥调节作用	支持
H6b:	涉入度在网红专业性与产品质量感知之间发挥调节作用	不支持
H6c:	涉入度在网红吸引力与产品质量感知之间发挥调节作用	支持
H7a:	涉入度在网红可信性与唤醒感知之间发挥调节作用	支持
H7b:	涉入度在网红专业性与唤醒感知之间发挥调节作用	不支持
H7c:	涉入度在网红吸引力与唤醒感知之间发挥调节作用	不支持

三、实证结果讨论

综合上文主模型检验和调节变量的检验过程，本节假设H2a、H2b、H5、H6b、H7b、H7c没有得到支持，其余通过假设，具体如5-23所示。

表5-23 本节假设检验结果

假设	路径	结论
H1a:	网红可信性–产品质量感知	支持
H1b:	网红可信性–唤醒感知	支持
H2a:	网红专业性–产品质量感知	不支持
H2b:	网红专业性–唤醒感知	不支持
H3a:	网红吸引力–产品质量感知	支持
H3b:	网红吸引力–唤醒感知	支持
H4:	产品质量感知–消费者贡献行为	支持
H5:	唤醒感知–消费者贡献行为	不支持
H6a:	涉入度在网红可信性与产品质量感知之间发挥调节作用	支持
H6b:	涉入度在网红专业性与产品质量感知之间发挥调节作用	不支持
H6c:	涉入度在网红吸引力与产品质量感知之间发挥调节作用	支持
H7a:	涉入度在网红可信性与唤醒感知之间发挥调节作用	支持
H7b:	涉入度在网红专业性与唤醒感知之间发挥调节作用	不支持
H7c:	涉入度在网红吸引力与唤醒感知之间发挥调节作用	不支持

（一）网红特质与产品质量感知

本节研究发现网红可信性显著正向影响产品质量感知（系数为0.619，大于0，*P*值为0.000，小于0.05），与原假设一致，即网红可信性越高，消费者对产品的质量感知越高。这是因为在直播带货的过程中，消费者与网红之间的社会距离较远，消费者对网红并不信任，当网红自身展现出的能力越强，越善意如同类产品在保证产品质量的前提下全网最低价，消费者就会对网红越信任，而这种信任展现在产品上，就是对产品质量的认可，而这种认可则会促使消费者产生分享和购买等消费者贡献行为。

本节研究发现网红专业性与产品质量感知呈现负相关关系（系数为-0.589，小于0，*P*值为0.01，小于0.05），与原假设不一致，即网红专业性越高，消费者对产品的质量感知越低。这是因为直播带货由于其无法像实体店一样，使消费者对产品充分进行接触，从而使消费者无法有效对产品风险进行评估和规避，因而当网红在直播过程中表现得越专业，消费者反而会担心网红所推荐的产品质量，会在内心对网红推荐的产品进行抵制和排斥。

本节研究发现网红吸引力显著正向影响产品质量感知（系数为0.711，大于0，*P*值为0，小于0.05），与原假设一致，即网红吸引力越高，消费者对产品的质量感知越高。这是因为在直播过程中，消费者往往会被网红自身的容貌、身材等所吸引，从而产生对网红的依赖和偏爱，并将这种偏爱转移到网红所带货的产品，从而对产品质量产生认可，这就是心理学中的爱屋及乌。

（二）网红特质与唤醒感知

本节研究发现网红可信性显著正向影响唤醒感知（系数为0.551，大于0，*P*值为0，小于0.05），与原假设一致，即网红可信性越高，消费者唤醒感知越强。这是因为在直播带货过程中，网红展现出的可信性越强，越容易唤醒消费者自身的情绪和对网红能力的认可，越容易点燃消费者的信心，促使消费者进行分享和购买等贡献行为。

本节研究发现网红专业性显著负向影响唤醒感知（系数为-0.717，小于0，*P*值为0.017，小于0.05），与假设不一致。即网红专业性越强，消费者唤醒感知越弱。这是因为在直播带货过程中，网红表现越专业，消费者对其越不信任，越容易产生怀疑，越不容易让消费者产生唤醒感知，这与已有信任研究中的"商家展现的越信任，消费者对商家越不信任"这一结论一致。

本节研究发现网红吸引力显著正向影响唤醒感知（系数为0.525，小于0，P值为0.023，小于0.05），与原假设一致，即网红吸引力越强，消费者唤醒感知越强。这是因为在直播带货过程中，网红自身的吸引力越强，越容易唤起消费者内心注意，越容易使消费者产生亢奋，从而是消费者产生冲动行为，产生分享和购买等贡献行为。

（三）产品质量感知、唤醒感知与消费者贡献行为

本节研究发现产品质量感知显著正向影响消费者贡献行为（系数为0.236，大于0，P值为0.001，小于0.05），与原假设一致，即消费者对产品质量的感知越强，消费者贡献行为越高。这是因为在直播带货过程中，消费者对产品质量的感知越高，消费者对产品就越认可，消费者越容易接受该产品，进而对产品进行分享和购买等贡献行为。

本节研究发现唤醒感知与消费者贡献行为之间的关系并不显著（系数为0.007，大于0，P值为0.923，大于0.05），与原假设不一致，即消费者唤醒感知并不会对消费者贡献行为产生影响。这是因为消费者唤醒作为一种情绪，虽然在一定程度上会促使消费者产生冲动行为，但由于消费者作为理性人的存在，其做出的决策在一定程度上都是理性的，其必然会影响消费者最后的购买和分享。

（四）涉入度在网红特质与产品质量感知之间的调节作用

本节研究发现涉入度在网红可信性与产品质量感知之间发挥调节作用（网红可信度×产品涉入度的系数为0.048，P值为0.042，小于0.05），与原假设一致。这是因为消费者对产品的涉入度越高，消费者自身的产品知识就越丰富，就越容易对网红所宣传的产品做出判断，当网红推荐的产品与消费者认知一致时，消费者对网红越信任，对相关产品的质量就越认可。

本节研究发现涉入度在网红专业性与产品质量感知之间不发挥调节作用，因为网红专业性显著负向影响唤醒感知（系数为-0.717，小于0，P值为0.017，小于0.05），与原假设不一致。这是因为消费者涉入度越高，对产品越了解，当网红在直播过程中所展现的产品专业性与消费者所了解相关产品的知识不一致时，消费者对网红推荐的产品，往往会展现负面的感知，认为网红所推荐的产品质量存在问题，从而使其对相关产品的质量感知较差。

本节研究发现涉入度在网红吸引力与产品质量之间发挥调节作用（网红可信度×产品涉入度的系数为0.068，P值为0.023，小于0.05）系数显著，与原假设一致。这是因为虽然消费者对产品的涉入度会增强消费者的相关产品知识，但由于消费者被网红所吸引，产生爱屋及乌的心理效应，从而使其对网红所推荐的产品产生认可，对其产品质量感知较好。

（五）涉入度在网红特质与唤醒感知之间的调节作用

本节研究发现涉入度在网红可信性与唤醒感知之间发挥调节作用（网红可信度×产品涉入度的系数为0.280，P值为0.000，小于0.05），与原假设一致。这是因为消费者对产品涉入度的增加，会增强消费者对相关产品的知识，当网红宣传的产品与消费者所了解的产品一致时，消费者对网红越信任，越容易唤起消费者积极的情绪，进而使消费者产生分享和购买的行为。

本节研究发现涉入度在网红专业性与唤醒感知之间不发挥调节作用。因为网红专业性显著负向影响唤醒感知（系数为–0.717，小于0，P值为0.017，小于0.05），与原假设不一致。这是因为消费者对产品涉入度越高，产品知识越丰富，当网红所展现的产品专业性与消费者自身的产品知识不一致性时，消费者所展现的负面情绪越强烈，唤醒感知越糟糕。

本节研究发现涉入度在网红吸引力与唤醒感知之间不发挥调节作用（网红吸引力×产品涉入度的系数为–0.057，P值为0.142，大于0.05），这与原假设不一致。这是因为消费者对产品涉入度越高，产品知识越丰富。虽然网红吸引力越强，消费者越容易对网红产生依赖，进而产生爱屋及乌的效应，但这种效应会随着消费者产品知识的丰富而削弱，并不会将这种对网红的钟爱转移到产品的感知上。

第六章 场的因素：社会线索对消费者贡献行为的影响研究

第一节 引论

一、引言

随着直播带货的兴起，越来越多的消费者选择走进直播间购买商品。直播带货也为企业和网红带来大量的收益。在此背景下，越来越多的企业开通了直播带货的渠道。由于种种缘由，企业直播带货并不能全部取得预期的效果。如何让消费者购买产品，同时能积极分享产品成为企业直播带货需要解决的问题。消费者贡献行为是消费者基于特定情境下如直播带货，对企业的产品进行购买和分享。已有贡献行为的研究，更多基于信息管理领域，主要基于初始贡献行为和持续贡献行为进行研究，从营销领域来研究贡献行为的研究较少。本章基于直播带货情境，研究社会线索对消费者贡献行为的影响，在研究过程中引入中介变量社会临场感和场景依恋，进一步研究社会线索是如何通过社会临场感和场景依恋来影响消费者贡献行为。

二、研究模型

根据刺激–有机体–反应模型，环境中的各种刺激会影响到人们的心理状态，进而影响人们的反应。在直播带货过程中，直播间的社会线索是社会互动环境中刺激来源，它会影响社会行动者的内部心理状态如社会临场感和依恋感，最终影响社会行动者的行为反应。基于以上分析，提出本章研究模型，如图6-1所示。

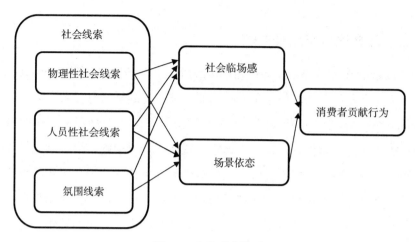

图6-1 本章研究模型

第二节 研究假设

一、社会线索与社会临场感

社会线索不仅是人与人之间的交际互动，而且包括拥有一定社会含义的物理线索。这种物理线索涉及网页中能够让顾客引起心理共鸣的、富有关怀温暖感的图片、文字描述，根据针对的客户群展示产品特征的视频，体现个人特征的象征符号、标识等。社会助长理论认为，他人在场可以激发个体的生理唤醒状态，提供个体的内在动机水平，使其优势反应能轻易地表现出来。笔者认为社会助长效应不仅能引起个体行为在数量上的增加，也能提高其行为的质量。在直播购物过程中，主播与消费者之间的互动、产品的陈设展示以及直播间的设计风格，都会激发消费者的唤醒状态，提高消费者的内在动机水平，使其优势反应能轻易表现出来，愿意向其他消费者分享产品。基于以上分析，提出以下假设。

H1a：物理性社会线索显著正向影响社会临场感。

H1b：人员性社会线索显著正向影响社会临场感。

H1c：氛围线索显著正向影响社会临场感。

二、社会线索与场景依恋

场景依恋最早由 Williams 和 Roggenbuck（1989）提出。Rosenbaum（2005）研究发现，场景依恋是人与场所之间一种高质量且相对牢固的关系。Wynveen 等（2012）研究表明，顾客对消费场景的依恋会深入影响顾客忠诚和重复购买意愿。李慢等（2014）研究发现服务场景中的社会线索对场景依恋的作用。电商直播中，主播等服务人员对产品进行详细介绍，对在线直播用户的提问积极响应，通过特定的称谓等与用户积极互动，这些会让用户在长期观看直播的过程中，对主播及提供直播的企业/品牌产生好感和依赖，进而提升消费者对产品的持续分享意愿。基于以上分析，提出以下假设。

H2a：物理性社会线索显著正向影响场景依恋。

H2b：人员性社会线索显著正向影响场景依恋。

H2c：氛围线索显著正向影响场景依恋。

三、社会临场感与消费者贡献行为

Sharratt 等（2003）认为虚拟社区用户贡献行为是指用户在社区中进行信息分享的行为，分享的形式包括文字、图片、音频和视频等。Cummings（2004）认为虚拟社区知识贡献是指用户通过网络平台为他人贡献知识的过程，其知识可包含专业知识、问题解决办法及发展新理念等。社会临场感作为一种感知，其强调的是给人一种身临其境的感觉。在直播购物过程中，主播通过对直播间进行装饰，通过与消费者之间进行交流和沟通，营造出一种真实的环境，进而拉近主播与消费者之间的距离，并最终使消费者对直播产品产生信息分享和购买等贡献行为。基于以上分析，提出以下假设。

H3：社会临场感显著正向影响消费者贡献行为。

四、场景依恋与消费者贡献行为

场景依恋是人与场所之间一种高质量且相对牢固的关系。研究发现场景依恋会影响顾客忠诚和重复购买意愿。在直播购物过程中，消费者对主播所营造出的场景越依恋，越容易对直播间的产品进行视频、图片、文字等形式的分享，并产生购买行为。此外，刺激-反应模式认为人类的复杂行为可以分解为来源主要来源于身体内部的刺激和体外环境的刺激，而反应是随着刺激而呈现的。直播间场景作为一种刺激物，会影响消费者对直播间产品的态度，并让其做出相应的反应，如信息分享和购买等贡献行为。基于以上分析，提出以下假设。

H4：场景依恋显著正向影响消费者贡献行为。

第三节 研究设计

本节主要通过问卷调查的方式来获取相关数据和文字资料，并以此为基础构建直播带货情景下消费者贡献行为的影响因素的研究。首先，介绍相关概念的定义，并通过借鉴现有的国内外学者开发的测量量表生成初始测量题项；其次，通过预调研的数据分析对测量量表的信度和效度进行测量，从而形成正式的问卷。本节构建的理论模型共涉及六个概念分别是物理性社会线索、专业性人员性社会线索、氛围线索、社会临场感、场景依恋和消费者贡献行为。

一、变量的界定和测量

社会线索最早来自通信传播领域。Hu（2006）认为社会线索不仅包括人与人之间的交际互动，而且包括一定社会含义的物理线索。近年来，一些学者开始将社会线索作为服务场景的重要元素加以研究，一是在实体环境中，一些学者主要关注服务场所中的人员密度、服务人员数量和其他顾客（Rosenbaum et al.，2011）。二是在网络环境中，一些学者分别从电商直播服务场景、虚拟社区场景来研究社会线索。如国内学者姚曦等（2021）在研究电商直播服务场景下社会线索对消费者场景依恋时，发现社会线索会影响认同感、商业友谊，并最终影响场景认同。胡名叶（2019）发现虚拟社区社会线索会影响临场感，其将社会线索分为印象型社会线索和交互型社会线索。

由于在直播带货情境下，观看者除了会受到直播间的布局、人员的影响外，还会受到其他氛围的影响如人气等，因此本节在对社会线索进行维度划分时，将其划分为物理性社会线索、人员性社会线索、氛围社会线索、社会临场感知场景概念。

1. 物理性社会线索

物理性社会线索是在直播带货过程中，直播间所呈现的能够让消费者引发共鸣的、富有关怀的图片、文字等。在直播带货过程中，直播间所呈现的展示，包括直播间的陈设、各种图片、文字等，都会对消费者的体验产生影响，好的物理性社会线索，会给消费者带来沉浸式体验，并增强消费者对直播间的依恋感，对最终的产品分享和购买有一定的影响。本节在物理性社会线索的测量上，主要参照Hassanein（2007）和Avan（2019）等的量表进行测量，由4个题项构成，具体如表6-1所示。

表6-1　物理性社会线索测量题项

维度	编码	测量题项	文献来源
物理性社会线索（I）	I1	直播间设计的要素符合我的形象、偏好或让我有所感触	Hassanein（2007）和Avan（2019）等
	I2	直播间设计的要素让我觉得我是属于这里的，是受欢迎的	
	I3	该直播间能让人体会到社会交往的感觉	
	I4	在该直播间感受到人际交往的温暖感	

2. 人员性社会线索

人员性社会线索是在直播带货过程中，在线客服、在线购物助手、智能客服及其他消费者产生的，能够影响消费者分享和购买的因素。在直播带货过程中，人与人之间的沟通，特别是主播与消费者之间的沟通会拉近彼此的距离，增强信任感。此外，其他消费者的存在，特别是消费者间的互动，也会对消费者最终的决策产生一定的影响。当其他消费者对网红推荐的产品不认可时，其必然影响消费者最终的分享和购买。本节在人员社会线索的测量上，参照Winsted（1997）和Sundaram等（2000）的量表进行测量，由10个题项构成，具体如表6-2所示。

表6-2 人员性社会线索测量题项

维度	编码	测量题项	文献来源
人员性社会线索（J）	J1	对于我提出的各种问题和疑问，主播都能够快速有效地给予解决和答复	Winsted（1997）和 Sundaram等（2000）
	J2	和主播交流时，他们的语言表现出对顾客的尊敬和欢迎	
	J3	主播能够熟练准确地提供相应的服务	
	J4	主播能够及时提供服务	
	J5	主播能够在观看者需要时提供关心和帮助	
	J6	其他顾客的在线评论内容与产品密切相关	
	J7	其他顾客的在线评论内容给人的感觉是真实可靠的	
	J8	其他顾客的在线评论内容为后续购买者提供了大量有用的信息	
	J9	其他顾客的评价内容积极客观	
	J10	其他顾客与我有很多的共同点	

3. 氛围线索

氛围线索是在直播带货的过程中，所产生的能够提高消费者购买率的环境信息集合。在直播带货过程中，直播间的人气如观看数量、评论数量、粉丝数量等都会影响产品的分享推荐和购买。本节在氛围线索的测量上，主要参照Flow等（2013）的量表进行测量，由9个题项所构成，具体如表6-3所示。

表6-3 氛围线索测量题项

维度	编码	测量题项	文献来源
氛围线索（K）	K1	该直播平台的信息能满足我的需求	Flow等（2013）
	K2	该直播平台上有充分的产品／服务信息	
	K3	该直播平台上的信息是最新的、及时的	
	K4	在该直播平台上浏览信息是容易的	
	K5	很容易比较该直播平台上的产品／服务	
	K6	其他顾客的在线评论内容与产品密切相关	
	K7	该直播平台令我在视觉上赏心悦目	
	K8	该直播平台使用的颜色是吸引人的	
	K9	该直播平台的结构布局是吸引人的	

4. 社会临场感

社会临场感是个体对环境的感知，用于描述个人作为主体感觉到的在虚拟环境中的真实程度，即产生"身临其境"之感。Lee（2004）认为通过塑造社会情境、与他人的交流和分享可以提升顾客的社会临场感，从而在一定程度上影响顾客的购买行为。在主播直播带货过程中，直播间呈现的社会线索如直播间的装饰、人气等会影响消费者自身的感知，而这种感知会影响消费者自身的代入感，并对最终的产品购买和分享产生影响。本节在社会临场感的测量上，主要参照吕洪兵（2012）、Biocca等（2003）的量表进行测量，由10个题项构成，具体结果如表6-4所示。

表6-4　社会临场感测量题项

维度	编码	测量题项	文献来源
社会临场感（L）	L1	我一般先到评论区参与讨论，寻求他人的看法，再做出购买决策	吕洪兵（2012）、Biocca等（2003）
	L2	当我遇到问题时，能即时与主播进行在线交流	
	L3	我时常邀请好友一起观看并寻求他们的建议	
	L4	我感到兴奋和刺激	
	L5	我没有压力，非常轻松	
	L6	主播的音容笑貌使我感到非常亲近	
	L7	与主播联系能得到即时回应，让我减少了忧虑	
	L8	我会查看访客记录数据，查看浏览该直播的人数	
	L9	我会适时关注顾客购买产品的情况	
	L10	顾客与主播的沟通非常重要，尤其是即时交流	

资料来源：吕洪兵，B2C网店社会临场感与平台性倾向的关系影响[D]. 大连：大连理工大学，2022.

5. 场景依恋

场景依恋是人与场所之间一种高质量且相对牢固的关系。研究发现场景依恋会影响顾客忠诚和重复购买意愿。在直播购物过程中，消费者对主播所营造出的场景越依恋，越容易对直播间的产品进行视频、图片、文字等形式的分享，并产生购买行为。此外，刺激—反应模式认为人类的复杂行为可以分解为刺激和反应两个部分，人的行为完全是大脑对刺激物的反应。其认为刺激来源主要源于身体内部的刺激和体外环境的刺激，而反应是随着刺激而呈现的。直播间场景作为一种刺激物，会影响消费者对直播间产品的态度，并让其做出相应的反应，如信息分享和购买等贡献行为。本节在场景依恋的测量上，主要参照Wynveen等（2012）的量表进行测量，由4个题项测量，具体如表6-5所示。

表6-5 场景依恋测量题项

维度	编码	测量题项	文献来源
场景依恋（M）	M1	如果进行同样的购物活动，我会优先选择这家直播间	Wynveen等（2012）
	M2	在这家直播间看直播和消费能很好地满足我的需求	
	M3	在这家直播间看直播和消费比在别处更让我满意	
	M4	观看这家直播和购物对我来讲是一种享受	

二、问卷的预调研

为保证本节问卷测量的有效性和准确性，本节在正式调查问卷之前进行了问卷的预调研。通过对预调研的数据结果进行分析，完成对问卷测量题项的修正，最终形成正式问卷。为保证预调研的效果，在问卷的第一部分告知被调查对象本次问卷主要用于学术目的并对调查对象个人信息进行保密。问卷的第二部分为主体部分，主要采用七点李克特量表进行判断，其中1表示非常不同意，7表示非常同意。

（一）问卷调查方式与调查对象

预调研采用问卷发放的方式，通过对问卷的调查来检验问卷的信度和效度，调查选择随机拦截的方式，共发放问卷200份，收回问卷200份，回收率100%。问卷通过消费者有没有在直播间进行购买的经历题项，以及要求其写下直播平台的名称的题项，删除不合格的问卷。此外，还对无效、未填或多选的问卷进行删减，共得到有效问卷168份，有效率为84%。具体如表6-6所示。

表6-6 预调研受访者统计特征

特征	分类	样本数量	百分比	特征	分类	样本数量	百分比
性别	男	75	44.64%		在校学生	12	7.14%
	女	93	55.36%		技术人员	20	11.90%
年龄	18岁以下（不含18岁）	2	1.19%	职业	专业人员	38	22.62%
	18~24岁	58	34.52%		教师	20	11.90%
	25~34岁	81	48.21%		工人	6	3.57%
	35~44岁	24	14.29%		个体户/自由职业者	18	10.71%
	45岁以上	3	1.79%		销售人员	8	4.76%
受教育程度	初中及以下	2	1.19%		文职/办事人员	42	25%
	高中或中专	8	4.76%	职业	无业/失业/下岗	1	0.60%
	大专	48	28.57%		退休	2	1.19%
	本科	84	50%		其他	1	0.60%
	硕士及以上	26	15.48%		1 000元以下	1	0.60%
				个人月收入	1 000~3 000元	36	21.43%
					3 000~5 000元	74	44.05%
					5 000~10 000元	42	25%
					10 000元以上	15	8.93%

从表6-6可以看出，女生比率略高于男生，分别为55.36%和44.64%。调查对象年龄段主要集中在25~34岁，占比为48.21%。学历以本科为主，占比50%。职业主要集中在技术人员、专业人员、教师、文职/办事人员，占比分别为11.90%、22.62%、11.90%和25%。月收入主要集中在3 000~5 000元和5 000~10 000元这个阶段，分别为44.05%和25%。购物人群与中国互联网络信息中心调查显示的购物人群相一致。

（二）问卷的信度检验

本节涉及的变量有物理性社会线索、人员性社会线索、氛围线索、社会临场感、场景依恋、消费者贡献行为，为保证测量题项的内部一致性和有效性，对测量变量进行信度和效度检验。

1. 问卷的信度检验

本节在信度检验上，参照吴明隆（2010）《问卷统计分析实务：SPSS操作与应用》一书中信度的检验方法，采用修正的项目总相关（CITC）和Cronbach's α分别对物理性社会线索、人员性社会线索、氛围线索、社会临场感、场景依恋、消费者贡献行为进行分析。具体结果如表6-7所示。

表6-7　预调研问卷变量的信度分析

变量	测量题项代码	修正的项目总相关（CITC）	项目删除时的Cronbach's α值	Cronbach's α值
物理性社会线索（Ⅰ）	I1	0.604	0.773	0.802
	I2	0.637	0.751	
	I3	0.625	0.723	
	I4	0.652	0.732	
人员性社会线索（J）	J1	0.672	0.812	0832
	J2	0.703	0.791	
	J3	0.645	0.782	
	J4	0.612	0.745	
	J5	0.701	0.801	
	J6	0.723	0.821	
	J7	0.675	0.803	
	J8	0.614	0.736	
	J9	0.621	0.767	
	J10	0.609	0.783	

续表

变量	测量题项代码	修正的项目总相关（CITC）	项目删除时的 Cronbach's α 值	Cronbach's α 值
氛围线索（K）	K1	0.623	0.784	
	K2	0.616	0.745	0.841
	K3	0.668	0.782	
	K4	0.726	0.802	
	K5	0.617	0.772	
	K6	0.732	0.832	0.841
	K7	0.722	0.821	
	K8	0.702	0.812	
	K9	0.718	0.824	
社会临场感（L）	L1	0.632	0.754	
	L2	0.713	0.803	
	L3	0.661	0.792	
	L4	0.641	0.782	
	L5	0.732	0.823	0.835
	L6	0.643	0.784	
	L7	0.702	0.815	
	L8	0.743	0.830	
	L9	0.731	0.829	
	L10	0.717	0.819	
场景依恋（M）	M1	0.604	0.709	
	M2	0.681	0.789	0.805
	M3	0.698	0.801	
	M4	0.652	0.739	

续表

变量	测量题项代码	修正的项目总相关（CITC）	项目删除时的Cronbach's α值	Cronbach's α值
消费者贡献行为（O）	A1	0.615	0.754	0.826
	A2	0.715	0.812	
	A3	0.654	0.781	
	A4	0.722	0.821	
	B1	0.728	0.824	
	B2	0.712	0.809	
	B3	0.682	0.801	

从表6-7可以得出，所有变量的Cronbach's α系数都大于0.6。项目删除时的Cronbach's α值均小于等于Cronbach's α，表明问卷不需要删除其余的测量题项。具体标准如表6-8所示。

表6-8 问卷的项目分析标准

题项	极端组比较	题项与总分相关		同质化检验		
	决断值	题项与总分相关	校正题项与总分相关	题项删除后的α值	共同性	因素负荷量
判断标准	≥3.000	≥0.400	≥0.400	≤量表信度	≥0.2	≥0.45

（三）问卷的效度检验

本节参照Churchill（1979）对问卷的内容效度进行检验。由于本节大部分的测量题项源于国外学者，因此本节采用回译的方法进行检验。首先，将国外学者使用的量表翻译为中文，再由英语专业的人员将翻译后的中文译成英文，并将原始的英文题项与英文题项进行对比。其次，请营销专业的博士生探讨，对各个变量的题项进行评价，判断其是否能够测量对应的变量。最终结果表明本节所提变量具有良好的内容效度。

在结构效度上，本节预调研选择进行探索性因子分析（EFA），使用Bartlett球体检验和KMO检验来检验其相关性，其中KMO为0.908，大于0.5，Bartlett球体检验的P值为0，表明问卷题项适合做因子分析。所采用的方法主要为主成分分析方法，采用最大方差法进行因子旋转。

1.社会线索

本节中社会线索的测量主要参照Hassanein（2007）和Avan（2019）、Winsted（1997）和Sundaram等（2000）、Flow等（2013）的量表，分为物理性社会线索、人员性社会线索和氛围线索，共23个题项。探索性因子分析结果显示，其KMO为0.907，Bartlett球体检验的P值为0，表明适合做探索性因子分析。采用最大方差法，经过旋转后提出四个维度。具体结果如表6-9所示。

表6-9 预调研社会线索探索性因子分析

维度	代码	成分		
		因子1	因子2	因子3
物理性社会线索（I）	I1	0.185	0.635	−0.042
	I2	0.032	0.602	0.067
	I3	0.062	0.578	0.216
	I4	0.152	0.592	0.225
人员性社会线索（J）	J1	0.758	0.082	0.204
	J2	0.712	0.183	0.228
	J3	0.732	0.231	0.032
	J4	0.768	0.289	0.020
	J5	0.761	0.013	0.223
	J6	0.681	0.311	0.166
	J7	0.684	0.302	0.154
	J8	0.597	0.278	0.262
	J9	0.608	0.231	0.320
	J10	0.792	0.161	0.152
氛围线索（K）	K1	0.219	0.153	0.623
	K2	0.051	0.162	0.752
	K3	0.251	0.118	0.692
	K4	0.276	0.131	0.589
	K5	0.063	0.364	0.631
	K6	0.152	0.243	0.574
	K7	0.032	0.252	0.615
	K8	0.025	0.341	0.674
	K9	0.031	0.134	0.681

吴明隆认为因子载荷小于0.32，应该舍弃，其建议因子载荷的标准最好在0.4以上，此时共同因素可以解释题项的16%。

2.社会临场感

本节中社会临场感的测量主要参照吕洪兵（2012）、Biocca等（2003）的量表进行测量，由10个题项构成。探索性因子分析结果显示，其KMO为0.865，大于0.5，Bartlett球体检验的P值为0，表明适合做探索性因子分析。具体结果见表6-10。

表6-10 预调研社会临场感探索性因子分析

变量	代码	成分
		因子
社会临场感（L）	L1	0.762
	L2	0.845
	L3	0.808
	L4	0.826
	L5	0.824
	L6	0.758
	L7	0.832
	L8	0.840
	L9	0.742
	L10	0.838

从表6-10可以看出，所有因子载荷的数值都在0.7以上，表明共同因素对题项变量的解释较好。

3.场景依恋

本节中场景依恋的测量主要参照Wynveen等（2012）的量表，共4个题项进行测量。探索性因子分析结果显示，其KMO为0.807，大于0.5，Bartlett球体检验的P值为0，表明适合做探索性因子分析。具体结果如表6-11所示。

表6-11　预调研场景依恋探索性因子分析

变量	代码	成分
		因子
场景依恋（M）	M1	0.803
	M2	0.764
	M3	0.789
	M4	0.815

从表6-11可以看出，所有因子载荷的数值都在0.7以上，表明共同因素对题项变量的解释较好。

第四节　数据分析

本节主要完成数据的收集以及模型假设的验证。首先，进行相应的数据收集，之后对调查对象的特征进行描述性统计分析。其次，在此基础上进行本节的信度和效度检验。最后，运用结构方法模型对本文的整体模型进行分析判断，并进一步采用fsQCA3.0进行模糊集定性比较分析。

一、样本概况

本节的正式问卷分为三个部分。一是调研的目的，主要向被调查者说明本次数据收集主要用于学术目的并对被调查者个人信息资料进行保密等。二是问卷的主体部分，主要为相关变量的测量，具体包括物理性社会线索、人员性社会线索、氛围线索、社会临场感、场景依恋和消费者贡献行为。三是被调查对象个人的信息特征，包含对性别、年龄、学历、职业和收入的测量。

（一）数据搜集

本节主要通过付费的方式，由专业调研公司进行数据收集。2022年8~9月通过付费的方式委托给专业的调研公司进行数据收集，共发放问卷1 000份，回收问卷820份，回收率82%。为了提高问卷的有效性，在设计问卷的过程中增添了"您有没有直播购物的经历？"一项，如果消费者有直播购物的经历，要求其填写相应的平台名称，以此来实现对调查对象的筛选。剔除不完整、重复和无效问卷，共800份有效问卷，有效率80%，涉及服装、鞋、家电、化妆品等行业，具体结果如表6-12所示。

表6-12　调研受访者统计特征

特征	分类	样本数量	百分比	特征	分类	样本数量	百分比
性别	男	302	37.75%		在校学生	42	5.25%
	女	498	62.25%		技术人员	60	7.5%
年龄	18岁以下（不含18岁）	20	2.5%		专业人员	120	15%
	18~24岁	218	27.25%		教师	38	4.75%
	25~34岁	386	48.25%		工人	10	1.25%
	35~44岁	140	17.5%	职业	个体户/自由职业者	198	24.75%
	45岁以上	36	4.5%		销售人员	48	6%
受教育程度	初中及以下	3	0.38%		文职/办事人员	260	32.5%
	高中或中专	17	2.13%		无业/失业/下岗	4	0.5%
	大专	82	10.25%		退休	8	1%
	本科	643	80.38%		其他	12	1.5%
	硕士及以上	55	6.88%		1 000元以下	20	2.5%
				个人月收入	1 000~3 000元	195	24.38%
					3 000~5 000元	356	44.5%
					5 000~10 000元	142	17.75%
					10 000元以上	87	10.88%

从表6-12可以看出，女生比率高于男生，分别为62.25%和37.75%。调查对象年龄段主要集中在18~34岁，占比为75.5%。学历以本科为主，占比80.38%。职业主要集中在专业人员、个体户、文职/办事人员，占比分别为15%、24.75%和32.5%。月收入主要集中在3 000~10 000元这个阶段，占比为62.25%。购物人群与中国互联网络信息中心调查显示的购物人群相一致。

（二）问卷的信度和效度

本节涉及的变量有物理性社会线索、人员性社会线索、氛围线索、社会临场感、场景依恋和消费者贡献行为，为保证测量题项的内部一致性和有效性，对测量变量进行信度和效度检验。

1.问卷的信度检验

本节在信度检验上，参照吴明隆（2010）《问卷统计分析实务：SPSS操作与应用》一书中信度的检验方法，采用修正的项目总相关（CITC）和Cronbach's α分别对物理性社会线索、人员性社会线索、氛围线索、社会临场感、场景依恋、消费者贡献行为进行分析。具体结果如表6-13所示。

表6-13　调研问卷变量的信度分析

变量	测量题项代码	修正的项目总相关（CITC）	项目删除时的Cronbach's α值	Cronbach's α值
物理性社会线索（I）	I1	0.506	0.760	0.777
	I2	0.579	0.724	
	I3	0.599	0.713	
	I4	0.647	0.687	
人员性社会线索（J）	J1	0.579	0.829	0.847
	J2	0.546	0.832	
	J3	0.555	0.832	
	J4	0.572	0.830	
	J5	0.572	0.830	
	J6	0.485	0.837	
	J7	0.568	0.830	
	J8	0.565	0.830	
	J9	0.514	0.835	
	J10	0.494	0.837	

续表

变量	测量题项代码	修正的项目总相关（CITC）	项目删除时的Cronbach's α值	Cronbach's α值
氛围线索（K）	K1	0.516	0.796	0.815
	K2	0.531	0.794	
	K3	0.564	0.789	
	K4	0.444	0.804	
	K5	0.534	0.793	
	K6	0.484	0.800	
	K7	0.545	0.792	
	K8	0.468	0.802	
	K9	0.522	0.795	
社会临场感（L）	L1	0.408	0.771	0.773
	L2	0.436	0.755	
	L3	0.443	0.755	
	L4	0.505	0.744	
	L5	0.421	0.756	
	L6	0.491	0.747	
	L7	0.485	0.748	
	L8	0.419	0.757	
	L9	0.492	0.747	
	L10	0.413	0.757	
场景依恋（M）	M1	0.493	0.654	0.712
	M2	0.484	0.657	
	M3	0.503	0.646	
	M4	0.519	0.637	

续表

变量	测量题项代码	修正的项目总相关（CITC）	项目删除时的Cronbach's α值	Cronbach's α值
消费者贡献行为（O）	A1	0.652	0.852	0.886
	A2	0.667	0.849	
	A3	0.651	0.852	
	A4	0.665	0.849	
	B1	0.699	0.843	
	B2	0.687	0.845	
	B3	0.682	0.848	

从表6-13可以看出，所有变量的Cronbach's α系数都大于0.6。变量中物理性社会线索、社会临场感、场景依恋Cronbach's α小于0.8，其他变量的Cronbach's α都大于0.8，表明所测变量的信度较好，所有修正的项目总相关（CITC）都大于0.4，项目删除时的Cronbach's α值均小于等于Cronbach's α，表明问卷不需要删除其余的测量题项。

2. 问卷的效度检验

本节参照Churchill（1979）对问卷的内容效度进行检验。由于本节大部分的测量题项都源于国外学者，因此本节采用回译的方法进行检验。首先，将国外学者使用的量表翻译为中文，再由英语专业的人员将翻译后的中文译成英文，并将原始的英文题项与英文题项进行对比。其次，请营销专业的博士生探讨，对各个变量的题项进行评价，判断其是否能够测量对应的变量。最终结果表明本节所提变量具有良好的内容效度。

在结构效度上，由于本节的大部分题项都源于国外学者的量表，因此本节在正式问卷调研时选择进行验证性因子分析（CFA），具体结果如表6-14所示。

表6-14　调研问卷变量的结构效度分析

变量	测量题项代码	因子载荷	平均变异抽取量（AVE）	组合信度（CR）
物理性社会线索（I）	I1	0.79	0.542 1	0.825 1
	I2	0.68		
	I3	0.71		
	I4	0.76		
人员性社会线索（J）	J1	0.70	0.561 6	0.927 3
	J2	0.78		
	J3	0.73		
	J4	0.71		
	J5	0.74		
	J6	0.75		
	J7	0.73		
	J8	0.72		
	J9	0.87		
	J10	0.75		
氛围线索（K）	K1	0.70	0.599	0.903 7
	K2	0.78		
	K3	0.78		
	K4	0.79		
	K5	0.77		
	K6	0.80		
	K7	0.76		
	K8	0.76		
	K9	0.82		

续表

变量	测量题项代码	因子载荷	平均变异抽取量（AVE）	组合信度（CR）
社会临场感（L）	L1	0.73	0.601 5	0.937 6
	L2	0.76		
	L3	0.70		
	L4	0.80		
	L5	0.73		
	L6	0.82		
	L7	0.88		
	L8	0.77		
	L9	0.79		
	L10	0.76		
场景依恋（M）	M1	0.78	0.669	0.889 8
	M2	0.83		
	M3	0.81		
	M4	0.85		
消费者贡献行为（O）	A1	0.72	0.531	0.887 9
	A2	0.73		
	A3	0.71		
	A4	0.73		
	B1	0.75		
	B2	0.74		
	B3	0.72		

由表6-15可以看出，所有变量的因子载荷都在0.4以上。平均变异抽取量（AVE）大于0.5，表明模型的内在质量较高，收敛效度较好。

二、假设检验

（一）主模型假设

本节采用AMOS22.0进行多元回归分析，假设检验结果如表6-15所示。

表6-15　模型路径系数和假设检验结果

假设	标准化路径系数	标准差	P值	是否支持假设
物理性社会线索–社会临场感H1a	0.37	0.056	0.000	是
人员性社会线索–社会临场感H1b	0.59	0.076	0.000	是
氛围线索–社会临场感H1c	0.53	0.067	0.000	是
物理性社会线索–场景依恋H2a	0.13	0.062	0.032	是
人员性社会线索–场景依恋H2b	0.37	0.068	0.000	是
氛围线索–场景依恋H2c	0.84	0.101	0.000	是
社会临场感–消费者贡献行为H3	0.86	0.056	0.000	是
场景依恋–消费者贡献行为H4	−0.18	0.141	0.153	否

（二）模糊集定性比较分析

本节采用fsQCA3.0进行分析，首先要对研究中的相关变量进行校准，在对相关变量进行平均的基础上，其次参照Ragin提出的5%、95%及50%的交叉点进行校准。具体结果如表6-16所示。

表6-16　校准点

前因条件	校准锚点		
	完全不隶属	交叉点	完全隶属
物理性社会线索	3.337 5	5.500 0	6.500 0
人员性社会线索	3.900 0	5.500 0	6.400 0
氛围线索	4.111 1	5.666 7	6.444 4
社会临场感	4.000 0	5.300 0	6.400 0
场景依恋	4.000 0	5.500 0	6.500 0
消费者贡献行为	2.833 3	5.333 3	6.500 0

数据校准后，对各变量前因条件进行必要性分析，如表6-17所示，所有前因条件的一致性变量都小于0.9，即不存在产生贡献行为的必要主体条件。

在进行必要性分析后，对相关数据进行组态分析，将频数阈值和一致性阈值分别设为4和0.8，将PRI一致性设置为0.7，通过中间解和核心解的对比，来分辨核心条件和边缘条件，如表6-18所示。

表6-17　必要条件分析

前因条件	结果			
	高消费者贡献行为		非高消费者贡献行为	
	一致性	覆盖度	一致性	覆盖度
物理性社会线索	0.827 6	0.790 8	0.553 4	0.566 1
~物理性社会线索	0.545 9	0.533 1	0.795 4	0.831 7
人员性社会线索	0.819 4	0.797 7	0.540 0	0.562 8
~人员性社会线索	0.550 9	0.528 0	0.805 9	0.826 9
氛围线索	0.817 3	0.793 1	0.540 5	0.561 5
~氛围线索	0.548 1	0.527 0	0.800 8	0.824 4
社会临场感	0.828 1	0.825 5	0.517 3	0.552 0
~社会临场感	0.550 6	0.515 8	0.836 4	0.839 0
场景依恋	0.781 1	0.816 4	0.503 1	0.563 0
~场景依恋	0.581 9	0.522 4	0.835 9	0.803 4

表6-18　产生高、非高消费者贡献行为的组态

前因条件	高消费者贡献行为组态		非高消费者贡献行为组态	
	H1	H2	NH1	NH2
物理性社会线索	●	●		⊗
人员性社会线索	●	•	⊗	•
氛围线索	•	●	⊗	•
社会临场感	•		⊗	⊗

续表

前因条件	高消费者贡献行为组态		非高消费者贡献行为组态	
	H1	H2	NH1	NH2
场景依恋		●	⊗	⊗
一致性	0.911 4	0.911 2	0.938 8	0.939 2
原始覆盖度	0.639 8	0.629 3	0.666 2	0.324 6
唯一覆盖度	0.040 4	0.029 9	0.038 3	0.041 2
解的一致性	0.895 6		0.925 6	
解的覆盖度	0.669 7		0.707 4	

注：●代表核心条件存在，⊗代表核心条件缺失，•代表边缘条件存在，⊗代表边缘条件缺失，"空白"表示该条件可有可无，即存在或缺失对于结果的产生不重要。

从表6-18可以看出，在H1组合状态下，核心条件为物理性社会线索、人员性社会线索，边缘条件为氛围线索、社会临场感，会产生高的贡献行为；在H2组合状态下，核心条件为物理性社会线索、氛围线索，边缘条件为人员性社会线索、场景依恋，会产生高的贡献行为；在NH1组合状态下，社会临场感、场景依恋核心条件缺失，人员社会线索、氛围线索边缘条件缺失，会产生非高的贡献行为；在NH2组合状态下，社会临场感、场景依恋核心条件缺失，物理性社会线索边缘条件缺失，边缘条件人员性社会线索、氛围线索，会产生非高的贡献行为。

三、实证结果讨论

（一）社会线索与社会临场感

本节研究发现，物理性社会线索显著正向影响社会临场感（系数为0.37，大于0，P值为0.000，小于0.05），与原假设一致。这是因为在直播带货过程中，直播间所呈现的各种线索如直播间的陈设等，会对消费者自身的感知产生影响，会在一定程度上影响消费者在直播间的体验和沉浸感，而好的社会线索会给消费者带来积极的沉浸感和体验，并最终在一定程度上影响消费者分享和购买。

本节研究发现，人员性社会线索显著正向影响社会临场感（系数为0.37，大于0，P值为0.000，小于0.05），与原假设一致。这是因为在直播带货过程中，消费者通过与网红、其他消费者之间进行互动，增强消费者自身的真实感，为消费者购买和分享营造一种良好的氛围。

本节研究发现氛围线索显著正向影响社会临场感（系数为0.53，大于0，P值为0.000，小于0.05），与原假设一致。这是因为在直播带货过程中，直播间的观看人数、评论数量、粉丝数量等营造的人气会在一定程度上影响消费者在直播间的感知，并进而影响消费者的体验感。当直播间的氛围较浓时，消费者对直播间的感知则较好，更容易使消费者产生真实感，有利于增强消费者的认同感，对产品购买和分享有重要的意义。

（二）社会线索与场景依恋

本节研究发现，物理性社会线索显著正向影响场景依恋（系数为0.13，小于0，P值为0.032，小于0.05），与原假设一致。这是因为在直播带货过程中，直播间所呈现的图片、文字等物理性社会线索会在一定程度上对消费者产生吸引力，使消费者对直播间的网红、产品等产生依恋感，有助于消费者进行产品购买和分享。

本节研究发现，人员性社会线索显著正向影响场景依恋（系数为0.37，大于0，p值为0.000，小于0.05），与原假设一致。这是因为在直播带货过程中，直播间人员通过与网红互动，通过与其他消费者之间的互动，进而产生一种依恋感，而这种依恋感，在一定程度上有助于消费者进行产品购买和分享。

本节研究发现，氛围线索显著正向影响场景依恋（系数为0.84，大于0，P值为0.000，小于0.05），与原假设一致。这是因为在直播带货过程中，直播间的观看人数、评论数量等人气越高，消费者越容易沉浸在直播间中，越容易产生依恋，而这种依恋会影响消费者分享和购买。直播间的氛围越好，消费者依恋程度越高，越容易产生产品的购买和分享。

（三）社会临场感、场景依恋与消费者贡献行为

本节研究发现，社会临场感显著正向影响消费者贡献行为（系数为0.86，大于0，P值为0.000，小于0.05），与原假设一致。这是因为在直播带货过程中，消费者感到越真实，越身临其境，消费者体验感越强，越容易产生产品分享和购买等贡献行为。

本节研究发现，场景依恋与消费者贡献行为之间并不相关（系数为-0.18，小于0，P值为0.153，大于0.05），与原假设不一致。这是因为在直播带货过程中，消费者更多关注在直播间的场景方面，更多集中在直播间的陈设、网红方面，对相关的产品并不感兴趣，不会将相关产品进行分享和购买，也不会产生相应的贡献行为。

（四）社会线索与消费者贡献行为

模糊分析法分析表明，在核心条件为物理性社会线索、人员性社会线索，边缘条件为氛围线索、社会临场感的模式下，会产生高的贡献行为。在核心条件为物理性社会线索、氛围线索，边缘条件为人员性社会线索、场景依恋的模式下，同样会产生高的贡献行为。通过对比，发现物理性社会线索多次作为核心条件出现，这表明物理性社会线索对消费者高贡献行为有一定的影响。

在社会临场感、场景依恋核心条件缺失，人员性社会线索、氛围线索边缘条件缺失的模式下，会产生非高的贡献行为。在社会临场感、场景依恋核心条件缺失，物理性社会线索边缘条件缺失，边缘条件人员性社会线索、氛围线索的模式下，同样产生非高的贡献行为。通过对比，发现社会临场感、场景依恋多次作为核心条件缺失出现，这表明社会临场感、场景依恋的缺失对消费者非高贡献行为有一定的影响。

综上所述，通过结构方程模型与模糊分析法的结果对比，发现在结构方程的路径分析中社会临场感和场景依恋显著正向影响消费者贡献行为，而在模糊分析法中社会临场感、场景依恋的缺失则会产生消费者非高贡献行为，两者的研究结果具有一致性。

第七章　货的因素：产品展示对消费者贡献行为的影响研究

第一节　引论

一、引言

　　根据中国互联网信息中心（CNNIC）发布的第42次《中国互联网络发展状况统计报告》的数据显示，截至2018年6月，我国网络购物用户和使用网上支付的用户占总体网民的比例均为71.0%，网络购物与互联网支付逐渐成为网民使用比较高的应用。一方面，电子商务、社交应用、数字内容相互融合，社交电商模式拓展了电子商务业务。在此基础上，电子商务总体保持稳定发展，在协调供给结构性改革，拉动就业，助力乡村振兴等方面发挥重要作用。另一方面，绝大多数支付机构接入联网，在一定程度上提高了资金透明度和网络支付的安全性，手机网民中使用移动支付的比例达71.9%。网络购物突破以往传统实体购物时间和地理位置等限制，在一定程度上使消费者在购物时得到一定的便利。但与此同时也伴随着"只能看，不能摸"问题的出现，在一定程度上剥夺了消费者用于做出购物决策的各种感官体验（如触觉、嗅觉等）（Bruke，1997；Peterson et al.，1997；Mooy et al.，2002），这就导致了消费者对商品信息了解不充分，造成消费者在做出消费决策时信心不足，难以做出满意的决策，并最终致使消费者难以产生购买和分享等贡献行为。此外，已有报告指出，由于不能直接检验商品，导致过半的消费者在浏览购物网站之后做出延迟购买甚至放弃购买的决策，这在一定程度上增加了消费者和商家的时间与经济成本。Peck、Shu（2009）和Peck（2013）的研究发现，购买之前与商品的接触可以提高消费者对商品的评价和价格支付意愿。一些研究也表明，消费者的触觉感知是决定消费者做出购买决定的重要因素之一。因此，触觉在促进消费者购买决策和购物体验方面发挥着一定的作用。尽管触觉对于消费者和商家而言如此重要，但消费者行为学领域的触觉研究兴起较晚，国内关于触觉的营销研究较少，尤其是在网络购物方面更是有待发展。为解决网络购物不能触摸的劣势，现在绝大多数的网络购物平台通过加入图片、视频乃至加入 VR 技术等商品展示方式来提升消费者的触觉体验和购买意愿（McGabe et al.，2003），但与线下购物给消费者带来的真实体验感之间的差距依然存在。

网络直播凭借互动性强、门槛低，以及真实体验等特点成为一种新兴娱乐方式。直播带货作为一种新型的购物方式，与传统的电商直播有较大的区别。本节基于货的视角即产品的角度，研究产品展示对消费者贡献行为的影响机制。

二、研究模型

具身认知观强调身体在认知过程中的重要性，身体不仅是认知的来源，而且是影响认知过程的重要因素之一。心理学家皮亚杰认为，认知图式的形成是一个渐进的过程，是在身体与认知不断地相互作用中形成的。认知源于身体，这就意味着认知过程及其内容会随着身体发生的某些改变或状态而产生相应的变化。一些研究表明，具身认知理论与消费行为存在一定的关联。企业通过激活对应的感触觉体来达到改变消费者的认知观点的效果，从而促进消费行为的产生。在直播带货过程中，产品展示越生动，互动性越强，消费者不信任感就越低，消费者越容易进行分享和购买。基于以上分析，提出本章研究模型，如图7-1所示。

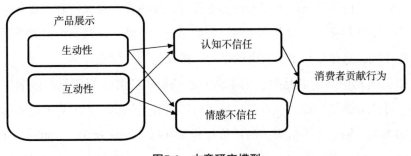

图7-1 本章研究模型

第二节　研究假设

一、产品展示生动性与不信任

Steuer（1992）将生动性定义为媒介环境的丰富性，以及向个体感官表达信息内容的方式和途径。网络直播使用许多通信符号，如文本、图像、声音、视频来传达信息。它可以更好地将消费者沉浸在特定的场景或氛围中，而不是沉闷的静态网站。通过各个环节的沉浸感，刺激消费者的感觉器官，来加强消费者的临场感，增强其与主播之间的情感。此外，Coyle等（2001）研究也发现，生动性水平越高的网站，其唤醒用户多重感官的能力就越强，从而对用户产生更大的吸引力，并且对消费者对网站及产品的评价产生积极影响。网络直播带货过程中，主播通过直播平台进行产品展示，大小、颜色、细节放大等，通过动态的视觉信息向顾客进行产品信息的传输，在一定程度上拉近了网红与消费者之间的距离，有利于减少消费者对于产品质量的担忧，也在一定程度上减少了消费者与网红的不信任感。基于以上分析，提出以下假设。

H1a：产品展示生动性显著负向影响认知不信任。

H1b：产品展示生动性显著负向影响情感不信任。

二、产品展示互动性与不信任

互动性是网络直播购物商品展示的一个重要特点。互动性是指消费者能够实时地操纵网络环境的形式和内容的程度，操纵程度越高代表消费者与网站之间的互动性越强。消费者通过网络与商品进行互动，使其获得类似线下购物的心理体验，进而增加了消费者的学习、选择行为和感觉控制。

直播购物中展示商品时，根据消费者的要求向其介绍商品的详细信息。一些学者认为提供详细的触觉信息描述可以提升高触摸需求者对不能触摸的产品（如毛衣、钢笔、手机等）的评价和质量判断（Peck et al.，2003）。Coyle等（2001）通过实验操控，发现网站的互动性和生动性越高，消费者的虚拟体验感越好。并且在网络互动过程中，消费者不受时间和空间的限制，能够自由地选择他所需要的信息而不是其他给定的信息。与此同时，消费者也可以通过网站的细节展示功能，如商品旋转、放大等功能来与商品进行互动。

Ha等（2007）在进行服装零售行业的网站商品呈现方式研究中，提出消费者有六种查看商品信息的互动方式，具体包括商品观看方法、展示方式、细节展示、颜色和质地样本、商品颜色显示和商品展示方法。网站的细节展示呈现方式（如缩放和特写功能）满足消费者通过点击来更加近距离地查看商品的需求，增强消费者控制感，进而提升商品评价。在直播商品展示中，卖家根据消费者的要求将商品（如服装）穿在身上进行全方位展示，并提供舒适度、尺码大小等信息，让消费者与商品进行高度互动。在直播带货过程中，网红将商品展示得越细致，选择的展示方式越科学，消费者对产品质量就越放心，对网红的不信任感就会越低。基于以上分析，提出以下假设。

H2a：产品展示互动性显著负向影响认知不信任。

H2b：产品展示互动性显著负向影响情感不信任。

三、不信任与消费者贡献行为

Luhmann（1979）将不信任界定为对另一方有害行为的预期。Barber（1983）将不信任界定为一方不会以最大化另一方利益而展开活动。Grovier（1994）将不信任界定为对受信方缺少信心，担心其会做出伤害自己的事情、不关心施信方的福利、会采取有害的行为或充满恶意。Lewicki等（1998）将不信任界定为明确的负面预期或者担心的事。Kramer（1999）将不信任界定为对另一方会以损害我们利益的方式行事的积极预期。国内学者林红焱和周星（2014）将不信任界定为一种态度，是消费者通过对网络零售商可信性的判断，认为个体利益会受到损失的一种负面预期。文章参照林红焱和周星（2014）对不信任的界定，将不信任界定为个体利益会受到损失的一种负面预期，并将不信任认为认知不信任和情感不信任。

目前，在不信任的研究上并没有达成共识。Mcknight和Chervany（2001）把不信任分为恶意、无能力、不诚实和不可预测性。他们研究发现不信任像信任一样也要经过认知判断，然后形成不信任意向，最后才采取不信任行为。Sherrie等（2008）运用过程理论对产品推荐代理网站进行了研究，结果发现信任与不信任的建立过程是不同的，信任是经过深思熟虑慢慢发展起来的，而不信任则是基于情绪建立起来的。国内学者贾雷等（2012）通过对不信任脉络的梳理发现不信任主要包括个体不信任、人际不信任、制度不信任，并通过影响不信任意向，进而影响不信任行为如不合作、不依赖和取消交易。在直播带货过程中，消费者由于无法像传统购物模式一样，面对面地与直播间的网红进行沟通和交流，再加上网络之间的虚拟性，使得消费者对网红产生认知和情感的不信任，担心产品质量存在问题，并影响最终的消费者分享和购买等贡献行为。基于以上分析，提出以下假设。

H3a：认知不信任显著负向影响消费者贡献行为。

H3b：情感不信任显著负向影响消费者贡献行为。

第三节 研究设计

本节主要通过问卷调查的方式来获取相关数据和文字资料，并以此为基础构建直播带货情景下消费者贡献行为的影响因素的研究。在具体安排上，本节首先介绍相关概念的定义，并通过借鉴现有的国内外学者开发的测量量表生成初始测量题项，然后通过预调研的数据分析对测量量表的信度和效度进行测量，从而形成正式的问卷。本节构建的理论模型共涉及五个概念，分别是产品展示生动性、产品展示互动性、认知不信任、情感不信任和消费者贡献行为。

一、变量的界定和测量

（一）产品展示生动性的界定和测量

在直播带货过程中，直播间产品展示得越生动，消费者对产品质量感知的风险越小，消费者不信任会大大降低，有助于消费者产生产品购买和分享等行为。本节在产品展示生动性的测量上，主要参照Sheng和Joginapelly

（2012）的量表进行测量，由4个题项构成。具体如表7-1所示。

表7-1 产品展示生动性测量题项

维度	编码	测量题项	文献来源
产品展示生动性（N）	N1	直播购物中我可以使用视觉和听觉等感官来体验商品	Shen和Joginapelly（2012）
	N2	直播购物中的商品展示非常逼真	
	N3	直播购物中的商品展示栩栩如生	
	N4	直播购物中提供多种信息展示方式	

（二）产品展示互动性的界定和测量

在直播带货过程中，网红向消费者展示的产品越详细，消费者越容易减少对网红的不信任，有助于消费者进行购买和分享。本节在产品展示互动性的测量上，主要参照 Steure（1992）和Dong等（2010）的量表，并在此基础上对其进行修改，由4个题项构成。具体如表7-2所示。

表7-2 产品展示互动性测量题项

维度	编码	测量题项	文献来源
产品展示互动性（P）	P1	我可以从多角度观看商品的内外部结构	Steure（1992）和Dong等（2010）
	P2	我可以选择不同的商品搭配在一起	
	P3	我可以随时调取商品的参数指标	
	P4	我可以通过直播让主播展示商品细节	

（三）认知不信任和情感不信任的界定和测量

本节参照林红焱和周星（2014）对不信任的界定，将不信任界定为个体利益会受到损失的一种负面预期，并将不信任认为认知不信任和情感不信任。其中认知不信任重点强调的是在能力、善意等方面的不认可；情感不信任重点强调的是消费者基于情绪上的不认可。本节在认知不信任和情感不信任的测量上主要参照林红焱和周星（2014）开发的量表，分别由5个题项和4个题项构成。具体如表7-3所示。

表7-3　认知不信任和情感不信任测量题项

维度	编码	测量题项	文献来源
认知不信任（Q）	Q1	这个卖家（主播）就想着尽最大可能赚到钱	林红焱和周星（2014）
	Q2	这个卖家（主播）就是个骗子	
	Q3	这个卖家（主播）不会遵守诺言，提供优质产品和服务	
	Q4	这个卖家（主播）不会满足我的需要	
	Q5	这个卖家（主播）的管理方式是不负责任和不可靠的	
情感不信任（R）	R1	在这个直播间购物，让我担心	林红焱和周星（2014）
	R2	在这个直播间购物，让我紧张	
	R3	这个直播间的主播态度敷衍，让我不安	
	R4	在这个直播间购物，让我害怕	

二、问卷的预调研

为保证本节问卷测量的有效性和准确性，本节在正式调查问卷之前进行了问卷的预调研。通过对预调研的数据结果进行分析，完成对问卷测量题项的修正，最终形成正式问卷。为保证预调研的效果，本节在问卷的第一部分告知被调查对象本次问卷主要用于学术目的并对调查对象个人信息进行保密。问卷的第二部分为主体部分，主要采用七点李克特量表进行判断，其中1表示非常不同意，7表示非常同意。

（一）问卷调查方式与调查对象

本节预调研采用问卷发放的方式，通过对问卷的调查来检验问卷的信度和效度，调查选择随机拦截的方式，共发放问卷160份，收回问卷160份，回收率100%。问卷通过消费者有没有在直播间进行购买的经历题项，以及要求其写下直播平台的名称的题项，删除不合格的问卷。此外，还对无效、未填或多选的问卷进行删减，共得到有效问卷124份，有效率为77.5%。具体如表7-4所示。

表7-4　预调研受访者统计特征

特征	分类	样本数量	百分比	特征	分类	样本数量	百分比
性别	男	59	47.58%	职业	在校学生	8	6.45%
	女	65	52.42%		技术人员	12	9.68%
年龄	18岁以下（不含18岁）	3	2.42%		专业人员	22	17.74%
	18~24岁	41	33.06%		教师	9	7.26%
年龄	25~34岁	62	50%		工人	6	4.84%
	35~44岁	12	9.68%		个体户/自由职业者	27	21.77%
	45岁以上	6	4.84%	职业	销售人员	8	6.45%
受教育程度	初中及以下	2	1.62%		文职/办事人员	28	22.58%
	高中或中专	10	8.06%		无业/失业/下岗	1	0.81%
	大专	36	29.03%		退休	2	1.61%
	本科	62	50%		其他	1	0.81%
	硕士及以上	14	11.29%	个人月收入	1 000元以下	3	2.42%
					1 000~3 000元	21	16.94%
					3 000~5 000元	42	33.87%
					5 000~10 000元	53	42.74%
					10 000元以上	5	4.03%

　　如表7-4所示，女生比率略高于男生，分别为52.42%和47.58%。调查对象年龄段主要集中在25~34岁，占比为50%。学历以本科为主，占比50%。职业主要集中在专业人员、个体户/自由职业者、文职/办事人员，占比分别为17.74%、21.77%和22.58%。月收入主要集中在3 000~5 000元和5 000~10 000元这个阶段，分别为33.87%和42.74%。购物人群与中国互联网络信息中心调查显示的购物人群相一致。

（二）问卷的信度和效度检验

本节涉及的变量有产品展示生动性、产品展示互动性、消费者贡献行为、认知不信任、情感不信任，为保证测量题项的内部一致性和有效性，对测量变量进行信度和效度检验。

1.问卷的信度检验

本节在信度检验上，参照吴明隆（2010）《问卷统计分析实务：SPSS操作与应用》一书中信度的检验方法，采用修正的项目总相关（CITC）和Cronbach's α分别对产品展示生动性、产品展示互动性、消费者贡献行为、认知不信任、情感不信任进行分析。具体结果如表7-5所示。

表7-5　预调研问卷变量的信度分析

变量	测量题项代码	修正的项目总相关（CITC）	项目删除时的Cronbach's α值	Cronbach's α值
产品展示生动性（N）	N1	0.584	0.762	
	N2	0.632	0.746	
	N3	0.621	0.736	0.792
	N4	0.641	0.756	
产品展示互动性（P）	P1	0.654	0.803	
	P2	0.701	0.789	
	P3	0.638	0.771	0.836
	P4	0.609	0.739	
消费者贡献行为（O）	A1	0.615	0.758	
	A2	0.712	0.802	
	A3	0.645	0.791	
	A4	0.656	0.805	0.835
	B1	0.732	0.821	
	B2	0.638	0.789	
	B3	0.706	0.818	

续表

变量	测量题项代码	修正的项目总相关（CITC）	项目删除时的Cronbach's α值	Cronbach's α值
认知不信任（Q）	Q1	0.656	0.794	0.889
	Q2	0.716	0.845	
	Q3	0.723	0.852	
	Q4	0.726	0.836	
	Q5	0.705	0.793	
情感不信任（R）	R1	0.728	0.832	0.841
	R2	0.654	0.789	
	R3	0.702	0.815	
	R4	0.624	0.786	

从表7-5可以看出，所有变量的Cronbach's α系数都大于0.7，表明所测变量的信度较好；所有修正的项目总相关（CITC）都大于0.4，项目删除时的Cronbach's α值均小于Cronbach's α，表明问卷不需要删除其余的测量题项。具体标准见表7-6。

表7-6 问卷的项目分析标准

题项	极端组比较	题项与总分相关		同质化检验		
	决断值	题项与总分相关	校正题项与总分相关	题项删除后的α值	共同性	因素负荷量
判断标准	≥3.000	≥0.400	≥0.400	≤量表信度	≥0.2	≥0.45

2. 问卷效度检验

本节参照Churchill（1979）对问卷的内容效度进行检验。由于本节大部分的测量题项源于国外学者，因此本节采用回译的方法进行检验。首先，通过将国外学者使用的量表翻译为中文，再由英语专业的人员将翻译后的中文译成英文，并将原始的英文题项与英文题项进行对比。然后请营销专业的博士生探讨，对各个变量的题项进行评价，判断其是否能够测量对应的变量。最终结果表明本节所提变量具有良好的内容效度。

在结构效度上，本节预调研选择进行探索性因子分析（EFA），使用Bartlett球体检验和KMO检验来检验其相关性，其中KMO为0.915，大于0.5，Bartlett球体检验的P值为0，表明问卷题项适合做因子分析。所采用的方法主要为主成分分析方法，采用最大方差法进行因子旋转。

（1）产品展示生动性

本节中产品展示生动性的测量主要参照YShen和Joginapelly（2012）开发的量表，共4个题项进行测量。探索性因子分析结果显示，其KMO为0.901，大于0.5，Bartlett球体检验的P值为0，表明适合做探索性因子分析。具体结果如表7-7所示。

表7-7 预调研产品展示生动性探索性因子分析

变量	代码	成分
		因子
产品展示生动性（N）	N1	0.826
	N2	0.835
	N3	0.812
	N4	0.815

从表7-7中可以看出，所有因子载荷的数值都在0.8以上，表明共同因素对题项变量的解释较好。

（2）产品展示互动性

本节中产品展示互动性的测量主要参照 Steure（1992）和Dong等（2010）的量表，并在此基础上对其进行修改，由4个题项构成开发的量表，共4个题项进行测量。探索性因子分析结果显示，其KMO为0.891，大于0.5，Bartlett球体检验的P值为0，表明适合做探索性因子分析。具体结果如表7-8所示。

表7-8　预调研产品展示互动性探索性因子分析

变量	代码	成分
		因子
产品展示生动性（P）	P1	0.812
	P2	0.825
	P3	0.832
	P4	0.805

从表7-8中可以看出，所有因子载荷的数值都在0.8以上，表明共同因素对题项变量的解释较好。

（3）认知不信任和情感不信任

本节中认知不信任和情感不信任的测量主要参照林红焱和周星（2014）开发的量表，并在此基础上对其进行修改，分别由5个题项和4个题项构成开发的量表进行测量。探索性因子分析结果显示，其KMO为0.908，大于0.5，Bartlett球体检验的P值为0，表明适合做探索性因子分析。具体结果如表7-9所示。

表7-9　预调研认知不信任和情感不信任探索性因子分析

维度	代码	成分	
		因子1	因子2
认知不信任（Q）	Q1	0.741	0.206
	Q2	0.852	0.069
	Q3	0.768	0.250
	Q4	0.782	0.201
	Q5	0.802	0.102
情感不信任（R）	R1	0.201	0.742
	R2	0.032	0.751
	R3	0.064	0.732
	R4	0.212	0.821

如表7-9所示，吴明隆认为因子载荷小于0.32，应该舍弃，其建议因子载荷的标准最好在0.4以上，此时共同因素可以解释题项的16%。

第四节　数据分析

本节主要完成数据的收集和模型假设的验证。本节首先进行相应的数据收集，之后对调查对象的特征进行描述性统计分析。其次，在此基础上进行信度和效度检验。最后，运用结构方法模型对本章的整体模型进行分析判断并进行相应的中介检验。

一、样本概况

本节的正式问卷分为三个部分。一是调研的目的，主要向被调查者说明本次数据收集主要用于学术目的并对被调查者个人信息资料进行保密等。二是为问卷的主体部分，主要为相关变量的测量，具体包括产品展示生动性、产品展示互动性、消费者贡献行为、认知不信任、情感不信任。三是被调查对象个人的信息特征，包含对性别、年龄、学历、职业和收入的测量。

（一）数据搜集

本节主要通过付费的方式，由专业调研公司进行数据收集。2022年10~12月通过付费的方式委托给专业的调研公司进行数据收集，共发放问卷1 000份，回收问卷920份，回收率92%。为了提高问卷的有效性，在设计问卷的过程中增添了"您有没有直播购物的经历？"一项，如果消费者有直播购物的经历，要求其填写相应的平台名称，以此来实现对调查对象的筛选。剔除不完整、重复和无效问卷，共868份有效问卷，有效率94.35%。具体结果如表7-10所示。

表7-10　调研受访者统计特征

特征	分类	样本数量	百分比	特征	分类	样本数量	百分比
性别	男	327	37.67%		在校学生	42	4.84%
	女	541	62.33%		技术人员	32	3.69%
年龄	18岁以下（不含18岁）	8	0.92%		专业人员	182	20.97%
	18~24岁	287	33.06%		教师	40	4.61%
	25~34岁	397	45.74%		工人	29	3.34%
	35~44岁	162	18.66%	职业	个体户/自由职业者	238	27.42%
	45岁以上	14	1.61%		销售人员	45	5.18%
受教育程度	初中及以下	8	0.92%		文职/办事人员	248	28.57%
	高中或中专	82	9.45%		无业/失业/下岗	4	0.46%
	大专	228	26.27%		退休	6	0.69%
	本科	420	48.39%		其他	2	0.23%
	硕士及以上	130	14.98%	个人月收入	1 000元以下	8	0.92%
					1 000~3 000元	65	7.49%
					3 000~5 000元	298	34.33%
					5 000~10 000元	420	48.39%
					10 000元以上	77	8.87%

从表7-10可以看出，女生比率高于男生，分别为62.33%和37.67%。调查对象年龄段主要集中在25~34岁，占比为45.74%。学历以本科为主，占比48.39%。职业主要集中在专业人员、个体户/自由职业者、文职/办事人员，占比分别为20.97%、27.42%和28.57%。月收入主要集中在3 000~5 000元和5 000~10 000元这个阶段，分别为34.33%和48.39%。购物人群与中国互联网络信息中心调查显示的购物人群相一致。

（二）问卷的信度和效度检验

本节涉及的变量有产品展示生动性、产品展示互动性、消费者贡献行为、认知不信任、情感不信任，为保证测量题项的内部一致性和有效性，对测量变量进行信度和效度检验。

1. 问卷的信度检验

本节在信度检验上，参照吴明隆（2010）《问卷统计分析实务：SPSS操作与应用》一书中信度的检验方法，采用修正的项目总相关（CITC）和Cronbach's α分别对产品展示生动性、产品展示互动性、消费者贡献行为、认知不信任、情感不信任进行分析。具体结果如表7-11所示。

表7-11　调研问卷变量的信度分析

变量	测量题项代码	修正的项目总相关（CITC）	项目删除时的Cronbach's α值	Cronbach's α值
产品展示生动性（N）	N1	0.632	0.801	0.812
	N2	0.624	0.778	
	N3	0.602	0.745	
	N4	0.612	0.777	
产品展示互动性（P）	P1	0.623	0.805	0835
	P2	0.712	0.814	
	P3	0.621	0.793	
	P4	0.609	0.748	
消费者贡献行为（O）	A1	0.715	0.812	0.903
	A2	0.745	0.836	
	A3	0.745	0.834	
	A4	0.856	0.885	
	B1	0.752	0.846	
	B2	0.838	0.889	
	B3	0.706	0.818	

续表

变量	测量题项代码	修正的项目总相关（CITC）	项目删除时的 Cronbach's α值	Cronbach's α值
认知不信任（Q）	Q1	0.641	0.821	0.886
	Q2	0.712	0.826	
	Q3	0.724	0.798	
	Q4	0.731	0.838	
	Q5	0.705	0.791	
情感不信任（R）	R1	0.731	0.819	0.832
	R2	0.682	0.792	
	R3	0.712	0.828	
	R4	0.726	0.811	

从表7-11可以看出，所有变量的Cronbach's α系数都大于0.8，表明所测变量的信度较好，所有修正的项目总相关（CITC）都大于0.4，项目删除时的Cronbach's α值均小于等于Cronbach's α，表明问卷不需要删除其余的测量题项。

2. 问卷的效度检验

本节参照Churchill（1979）对问卷的内容效度进行检验。由于本节大部分的测量题项源于国外学者，因此本节采用回译的方法进行检验。首先，通过将国外学者使用的量表翻译为中文，再由英语专业的人员将翻译后的中文译成英文，并将原始的英文题项与英文题项进行对比。其次，请营销专业的博士生探讨，对各个变量的题项进行评价，判断其是否能够测量对应的变量。最终结果表明本节所提变量具有良好的内容效度。

在结构效度上，由于本节的大部分题项都源于国外学者的量表，因此本节在正式问卷调研时选择进行验证性因子分析（CFA），具体结果如表7-12所示。

表7-12 调研问卷变量的结构效度分析

变量	测量题项代码	因子载荷	平均变异抽取量（AVE）	组合信度（CR）
产品展示生动性（N）	N1	0.732	0.583 8	0.848 5
	N2	0.726		
	N3	0.783		
	N4	0.812		
产品展示互动性（P）	P1	0.723	0.547 1	0.828 2
	P2	0.802		
	P3	0.721		
	P4	0.709		
消费者贡献行为（O）	A1	0.815	0.677 5	0.936 2
	A2	0.845		
	A3	0.762		
	A4	0.856		
	B1	0.836		
	B2	0.838		
	B3	0.806		
认知不信任（Q）	Q1	0.751	0.615 6	0.888 9
	Q2	0.764		
	Q3	0.781		
	Q4	0.821		
	Q5	0.804		
情感不信任（R）	R1	0.831	0.666 2	0.888 6
	R2	0.786		
	R3	0.812		
	R4	0.835		

从表7-12可以看出，感知零售商服务能力各个维度测量的因子载荷都在0.4以上。平均变异抽取量（AVE）大于0.5，表明模型的内在质量较高，收敛效度较好。

二、假设检验

（一）主模型假设

本节采用AMOS22.0进行多元回归分析，假设检验结果如表7-13所示。

表7-13 模型路径系数和假设检验结果

假设	标准化路径系数	标准差	T值	P值	是否支持假设
产品展示生动性–认知不信任H1a	−0.01	0.036	−0.271	0.786	否
产品展示生动性–情感不信任H1b	−0.184	0.029	−6.344	0.000	是
产品展示互动性–认知不信任H2a	−0.297	0.045	−6.319	0.000	是
产品展示互动性–情感不信任H2b	−0.885	0.070	−12.642	0.000	是
认知不信任–消费者贡献行为H3a	−0.646	0.035	−18.457	0.000	是
情感不信任–消费者贡献行为H3b	−0.638	0.052	−12.269	0.000	是

（二）中介检验

本节在中介检验上，参照Zhao等（2010）中介检验流程。先检验自变量与中介变量的系数（a）与中介变量与因变量的系数（b）之间的乘积，若ab显著则存在中介效应。若ab不显著则不存在中介效应。在此基础上，对控制中介后自变量与因变量之间的系数（c'）进行检验，若c'显著，则为部分中介。若c'不显著，则为完全中介。若自变量与中介变量的系数（a）与中介变量与因变量的系数（b），以及控制中介后自变量与因变量之间的系数（c）$'$的积为正，则为互补中介。若c'不显著，则为完全中介。若自变量与中介变量的系数（a）与中介变量与因变量的系数（b），以及控制中介后自变量与因变量之间的系数（c'）的积为负，则为竞争中介。陈瑞等（2014）认为在Bootstrap 中介效应检验流程中，若间接效应区间不含0，则ab 显著，存在中介效应。若在此基础上间接效应区间含0，则ab 不显著，不存在中介效应。若直接效应区间含0，c' 不显著，则为完全中介。直接效应区间不含0，则c' 显著，为部分中介。由于产品展示生动性与认知不信任不相关，因此本节在进行中介检验时，不再做生动性与认知不信任这条路径的中介检验。采用AMOS迭代次数为2 000，置信区间为95%，具体结果如表7-14和表7-15所示。

表7-14　中介变量认知不信任报告表格

变量	Indirect Effects		Direct Effects	
	Lower（Bias-Corrected 95% CI）	Upper（Bias-Corrected 95% CI）	Lower（Bias-Corrected 95% CI）	Upper（Bias-Corrected 95% CI）
产品展示互动性—认知不信任—消费者贡献行为	–0.318	–0.105	–0.321	0.212

从表7-14可以看出，产品展示互动性与消费者贡献行为的间接效应区间在（–0.318，–0.105），区间不含0，表明存在中介效应。产品展示互动性与消费者贡献行为的直接效应区间在（–0.321，0.212），区间包含0，表明存在完全中介作用。

表7-15　中介变量情感不信任报告表格

变量	Indirect Effects		Direct Effects	
	Lower（Bias-Corrected 95% CI）	Upper（Bias-Corrected 95% CI）	Lower（Bias-Corrected 95% CI）	Upper（Bias-Corrected 95% CI）
产品展示生动性–情感不信任–消费者贡献行为	–0.224	–0.098	–0.021	0.132
产品展示互动性–情感不信任–消费者贡献行为	–0.192	–0.087	–0.208	0.615

从7-15可以看出，产品展示生动性与消费者贡献行为的间接效应区间在（-0.224，-0.098），区间不含0，表明存在中介效应。产品展示生动性与消费者贡献行为的直接效应区间在（-0.021，0.132），区间包含0，表明存在完全中介作用。产品展示互动性与消费者贡献行为的间接效应区间在（-0.192，-0.087），区间不含0，表明存在中介效应。产品展示互动性与消费者贡献行为的直接效应区间在（-0.208，0.615），区间包含0，表明存在完全中介作用。

三、实证结果讨论

（一）产品展示生动性与认知不信任、情感不信任

本节研究发现产品展示生动性与认知不信任之间不存在相关关系（系数为-0.01，小于0，P值为0.786，大于0.05），与原假设不一致。这是因为在直播带货过程中，产品自身的细节展示得越生动，越吸引消费者，消费者越容易产生逃避心理，其会因为自身无法购买而产生内疚，进而产生逃避心理。

产品展示生动性显著负向影响情感不信任（系数为-0.184，小于0，P值0.000，小于0.05），与原假设一致。这是因为在直播带货过程中，产品展示越生动，产品对消费者的吸引力越强，消费者对主播和产品质量的不信任就越低，越容易让消费者对产品进行分享和购买，进而产生贡献行为。

（二）产品展示互动性与认知不信任、情感不信任

本节研究发现产品展示互动显著负向影响认知不信任（系数为-0.297，小于0，P值0.000，小于0.05），与原假设一致。这是因为在直播带货过程中，产品展示有助于增进主播与消费者之间沟通，降低彼此之间的误会，拉近彼此的距离，在一定程度上降低了消费者购物的风险和不确定性，对降低认知不信任感有重要的作用。

本节研究发现产品展示互动显著负向影响情感不信任（系数为-0.885，小于0，P值0.000，小于0.05），与原假设一致。这是因为在直播带货过程中，产品展示的互动性，通过及时有效的信息沟通和交流，降低了消费者对主播和产品的不信任，拉近彼此的心理距离，在一定程度上降低了消费者对主播和产品质量

的排斥，增强了彼此之间的信任。

（三）认知不信任、情感不信任与消费者贡献行为

本节研究发现认知不信任显著负向影响消费者贡献行为（系数为–0.646，小于0，*P*值0.000，小于0.05），与原假设一致。这是因为在直播带货过程中，消费者对主播和产品质量的认知不信任越低，消费者越容易接受主播推荐的产品，越容易对产品产生购买和分享等贡献行为。

本节研究发现情感不信任显著负向影响消费者贡献行为（数为–0.638，小于0，*P*值0.000，小于0.05），与原假设一致。这是因为在直播带货过程中，消费者对主播和产品的情感不信任越低，越容易获得消费者认可和偏爱，越容易产生爱屋及乌的情感，对网红推荐的产品越容易接受，并积极产生购买和分享等贡献行为。

（四）认知不信任的中介作用

本节研究发现认知不信任在产品展示生动性与消费者贡献行为之间不起挥中介作用，与原假设不一致。因为产品展示生动性与认知不信任无关（系数为–0.01，小于0，*P*值为0.786，大于0.05）。这是因为在直播带货过程中，产品展示越生动，越吸引消费者，消费者越容易产生内疚，进而使消费者逃离直播间，不再进行产品分享和购买。

本节研究发现认知不信任在产品展示互动性与消费者贡献行为之间起中介作用，间接效应区间在（–0.318，–0.105），区间不含0。产品展示互动性与消费者贡献行为的直接效应区间在（–0.321，0.212），区间包含0，与原假设一致。这是因为在直播带货过程中，消费者与主播之间在产品信息的沟通上，越流畅，消费者对主播和产品质量感知就越可信，认知不信任就越低，消费者产品购买和分享就越强，越容易产生贡献行为。

（五）情感不信任的中介作用

本节研究发现情感不信任在产品展示生动性与消费者贡献行为之间起中介作用，间接效应区间在（–0.224，–0.098），区间不含0。直接效应区间在（–0.021，0.132），区间包含0，与原假设一致。这是因为在直播带货过程中，产品展示得越生动，对消费者的吸引力越强，越容易得到消费者的认可，

进而使消费者对网红和产品产生依赖，降低消费者因网络虚拟性而带来的感知风险和不信任感，增强消费者产品购买和分享等贡献行为。

本节研究发现情感不信任在产品展示互动性与消费者贡献行为之间起中介作用，间接效应区间在（−0.192，−0.087），区间不含0。直接效应区间在（−0.208，0.615），区间包含0，与原假设一致。这是因为在直播带货过程中，产品展示互动性越强，消费者与主播之间就产品相关细节的沟通就越顺畅，越容易获得消费者认可，其对消费者不信任感就越低，越容易接受主播推荐的产品，并对相关产品进行分享和购买，产生贡献行为。

第八章　其他情景因素：AR App对消费者贡献行为的影响

第一节　引论

一、引言

　　根据中国移动研究院发布的《AR行业应用场景及关键技术白皮书》（2022年）显示，2021年全球AR/VR总投资规模接近146.7亿美元（1美元约等于7.1985人民币），并有望在2026年增至747.3亿元，复合增长率将达38.5%。其中，中国市场复合增强率预计达43.8%，增速位列全球第一。在此背景下，越来越多的企业，包括直播平台将AR技术应用到日常消费生活中，市场对AR营销应用的兴趣正迅速增加。不同于传统广告通常以推销产品或服务为主，新形式的技术增强广告重在促进消费者参与。AR为沉浸式的消费者体验和互动的消费者参与提供了一个新的途径，而这反过来又可以提高消费者贡献效果。

　　目前，营销领域有关AR的研究主要集中在其对消费者行为反应和参与度的影响方面。Han等（2021）在研究AR体验价值的多维成分是如何通过AR满意度和体验真实性来影响支持行为时，发现逃避现实并不会对体验真实性和AR满意度产生实质性影响。Laor（2020）在研究人们参与AR游戏的动机时，发现玩家主要是为了逃避现实、社交和挑战他人而玩游戏。具体在广告领域，学者更多聚焦于消费者参与主题，以期建立有意义的消费者—品牌关系。综上，虽然一些学者在营销领域对AR进行了研究，但仍然没有说明AR App设计是如何通过叙事传输和空间沉浸来影响贡献行为，也没对涉入度和产品知识在AR App设计与贡献行为中所发挥的作用进行探讨。基于此，本章从心理学的角度，研究AR App是如何通过叙事传输和空间沉浸来影响贡献行为，同时引入涉入度和产品知识两个调节变量，进一步探求涉入度和产品知识对AR App设计与贡献行为之间关系的影响。

二、研究模型

心理意象理论认为认知主体在接触客观事物后，会依据感觉传递的表象信息，在思维空间中形成有关认知客体的加工形象，并在头脑里留下一定的物理记忆痕迹。AR App通过内容设计，将产品内容中的叙事转移给消费者，同时通过空间沉浸的方式增强消费者的体验，使消费者产生分享和购买企业的产品。此外，消费者对产品的涉入度在一定程度上也会影响产品内容的叙事转移和空间沉浸效果。当消费者对产品的涉入度越高，产品所带来的叙事转移和空间沉浸就越容易在消费者头脑中留下物理记忆痕迹，而消费者自身所掌握的产品知识，则会在一定程度上，对这种物理记忆痕迹产生抵制，并最终影响消费者贡献行为。基于以上分析，提出本章研究模型。具体如图8-1所示。

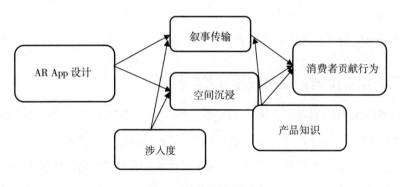

图8-1 本章研究模型

第二节 研究假设

一、AR App设计与叙事传输、空间沉浸

叙事传输理论认为，媒体中的叙事可以创造一种沉浸感，能够暂时将人

们"传输"不同的环境（Green et al.，2000）。叙事传输因其身临其境的特性和较强的说服力，吸引了大量学者关注。已有研究表明，叙事传输有助于提升广告享受，引发顾客积极的品牌态度和行为意图（Zheng，2014）。Seo等（2018）则认为，叙事传输体验促使消费者分享的程度取决于环境。Sung等（2021）认为AR App设计通过叙事传输对心理意象产生积极影响。其还认为AR App设计，会对消费者塑造第一印象，进而影响叙事传输的效果。基于以上分析，提出以下假设。

H1：AR App设计显著正向影响叙事传输。

空间沉浸是指消费者通过当下时刻的深度参与而产生一种时空归属感（Hansen et al.，2013）。虽然沉浸在空间中的心理图像是主观的，但沉浸的目标是让消费者进入一个与物理环境分离的世界。在市场营销中，空间沉浸感作为消费者评价体验和消费者参与度的关键变量受到广泛关注。在技术增强体验中，空间沉浸感是一个特别重要的因素。AR App设计得越具有吸引力，消费者在观看广告时，往往就越容易产生空间沉浸感。基于以上分析，提出以下假设。

H2：AR App设计显著正向影响空间沉浸。

二、叙事传输、空间沉浸与贡献行为

贡献行为是指消费者在服务消费情景下进行的分享和购买。叙事传输是通过叙事的方式将消费者"传输"到不同的环境，从而使消费者产生身临其境的感觉，进而增强其被说服的效果。Seo等（2018）认为叙事传输体验在一定程度上会促使消费者分享。Sung等（2021）的研究也发现通过AR实现的逃避现实可以影响消费者的购买和媒体分享意愿。基于以上分析，本节提出以下假设。

H3：叙事传输显著正向影响贡献行为。

如前所述，空间沉浸是消费者通过深度参与而产生的一种时空归属感。沉浸理论认为沉浸就是完全投入某一情境而体验到的一种整体感受，是人们愿意持续做出某一行为的主要动因。Zhou和Lu（2011）研究发现沉浸体验能够对消费者的感知有用性和消费者满意度产生积极影响从而提高消费者的购买意愿。空间沉浸作为一种时空归属感，其通过让消费者产生沉浸体验，来影响消费者感知，进而影响消费者信息分享和购买。基于以上分析，提出以下假设。

H4：空间沉浸显著正向影响贡献行为。

三、涉入度的调节作用

大量研究表明高涉入度的AR环境下，消费者自身的沉浸感会更强，消费者更容易沉浸在故事中（Nilsson et al., 2016）。Cowan等（2019）研究发现高涉入度会影响消费者的想象力，进而影响消费者沉浸感。在高涉入度情景下，AR App设计的内容越吸引人，越容易让消费者参与，使消费者产生空间沉浸。同理，在高涉入度情景下，AR App设计的内容越吸引人，越容易吸引消费者对品牌后面的故事进行探究，叙事传输效果越好。基于以上分析，提出以下假设。

H5：涉入度在AR App设计与叙事传输之间发挥调节作用。

H6：涉入度在AR App设计与空间沉浸之间发挥调节作用。

四、产品知识的调节作用

叙事传输主要通过品牌故事来实现对注意、情感和意象的独特心理过程进行整合。空间沉浸是消费者由于深度参与而产生的归属感。研究表明，两者都在一定程度上为消费者实现了良好的体验感，并最终实现分享和购买（Sung et al., 2022）。产品知识是消费者对产品的熟悉程度和专业知识的感知水平（Biswas et al., 2006）。高产品知识信息会倾向于处理具体的产品信息，因而更加客观、理性。低产品信息会倾向边缘信息，因而更加主观、感性。在高产品知识的情景下，消费者会依据自身的知识来对产品进行具体的判断，会更加理性，而不会只依据自身的感受如空间沉浸、品牌故事的吸引，来进行产品的分享和购买。在低产品知识的情景下，消费者会更加主观、感性，会更容易产生分享和购买行为。基于以上分析，提出以下假设。

H7：产品知识在叙事传输和消费者贡献行为之间发挥调节作用。

H8：产品知识在空间沉浸和消费者贡献行为之间发挥调节作用。

第三节　研究设计

本节主要通过问卷调查的方式来获取相关数据和文字资料，并以此为基础构建直播带货情景下消费者贡献行为的影响因素的研究。首先，介绍相关概念的定义，并通过借鉴现有的国内外学者开发的测量量表生成初始测量题项；其次，通过预调研的数据分析对测量量表的信度和效度进行测量，从而形成正式的问卷。本节构建的理论模型共涉及五个概念分别是AR App设计、叙事传输、空间沉浸、涉入度和产品知识。

一、变量的界定和测量

（一）AR App设计的界定和测量

AR App设计是指通过特定的技术在AR应用程序中加入相关的内容，并通过相关的内容如产品生产流程等来影响消费者最终的反应。Sung等（2021）研究发现AR App设计会影响叙事传输和空间沉浸，并最终影响逃避现实体验。本节在AR App设计的测量上，主要参照Manthiou等（2014）和Sung（2021）的量表进行测量，由4个题项构成。具体如表8-1所示。

表8-1　产品展示生动性测量题项

维度	编码	测量题项	文献来源
AR App设计（S）	S1	AR App内容设计非常吸引人	Manthiou等（2014）和Sung（2021）
	S2	AR App内容设计非常生动	
	S3	AR App内容设计很好	
	S4	我从AR App内容设计中感受到了真正的和谐感	

（二）叙事传输的界定和测量

2000年，Green提出叙事传输这一理论，其将叙事传输界定为"沉浸"在一个故事当中，是一个"整合了注意、情感和意象的独特心理过程"。当人们传输故事时，现实世界将变得"难以触及"，他们的注意力会完全地聚焦于故事当中，对故事中描述的场景会产生近乎真实的心理表象，同时，会随着故事情节的发展体验到强烈的情绪反应，就好像完全离开了现实世界而"迷失"在故事世界中一样。当人们从故事世界回到现实中时，态度、信念，甚至自我概念都发生了一定的改变，变得与故事中的相一致（Richter et al.，2014）。目前，叙事传输在现实生活中得到大量的运用。人们将其广泛地应用于诸新闻传媒等领域（Murphy et al.，2013）。本节在叙事传输的测量上，主要参照Green等（2000）的量表进行测量，并在此基础上对其进行修改，由4个题项构成。具体如表8-2所示。

表8-2　叙事传输的测量题项

维度	编码	测量题项	文献来源
叙事传输（T）	T1	当我通过AR App程序观看叙事广告时，我可以很容易地想象其中发生的事件	Green等（2000）
	T2	通过AR App，我可以想象自己在叙事广告中描述的事件	
	T3	通过AR App的叙事广告影响了我的情感	
	T4	广告中的场景在我脑海中清晰可见	

（三）空间沉浸的界定和测量

空间沉浸是指消费者通过当下时刻的深度参与而产生一种时空归属感。在市场营销中，空间沉浸感作为消费者评价体验和消费者参与度的关键变量受到广泛关注。Sung等（2021）研究发现空间沉浸会对逃避现实产生影响，进而影响媒介分享、购买意愿和品牌态度等。在市场营销中，空间沉浸感作为消费者评价体验和消费者参与度的关键变量受到广泛关注。在技术增强体验中，空间沉浸感是一个特别重要的因素。本节在空间沉浸感上主要参照Green等（2000）和Huang等（2014）开发的量表，分别由3个题项构成。具体如表8-3所示。

表8-3 空间沉浸测量题项

维度	编码	测量题项	文献来源
空间沉浸（U）	U1	在体验AR的过程中，我感觉自己身处在AR创建的世界里	Green等（2000）和 Huang等（2014）
	U2	在AR体验中，我的身体是在现实中，但我的思想是在AR创造的世界/地方	
	U3	在体验AR的过程中，我感觉自己仿佛来到了由AR创造的世界/地方	

（四）产品知识的界定和测量

产品知识是消费者对产品的熟悉程度和专业知识的感知水平。其主要包括主观知识、客观知识、前期经验三个部分。已有研究表明产品知识会影响消费者回忆和评估产品的方式（Hong et al.，2010）。高产品知识信息会倾向于处理具体的产品信息，因而更加客观、理性。低产品信息会倾向边缘信息，因而更加主观、感性。本节将产品知识界定为消费者对产品的熟悉程度和专业知识的感知水平。本节在产品知识的测量上主要参照Spry等（2011）开发的量表进行测量，分别由3个题项构成。具体如表8-4所示。

表8-4 产品知识测量题项

维度	编码	测量题项	文献来源
产品知识（V）	V1	我对该产品感兴趣	Spry等（2011）
	V2	和其他人相比，我更了解该产品	
	V3	我的朋友们认为我是该产品方面的专家	

二、问卷的预调研

为保证本节问卷测量的有效性和准确性，本节在正式调查问卷之前进行了问卷的预调研。通过对预调研的数据结果进行分析，完成对问卷测量题项的修正，最终形成正式问卷。为保证预调研的效果，本节在问卷的第一部分告知被调查对象本次问卷主要用于学术目的并对调查对象个人信息进行保密。问卷的第二部分为主体部分，主要采用七点李克特量表进行判断，其中1表示非常不同意，7表示非常同意。

（一）问卷调查方式与调查对象

本节预调研采用问卷发放的方式，通过对问卷的调查来检验问卷的信度和效度，调查选择随机拦截的方式，共发放问卷150份，收回问卷150份，回收率100%。问卷通过消费者有没有在直播间进行购买的经历题项，以及要求其写下直播平台的名称的题项，删除不合格的问卷。此外，通过对无效、未填或多选的问卷进行删减，共得到有效问卷120份，有效率为80%。具体如表8-5所示。

表8-5 预调研受访者统计特征

特征	分类	样本数量	百分比	特征	分类	样本数量	百分比
性别	男	55	45.83%		在校学生	5	4.17%
	女	65	54.17%		技术人员	8	6.67%
年龄	18岁以下（不含18岁）	3	2.5%		专业人员	15	12.5%
	18~24岁	35	29.17%		教师	9	7.5%
	25~34岁	60	50%		工人	8	6.67%
	35~44岁	18	15%	职业	个体户/自由职业者	25	20.83%
	45岁以上	4	3.33%		销售人员	8	6.67%
	初中及以下	3	2.5%		文职/办事人员	35	29.17%
	高中或中专	18	15%		无业/失业/下岗	2	1.67%
	大专	34	28.33%		退休	3	2.5%
受教育程度	本科	56	46.67%		其他	2	1.67%
	硕士及以上	9	7.5%		1 000元以下	3	2.5%
				个人月收入	1 000~3 000元	18	15%
					3 000~5 000元	50	41.67%
					5 000~10 000元	39	32.5%
					10 000元以上	10	8.33%

从表8-5可以看出，女生比率略高于男生，分别为54.17%和45.83%。调查对象年龄段主要集中在25~34岁，占比为50%。学历以本科为主，占比46.67%。职业主要集中在专业人员、个体户/自由职业者、文职/办事人员，占比分别为12.5%、20.83%和29.17%。月收入主要集中在3 000~5 000元和5 000~10 000元这个

阶段，分别为41.67%和32.5%。购物人群与中国互联网络信息中心调查显示的购物人群相一致。

（二）问卷的信度和效度检验

本节涉及的变量有AR App设计、叙事传输、消费者贡献行为、空间沉浸、涉入度和产品知识，为保证测量题项的内部一致性和有效性，对测量变量进行信度和效度检验。

1.问卷的信度检验

本节在信度检验上，参照吴明隆（2010）《问卷统计分析实务：SPSS操作与应用》一书中信度的检验方法，采用修正的项目总相关（CITC）和Cronbach's α分别对AR App设计、叙事传输、消费者贡献行为、空间沉浸、涉入度和产品知识进行分析。具体结果如表8-6所示。

表8-6　预调研问卷变量的信度分析

变量	测量题项代码	修正的项目总相关（CITC）	项目删除时的Cronbach's α值	Cronbach's α值
AR App设计（S）	S1	0.612	0.782	0.802
	S2	0.632	0.731	
	S3	0.618	0.741	
	S4	0.625	0.752	
叙事传输（T）	T1	0.712	0.803	0814
	T2	0.721	0.792	
	T3	0.738	0.812	
	T4	0.715	0.782	
消费者贡献行为（O）	A1	0.615	0.758	0.835
	A2	0.712	0.802	
	A3	0.645	0.791	
	A4	0.656	0.805	
	B1	0.732	0.821	
	B2	0.638	0.789	
	B3	0.706	0.818	

续表

变量	测量题项代码	修正的项目总相关（CITC）	项目删除时的Cronbach's α值	Cronbach's α值
空间沉浸（U）	U1	0.631	0.746	0.823
	U2	0.712	0.812	
	U3	0.724	0.821	
涉入度（H）	H1	0.626	0.732	0.786
	H2	0.705	0.772	
	H3	0.621	0.724	
产品知识（V）	V1	0.642	0.781	0.812
	V2	0.702	0.791	
	V3	0.651	0.810	

从表8-6可以看出，所有变量的Cronbach's α系数都大于0.7，表明所测变量的信度较好，所有修正的项目总相关（CITC）都大于0.4，项目删除时的Cronbach's α值均小于等于Cronbach's α，表明问卷不需要删除其余的测量题项。具体标准如表8-7所示。

表8-7　问卷的项目分析标准

题项	极端组比较	题项与总分相关			同质化检验	
	决断值	题项与总分相关	校正题项与总分相关	题项删除后的α值	共同性	因素负荷量
判断标准	≥3.000	≥0.400	≥0.400	≤量表信度	≥0.2	≥0.45

2. 问卷效度检验

本节参照Churchill（1979）对问卷的内容效度进行检验。由于本节大部分的测量题项源于国外学者，因此本节采用回译的方法进行检验。首先，通过将国外学者使用的量表翻译为中文，再由英语专业的人员将翻译后的中文译成英文，并将原始的英文题项与英文题项进行对比。其次，请营销专业的博士生探讨，对各个变量的题项进行评价，判断其是否能够测量对应的变量。最终结果表明本节所提变量具有良好的内容效度。

在结构效度上，本节预调研选择进行探索性因子分析（EFA），使用Bartlett球体检验和KMO检验来检验其相关性，其中KMO为0.912，大于0.5，

Bartlett球体检验的*P*值为0，表明问卷题项适合做因子分析。所采用的方法主要为主成分分析方法，采用最大方差法进行因子旋转。

（1）AR App设计

AR app设计的测量上，主要参照Manthiou等（2014）和Sung（2021）的量表进行测量，共4个题项。探索性因子分析结果显示，其KMO为0.907，大于0.5，Bartlett球体检验的*P*值为0，表明适合做探索性因子分析。具体结果如表8-8所示。

表8-8 预调研AR App设计探索性因子分析

变量	代码	成分
		因子
AR App设计（S）	S1	0.812
	S2	0.824
	S3	0.810
	S4	0.832

从表8-8中可以看出，所有因子载荷的数值都在0.8以上，表明共同因素对题项变量的解释较好。

（2）叙事传输

本节在叙事传输的测量上，主要参照Green等（2000）的量表进行测量，并在此基础上对其进行修改，由4个题项构成。探索性因子分析结果显示，其KMO为0.889，大于0.5，Bartlett球体检验的*P*值为0，表明适合做探索性因子分析。具体结果如表8-9所示。

表8-9 预调研叙事传输探索性因子分析

变量	代码	成分
		因子
叙事传输（T）	T1	0.821
	T2	0.832
	T3	0.841
	T4	0.808

从表8-9可以看出，所有因子载荷的数值都在0.8以上，表明共同因素对题项变量的解释较好。

（3）空间沉浸

本节在空间沉浸感上主要参照Green等（2000）和Huang等（2014）开发的量表，分别由3个题项构成。探索性因子分析结果显示，其KMO为0.902，大于0.5，Bartlett球体检验的P值为0，表明适合做探索性因子分析。具体结果如表8-10所示。

表8-10　预调研空间沉浸探索性因子分析

维度	代码	成分
		因子
空间沉浸（U）	U1	0.841
	U2	0.832
	U3	0.812

吴明隆认为因子载荷小于0.32，应该舍弃，其建议因子载荷的标准最好在0.4以上，此时共同因素可以解释题项的16%。如表8-10所示，所有因子载荷的数值都在0.8以上，表明共同因素对题项变量的解释较好。

（4）产品知识

本节在产品知识的测量上主要参照Spry等（2011）开发的量表进行测量，分别由3个题项构成。探索性因子分析结果显示，其KMO为0.891，大于0.5，Bartlett球体检验的P值为0，表明适合做探索性因子分析。具体结果如表8-11所示。

表8-11　预调研产品知识探索性因子分析

维度	代码	成分
		因子
产品知识（V）	V1	0.811
	V2	0.806
	V3	0.821

吴明隆认为因子载荷小于0.32，应该舍弃，其建议因子载荷的标准最好在0.4以上，此时共同因素可以解释题项的16%。如表8-11所示，所有因子载荷的数值都在0.8以上，表明共同因素对题项变量的解释较好。

第四节　数据分析

本节主要完成数据的收集及模型假设的验证。首先，进行相应的数据收集，之后对调查对象的特征进行描述性统计分析。其次，进行本节的信度和效度检验。最后，运用结构方法模型对本节的整体模型进行分析判断并进行相应的中介检验。

一、样本概况

本节的正式问卷分为三个部分。一是调研的目的，向被调查者说明本次数据收集主要用于学术目的并对被调查者个人信息资料进行保密等。二是问卷的主体部分，主要为相关变量的测量，具体包括AR App设计、叙事传输、消费者贡献行为、空间沉浸、涉入度、产品知识。三是被调查对象个人的信息特征，包含对性别、年龄、学历、职业和收入的测量。

（一）数据搜集

本节主要通过付费的方式，由专业调研公司进行数据收集。2023年3~5月通过付费的方式委托给专业的调研公司进行数据收集，共发放问卷1 000份，回收问卷900份，回收率90%。为了提高问卷的有效性，在设计问卷的过程中增添了"您有没有直播购物的经历？"一项，如果消费者有直播购物的经历，要求其填写相应的平台名称，以此来实现对调查对象的筛选。剔除不完整、重复和无效问卷，共620份有效问卷，效率68.89%。其中男性共300人，女性共320人，涉及不同的职业。具体结果如表8-12所示。

表8-12　调研受访者统计特征

特征	分类	样本数量	百分比	特征	分类	样本数量	百分比
性别	男	300	48.39%		在校学生	12	1.94%
	女	320	51.61%		技术人员	35	5.65%
年龄	18岁以下（不含18岁）	18	2.9%		专业人员	89	14.35%
	18~24岁	168	27.10%		教师	32	5.16%
	25~34岁	325	52.42%		工人	45	7.26%
	35~44岁	101	16.29%	职业	个体户/自由职业者	130	20.97%
	45岁以上	8	1.29%		销售人员	35	5.65%
受教育程度	初中及以下	18	2.9%		文职/办事人员	235	37.9%
	高中或中专	98	15.81%		无业/失业/下岗	2	0.32%
	大专	174	28.06%		退休	2	0.32%
	本科	301	48.55%		其他	3	0.48%
	硕士及以上	29	4.68%	个人月收入	1 000元以下	6	0.97%
					1 000~3 000元	89	14.35%
					3 000~5 000元	235	37.90%
					5 000~10 000元	280	45.16%
					10 000元以上	10	1.61%

从表8-12可以得出，女生比率高于男生，分别为51.61%和48.39%。调查对象年龄段主要集中在25~34岁，占比为52.42%。学历以本科为主，占比48.55%。职业主要集中在专业人员、个体户/自由职业者、文职/办事人员，占比分别为14.35%、20.97%和37.9%。月收入主要集中在3 000~5 000元和5 000~10 000元这个阶段，分别为37.9%和45.16%。购物人群与中国互联网络信息中心调查显示的购物人群相一致。

（二）问卷的信度和效度检验

本节涉及的变量有AR App设计、叙事传输、消费者贡献行为、空间沉浸、涉入度、产品知识，为保证测量题项的内部一致性和有效性，对测量变量进行信度和效度检验。

1. 问卷的信度检验

本节在信度检验上，参照吴明隆（2010）《问卷统计分析实务：SPSS操作与应用》一书中信度的检验方法，采用修正的项目总相关（CITC）和Cronbach's α分别对AR App设计、叙事传输、空间沉浸、涉入度、产品知识进行分析。具体结果如表8-13所示。

表8-13　调研问卷变量的信度分析

变量	测量题项代码	修正的项目总相关（CITC）	项目删除时的Cronbach's α值	Cronbach's α值
AR App设计（S）	S1	0.612	0.791	0.817
	S2	0.622	0.771	
	S3	0.602	0.731	
	S4	0.615	0.763	
叙事传输（T）	T1	0.612	0.806	0.886
	T2	0.709	0.812	
	T3	0.618	0.783	
	T4	0.612	0.751	
消费者贡献行为（O）	A1	0.706	0.812	0.844
	A2	0.742	0.826	
	A3	0.732	0.821	
	A4	0.716	0.809	
	B1	0.712	0.811	
	B2	0.715	0.821	
	B3	0.706	0.818	
空间沉浸（U）	U1	0.628	0.819	0.852
	U2	0.702	0.812	
	U3	0.712	0.792	

续表

变量	测量题项代码	修正的项目总相关（CITC）	项目删除时的Cronbach's α值	Cronbach's α值
涉入度（H）	H1	0.714	0.806	0.897
	H2	0.705	0.818	
	H3	0.712	0.819	
产品知识（V）	V1	0.614	0.732	0.772
	V2	0.608	0.715	
	V3	0.623	0.752	

从表8-13可以看出，所有变量的Cronbach's α系数都大于0.7，表明所测变量的信度较好，所有修正的项目总相关（CITC）都大于0.4，项目删除时的Cronbach's α值均小于等于Cronbach's α，表明问卷不需要删除其余的测量题项。

2. 问卷的效度检验

本节参照Churchill（1979）对问卷的内容效度进行检验。由于本节大部分的测量题项源于国外学者，因此本节采用回译的方法进行检验。首先，通过将国外学者使用的量表翻译为中文，再由英语专业的人员将翻译后的中文译成英文，并将原始的英文题项与英文题项进行对比。其次，请营销专业的博士生探讨，对各个变量的题项进行评价，判断其是否能够测量对应的变量。最终结果表明本节所提变量具有良好的内容效度。

在结构效度上，由于本节的大部分题项都源于国外学者的量表，因此本节在正式问卷调研时选择进行验证性因子分析（CFA），具体结果如表8-14所示。

表8-14　调研问卷变量的结构效度分析

变量	测量题项代码	因子载荷	平均变异抽取量（AVE）	组合信度（CR）
AR app设计（S）	S1	0.71	0.597 2	0.854 8
	S2	0.74		
	S3	0.88		
	S4	0.75		

续表

变量	测量题项代码	因子载荷	平均变异抽取量（AVE）	组合信度（CR）
叙事传输 （T）	T1	0.70	0.534 3	0.820 7
	T2	0.69		
	T3	0.78		
	T4	0.75		
消费者贡 献行为 （O）	A1	0.72	0.584 5	0.907 5
	A2	0.86		
	A3	0.76		
	A4	0.79		
	B1	0.69		
	B2	0.74		
	B3	0.78		
空间沉浸 （U）	U1	0.70	0.504 3	0.753 1
	U2	0.73		
	U3	0.70		
涉入度 （H）	H1	0.79	0.578 1	0.804 2
	H2	0.75		
	H3	0.74		
产品知识 （V）	V1	0.72	0.780 8	0.543
	V2	0.76		
	V3	0.73		

从表8-14可以看出，所有变量测量的因子载荷都在0.4以上。平均变异抽取量（AVE）大于0.5，表明模型的内在质量较高，收敛效度较好。

二、假设检验

（一）主模型假设

本节采用SmartPLS软件进行多元回归分析，假设检验结果如表8-15所示。

表8-15 模型路径系数和假设检验结果

假设	路径系数	标准差	T值	是否支持假设
AR App设计–叙事传输H1	0.587	0.041	14.376	是
AR App设计–空间沉浸H2	0.577	0.047	12.157	是
叙事传输–贡献行为H3	0.551	0.057	9.667	是
空间沉浸–贡献行为H4	0.599	0.057	10.542	是

（二）调节检验

本节在涉入度调节效应的检验上，参照温忠麟等（2005）对调节效应的检验方法。温忠麟等（2005）认为当自变量（X）为类别变量，调节变量（M）为类别变量时，采用方差分析进行处理。当自变量（X）为类别变量，调节变量（M）为连续变量时，先将自变量（X）和调节变量（M）去中心化，然后采用层次回归分析。通过先做因变量（Y）对自变量（X）和调节变量（M）的回归，测定相关系数R^2_1。再做因变量（Y）对自变量（X）、调节变量（M）和自变量（X）与调节变量（M）的回归，测定相关系数R^2_2。然后，将R^2_2与R^2_1进行比较，以此来判断调节效应。当自变量（X）为连续变量，调节变量（M）为类别，则采用分组回归，按M值分组。当自变量（X）为连续变量，调节变量（M）为连续变量，先将自变量（X）和调节变量（M）去中心化，然后采用层次回归分析。本节分析结果如表8-16所示。

表8-16 涉入度和产品知识调节检验

假设	路径系数	标准差	T值	是否支持假设
AR App设计*涉入度–叙事传输H5	0.051	0.016	3.189	是
AR App设计*涉入度–空间沉浸H6	0.027	0.012	2.256	是
叙事传输*产品知识–消费者贡献行为H7	−0.044	0.019	2.316	是
空间沉浸*产品知识–消费者贡献行为H8	−0.107	0.049	2.201	是

三、实证结果讨论

（一）AR App设计与叙事传输、空间沉浸

本节发现AR App设计显著正向影响叙事传输和空间沉浸（AR App设计–叙事传输路径系数为0.587，大于0，T值为14.376，大于1.96；AR App设计–空间沉浸路径系数为0.577，大于0，T值为12.157，大于1.96），与原假设一致。这是因为好的内容设计会以其优质的内容来吸引消费者，让消费者沉浸其中，并将广告中的叙事转移到个人身上，使人产生共情。

（二）叙事传输、空间沉浸与消费者贡献行为

研究发现叙事传输、空间沉浸会显著正向影响消费者贡献行为（叙事传输–贡献行为路径系数为0.551，大于0，T值为9.667，大于1.96；空间沉浸–贡献行为路径系数为0.559，大于0，T值为10.542，大于1.96）。这是因为内容所产生的叙事转移、空间沉浸会在一定程度上影响消费者自身的体验。而好的体验则会影响消费者后期对产品的分享和购买。AR广告所带来的叙事传输和空间沉浸在一定程度上满足了消费者的体验，使消费者愿意去分享和购买，愿意产生贡献行为

（三）涉入度、产品知识的调节作用

本节研究发现涉入度在AR App设计与叙事传输、空间沉浸之间发挥调节作用（AR App设计*涉入度–叙事传输路径系数为0.051，大于0，T值为3.189，大于1.96；AR App设计*涉入度–空间沉浸路径系数为0.027，大于0，T值为2.256，大于1.96）。产品知识在叙事传输、空间沉浸与消费者贡献行为之间发挥调节作用（叙事传输*产品知识–贡献行为路径系数为–0.044，小于0，T值为2.316，大于1.96；空间沉浸*产品知识–消费者贡献行为路径系数为–0.107，小于0，T值为2.201，大于1.96）。这是因为消费者对AR产品内容涉入度越高，消费者参与度就越强，越容易被产品内容吸引，产生空间沉浸和叙事传输。而消费者自身对产品的相关知识，会影响消费者对企业产品的分享和购买。当AR App内容所包含的产品知识与消费者自身的知识相契合时，消费者越容易产生分享和购买，对企业的贡献意图越强。

　　本节表明品牌经理应该努力提高AR App设计的有效性，通过叙事运输和空间沉浸来提升贡献行为。具体建议如下。第一，企业要重视消费者空间沉浸研究发现AR App设计会显著正向影响空间沉浸，并通过空间沉浸来影响贡献行为。因此，在AR App设计过程中，广告商和品牌经理一定要投入相关的资源来改善AR App的设计。通过在AR App中向消费者全方位地展示产品的细节，通过人与产品之间的互动，通过产品展现出的生动性来激发消费者空间沉浸。第二，企业要擅长灵活地使用叙事传输。研究发现AR App设计会显著正向影响叙事传输，并通过叙事传输来影响贡献行为。因此，广告商和品牌经理可以在AR app中积极运用品牌故事的叙述来展开营销活动，通过对品牌后面的故事进行讲述，来建立品牌正面形象，增强消费者的认同。如，在AR App中分享创始人创建该品牌的经历，以此来增加品牌故事叙述的想象力和生动性，通过情感将品牌形象和理念传递给消费者，进而促使消费者产生一定的品牌偏好。第三，企业要关注AR App设计与消费者认知的匹配性。研究发现涉入度在AR App 设计与叙事传输和空间沉浸之间发挥调节作用，产品知识在叙事传输、空间沉浸与贡献行为之间发挥调节作用。因此，企业在进行AR App设计过程中，一定要关注AR App的设计内容是否与消费者认知相一致，特别是在高涉入度、高产品知识的情景下，一定要做到相应的一致和匹配。例如，在AR App设计中进行产品知识普及时，一定要做到符合生活常识，不要刻意夸大相关产品的效果，所宣传的产品知识和效果，一定要符合消费者自身的认知。

第九章　其他情景因素：自我披露对消费者贡献行为的影响

第一节　引论

一、引言

网红行业的崛起，表明品牌推广者在社交媒体工作方式上逐渐发生了变化。这些人通过在社交媒体上分享自己的日常生活、技巧和窍门，在网络上建立了鲜明的个性来吸引消费者。随着社交媒体逐渐改变人们互动和信息披露的方式，越来越多的网红开始利用这些新的互动模式。 网红在社交媒体中影响越来越大，并逐渐在品牌和消费者之间扮演起中介角色（Hwang et al., 2018）。鉴于网红的兴起，了解他们对消费者的影响，以及他们如何将追随者转变为消费者是很重要的（Chung et al., 2017）。

网红会给其追随者很多关于他们个人生活的信息。他们通常会将推荐的产品融入日常生活。这些预先确定的战略环境能够使网红在实际操作过程中接近其追随者的实际情况。因而，网红可以通过创造一个友好和现实的环境，来影响追随者的情感及其对产品的感知。

在现实生活中，网红与消费者之间的交流方式对网红成功代言相对比较重要。某网红经常在微博、抖音等账号分享自己的生活状态。通过拍摄和展现美食的制作过程，为人们提供接近该网红生活的途径。通过与粉丝之间建立紧密的关系，使消费者将这种关系联想到网红代言的产品中。从该网红的事例中可以看出，网红在社交媒体上进行自我披露有助于代言的成功。因此，笔者认为有必要了解消费者对网红进行自我披露的反应。

二、研究模型

S-O-R模式认为刺激是一种动力，这种动力能够影响认知、情感过程和感知价值。其将刺激分为环境线索（如音乐、光线照明、气味和气温），设计线索（如颜色、空间尺度）和社会线索（如拥挤和数量、雇员的友好性）。其进一步认为反应的主体或机理在刺激和消费者反应之间起中介作用。情感状态和认知状态在购物环境线索和消费者行为之间起中介作用。网红通过自我披露，向消费者有效传递相关信息，以此来获取消费者对网红的认可，增强网红的可信性、专业性和吸引力，并最终在一定程度上影响消费者购买。消费者自身的产品知识会影响消费者自身对产品的分享和购买。基于以上分析，提出本章研究模型，如图9-1所示。

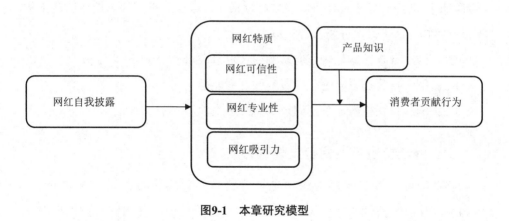

图9-1　本章研究模型

第二节　研究假设

一、网红自我披露与网红特质

名人特质通常被视为名人代言的增强工具（Ohanian，1990）。其主要由可信性、专业性和吸引力三个部分构成。其中可信性与诚实、正直和代言人的信心程度有关。专业性涉及代言人的经验、知识和技能在多大程度上得到消费者认可。吸引力是消费者对代言人外表吸引力的感知（Erdogan，1999）。网红自我披露注重的是网红在社交媒体上透露的信息。消费者利用这些信息对网红信息源进行评估。网红自我披露的信息越个性化，就越能满足消费者对网红信息的需求，越有利于他们对网红的熟悉（Huang，2015）。这种互惠可以被自我披露理论进行解释（Berg，Archer，1983）。由于网红自我披露是互惠的，这就使得消费者会遵循互惠的规范，认为网红是可信的、专业的和具有吸引力的。因为从他人处接受自我披露被视为一种社会奖励，而这种奖励会增加亲密感。自我披露理论认为与不进行披露的网红相比，消费者往往会喜欢进行自我披露的网红（Collins et al.，1994）。消费者会将自我披露作为一种赞美。消费者会认为自己是可信的和受欢迎的。在收到这种社会奖励后，消费者可能会觉得有必要以形成积极的意见来回报。因此，通过互惠的规范，网红自我披露可以增强消费者的积极评价，而这反过来又可以导致更高的可信性、转化和吸引力感知。基于以上分析，提出以下假设。

H1：网红自我披露显著正向影响网红可信性。

H2：网红自我披露显著正向影响网红专业性。

H3：网红自我披露显著正向影响网红吸引力。

二、网红特质与消费者贡献行为

信息源可信性是传播者影响接受者接受信息的积极特征（Ohanian，1990）。其由可信性、专业性和吸引力三个部分构成。在网红直播过程中，可信性有利于消费者将对网红的信任转移到网红所代言的产品或服务，进而增加对产品或服务的信任。专业性有利于增强消费者的产品知识，减少产品购买的风险。吸引力有利于增强消费者对产品的关注度，并激发消费者的好奇心，进而进行产品购买。刺激—反应模式认为人类的复杂行为可以分解为刺激和反应两个部分，人的行为完全是大脑对刺激物的反应。其认为刺激主要源于身体内部的刺激和体外环境的刺激，而反应是随着刺激而呈现的。基于这一原理，Howard 和 Sheth（1969）提出了消费者的刺激反应模式，其认为外部的刺激会嵌入消费者的意识，然后根据消费者自身的特征如学习结构、感知结构等作出购买决策。在网红直播过程中，网红自身的可信性、专业性和吸引力会刺激消费者的意识，使消费者对产品或服务做出购买和分享的决定。基于以上分析，提出以下假设。

H4：网红可信性显著正向影响消费者贡献行为。

H5：网红专业性显著正向影响消费者贡献行为。

H6：网红吸引力显著正向影响消费者贡献行为。

三、产品知识在网红特质与消费者贡献行为之间发挥调节作用

产品知识是消费者对产品的熟悉程度和专业知识的感知水平（Biswas et al.，2006）。其主要包括主观知识、客观知识、前期经验三个部分。研究发现产品知识会影响消费者回忆和评估产品的方式（Hong et al.，2010）。说服知识模型认为当消费者意识到营销者的意图时，人们对说服性营销内容的反应是不同的（Stubb et al.，2019）。在网红直播过程中，消费者会依据自身的产品知识来对网红推荐的产品进行判断。当消费者产品知识越丰富时，其对网红代言和推荐的产品往往越客观，越不易受到信息源（可信性、专业性和吸引力）的影响，从而产生购买行为。当消费者产品知识较少时，其对网红代言和推荐的产品越主观，越容易受到信息源（可信性、专业性和吸引力）的影响，产生购买行为。基于以上分析，提出以下假设。

H7：产品知识在网红可信性与消费者贡献行为之间发挥调节作用。

H8：产品知识在网红专业性与消费者贡献行为之间发挥调节作用。

H9：产品知识在网红吸引力与消费者贡献行为之间发挥调节作用。

第三节　研究设计

本节主要通过问卷调查的方式来获取相关数据和文字资料，并以此为基础构建直播带货情景下消费者贡献行为的影响因素的研究。首先，介绍相关概念的定义，并通过借鉴现有的国内外学者开发的测量量表生成初始测量题项；

其次，通过预调研的数据分析对测量量表的信度和效度进行测量，从而形成正式的问卷。本节构建的理论模型共涉及六个概念，分别是网红自我披露、网红可信性、网红专业性、网红吸引力、产品知识和消费者贡献行为。

一、变量的界定和测量

自我披露是一种与他人分享自己私密信息的交流方式（Kim et al.，2016）。其主要通过向他人透露个人信息，如自传数据、情感、思想、愿望、价值观和信仰来展现自己的行为。

目前，对自我披露的研究主要集中在虚拟环境中用户自我评论行为（Lin et al.，2017；Tsay-Vogel et al.，2016；Yu et al.，2015）。近年来，研究人员开始讨论社交媒体用户如何看待其他人的自我披露，如名人（Chung et al.，2017），YouTube博主（Ferchaud et al.，2018）和品牌（Labrecque，2014）。此外，部分学者依据自我披露水平的高低，将自我披露分为亲密型自我披露和非亲密型自我披露。研究进一步发现亲密型自我披露有助于增强网红和消费者之间的联系（Utz，2015），拉近彼此之间的距离（Lin，Utz，2017），促进彼此之间的友谊（Kim et al.，2020）。与之相对应的，Baruh 和 Cemalcilar（2018）认为亲密自我披露会产生负面的效果，如减少网红的吸引力。

本节将自我披露界定为网红通过与他人（如粉丝）分享自己私密信息如自传数据、情感、思想、愿望、价值观和信仰来实现交流的行为方式。本节对网红自我披露的测量主要参照Leite 和 Baptista（2021）开发的量表进行测量。具体如表9-1所示。

表9-1　自我披露测量题项

维度	编码	测量题项	文献来源
	W1	该网红经常分享关于他/她自己的信息	
	W2	该网红经常谈论自己的行为	
	W3	该网红经常分享自身的感受	
	W4	该网红经常分享自身的情感	
网红自我披露（W）	W5	该网红经常谈及自身的愿望和理想	Leite 和 Baptista（2021）
	W6	该网红经常会分享自身的情绪	
	W7	该网红经常会分享自身的想法	
	W8	该网红经常会分享自身的观点	
	W9	该网红会分享自身的信念	

二、问卷的预调研

为保证本节问卷测量的有效性和准确性，本节在正式调查问卷之前进行了问卷的预调研。通过对预调研的数据结果进行分析，完成对问卷测量题项的修正，最终形成正式问卷。为保证预调研的效果，本节在问卷的第一部分告知被调查对象本次问卷主要用于学术目的并对调查对象个人信息进行保密。问卷的第二部分为主体部分，主要采用七点李克特量表进行判断，其中1表示非常不同意，7表示非常同意。

（一）问卷调查方式与调查对象

本节预调研采用问卷发放的方式，通过对问卷的调查来检验问卷的信度和效度，调查选择随机拦截的方式，共发放问卷140份，收回问卷140份，回收率100%。问卷通过消费者有没有在直播间进行购买的经历题项，以及要求其写下直播平台的名称的题项，删除不合格的问卷。此外，还对无效、未填或多选的问卷进行删减，共得到有效问卷108份，有效率为77.14%。具体如表9-2所示。

表9-2　预调研受访者统计特征

特征	分类	样本数量	百分比	特征	分类	样本数量	百分比
性别	男	50	46.30%		在校学生	5	4.63%
	女	58	53.70%		技术人员	8	7.41%
年龄	18岁以下（不含18岁）	4	3.7%		专业人员	19	17.59%
	18~24岁	38	35.19%		教师	5	4.63%
	25~34岁	48	44.44%		工人	7	6.48%
	35~44岁	11	10.19%	职业	个体户/自由职业者	22	20.37%
	45岁以上	7	6.48%		销售人员	10	9.26%
受教育程度	初中及以下	6	5.56%		文职/办事人员	25	23.15%
	高中或中专	12	11.11%		无业/失业/下岗	2	1.85%
	大专	32	29.63%		退休	3	2.78%
	本科	50	46.3%		其他	2	1.85%
	硕士及以上	8	7.41%		1 000元以下	8	7.41%
				个人月收入	1 000~3 000元	20	18.52%
					3 000~5 000元	42	38.89%
					5 000~10 000元	30	27.78%
					10 000元以上	8	7.41%

从表9-2可以看出，女生比率略高于男生，分别为53.70%和46.30%。调查对象年龄段主要集中在25~34岁，占比为44.44%。学历以本科为主，占比46.3%。职业主要集中在专业人员、个体户/自由职业者、文职/办事人员，占比分别为17.59%、20.37%和23.15%。月收入主要集中在3 000~5 000元和5 000~10 000元这个阶段，分别为38.89%和27.78%。购物人群与中国互联网络信息中心调查显示的购物人群相一致。

（二）问卷的信度和效度检验

本节涉及的变量有网红自我披露、消费者贡献行为、可信性、专业性、吸引力、产品知识，为保证测量题项的内部一致性和有效性，对测量变量进行信度和效度检验。

1. 问卷的信度检验

本节在信度检验上，参照吴明隆（2010）《问卷统计分析实物：SPSS操作与应用》一书中信度的检验方法，采用修正的项目总相关（CITC）和Cronbach's α分别对网红自我披露、消费者贡献行为、可信性、专业性、吸引力、产品知识进行分析。具体结果如表9-3所示。

表9-3　预调研问卷变量的信度分析

变量	测量题项代码	修正的项目总相关（CITC）	项目删除时的Cronbach's α值	Cronbach's α值
网红自我披露（W）	W1	0.603	0.762	0.821
	W2	0.622	0.732	
	W3	0.618	0.739	
	W4	0.626	0.756	
	W5	0.713	0.812	
	W6	0.721	0.791	
	W7	0.716	0.802	
	W8	0.709	0.781	
	W9	0.691	0.724	
消费者贡献行为（O）	A1	0.612	0.756	0.832
	A2	0.702	0.805	
	A3	0.641	0.792	
	A4	0.651	0.802	
	B1	0.728	0.819	
	B2	0.632	0.781	
	B3	0.702	0.811	
可信性（C）	C1	0.621	0.756	0.827
	C2	0.702	0.814	
	C3	0.721	0.822	

变量	测量题项代码	修正的项目总相关（CITC）	项目删除时的Cronbach's α值	Cronbach's α值
专业性（D）	D1	0.621	0.724	0.782
	D2	0.701	0.782	
	D3	0.625	0.731	
	D4	0.625	0.742	
吸引力（E）	E1	0.692	0.781	0.821
	E2	0.712	0.802	
	E3	0.709	0.812	
	E4	0.721	0.816	
产品知识（V）	V1	0.681	0.791	0.822
	V2	0.701	0.814	
	V3	0.715	0.818	

从表9-3可以看出，所有变量的Cronbach's α系数都大于0.7，表明所测变量的信度较好，所有修正的项目总相关（CITC）都大于0.4，项目删除时的Cronbach's α值均小于等于Cronbach's α，表明问卷不需要删除其余的测量题项。具体标准如表9-4所示。

表9-4　问卷的项目分析标准

题项	极端组比较	题项与总分相关		同质化检验		
	决断值	题项与总分相关	校正题项与总分相关	题项删除后的α值	共同性	因素负荷量
判断标准	≥3.000	≥0.400	≥0.400	≤量表信度	≥0.2	≥0.45

2. 问卷效度检验

本节参照Churchill（1979）对问卷的内容效度进行检验。由于本节大部分的测量题项源于国外学者，因此本节采用回译的方法进行检验。首先，将国外学者使用的量表翻译为中文，再由英语专业的人员将翻译后的中文译成英文，并将原始的英文题项与英文题项进行对比。其次，请营销专业的博士生探讨，对各个变量的题项进行评价，判断其是否能够测量对应的变量。最终结果表明本节所提变量具有良好的内容效度。

在结构效度上，本节预调研选择进行探索性因子分析（EFA），使用Bartlett球体检验和KMO检验来检验其相关性，其中KMO为0.912，大于0.5，Bartlett球体检验的P值为0，表明问卷题项适合做因子分析。所采用的方法主要为主成分分析方法，采用最大方差法进行因子旋转。

由于其他变量在前文中都进行了效度检验，本节主要对网红信息披露进行检验。在网红信息披露的检验上，主要参照Leite和Baptista（2021）开发的量表进行测量，有9个题项，并对其进行测量。探索性因子分析结果显示，其KMO为0.912，大于0.5，Bartlett球体检验的P值为0，表明适合做探索性因子分析。具体结果见表9-5。

表9-5　预调研自我披露探索性因子分析

变量	代码	成分
		因子
	W1	0.802
	W2	0.821
	W3	0.809
	W4	0.836
网红自我披露（W）	W5	0.804
	W6	0.832
	W7	0.841
	W8	0.801
	W9	0.811

从表9-5中可以看出所有因子载荷的数值都在0.8以上，表明共同因素对题项变量的解释较好。

第四节　数据分析

本节主要完成数据的收集以及模型假设的验证。本节先进行相应的数据收集，之后对调查对象的特征进行描述性统计分析。在此基础上，进行本节的信度和效度检验。最后，运用结构方法模型对本节的整体模型进行分析判断并进行相应的中介检验。

一、样本概况

本节的正式问卷分为三个部分。一是调研的目的，主要向被调查者说明本次数据收集主要用于学术目的并对被调查者个人信息资料进行保密等。二是问卷的主体部分，主要为相关变量的测量，具体包括网红自我披露、消费者贡献行为、可信性、专业性、吸引力和产品知识。三是被调查对象个人的信息特征，包含性别、年龄、学历、职业和收入。

（一）数据搜集

本节主要通过付费的方式，由专业调研公司进行数据收集。具体而言，我们于2023年3~5月通过付费的方式委托给专业的调研公司进行数据收集，共发放问卷1 000份，回收问卷825份，回收率82.5%。通过在问卷中设定题项"请您想一下，您最喜欢的美妆网红，写下两个网红的名字，并进行排序。"来完成对调查者的筛选，去除无效的问卷，有效问卷684份，有效率为68.4%。之所以选择美妆时尚网红是因为美妆时尚网红渗透力比较强，在生活中比较常见。此外，在选网红时，本节还将那些旗下具有自身产品的网红进行排除，尽可能选取那些与美妆时尚产品形象一致的网红。虚拟情境如下：请您想象一下，您打算去购买某一化妆品，其他网店都没有您想购买的化妆品。您所喜欢的网红刚好在直播平台销售该产品。之所以选择化妆品是因为洗面奶比较常用，不需要咨询。另外为了避免粉丝对调查的目的进行猜测，本节选择粉丝排名第二的网红进行代言。具体结果如表9-6所示。

表9-6 调研受访者统计特征

特征	分类	样本数量	百分比	特征	分类	样本数量	百分比
性别	男	298	43.57%		在校学生	9	1.32%
	女	386	56.43%		技术人员	36	5.26%
年龄	18岁以下（不含18岁）	18	2.63%		专业人员	98	14.33%
	18~24岁	242	35.38%		教师	38	5.56%
	25~34岁	348	50.88%		工人	41	5.99%
	35~44岁	69	10.09%	职业	个体户/自由职业者	178	26.02%
	45岁以上	7	1.02%		销售人员	39	5.70%
受教育程度	初中及以下	15	2.19%		文职/办事人员	238	34.80%
	高中或中专	92	13.45%		无业/失业/下岗	2	0.29%
	大专	181	26.46%		退休	3	0.44%
	本科	342	50%		其他	2	0.29%
	硕士及以上	54	7.89%		1 000元以下	12	1.75%
				个人月收入	1 000~3 000元	92	13.45%
					3 000~5 000元	232	33.92%
					5 000~10 000元	324	47.37%
					10 000元以上	24	3.51%

从表9-6可以看出，女生比率高于男生，分别为56.43%和43.57%。调查对象年龄段主要集中在25~34岁，占比为50.88%。学历以本科为主，占比为50%。职业主要集中在专业人员、个体户/自由职业者、文职/办事人员，占比分别为14.33%、26.02%和34.80%。月收入主要集中在3 000~5 000元和5 000~10 000元这个阶段，分别为33.92%和47.37%。购物人群与中国互联网络信息中心调查显示的购物人群一致。

（二）问卷的信度和效度检验

本节涉及的变量有网红自我披露、消费者贡献行为、可信性、专业性、吸引力、产品知识，为保证测量题项的内部一致性和有效性，对测量变量进行信度和效度检验。

1. 问卷的信度检验

本节在信度检验上，参照吴明隆（2010）《问卷统计分析实务：SPSS操作与应用》一书中信度的检验方法，采用修正的项目总相关（CITC）和Cronbach's α分别对网红自我披露、消费者贡献行为、可信性、专业性、吸引力、产品知识进行分析。具体结果如表9-7所示。

表9-7 调研问卷变量的信度分析

变量	测量题项代码	修正的项目总相关（CITC）	项目删除时的Cronbach's α值	Cronbach's α值
网红自我披露（W）	W1	0.612	0.781	0.937
	W2	0.625	0.832	
	W3	0.619	0.789	
	W4	0.671	0.856	
	W5	0.703	0.886	
	W6	0.724	0.791	
	W7	0.718	0.802	
	W8	0.711	0.783	
	W9	0.702	0.816	
消费者贡献行为（O）	A1	0.612	0.756	0.868
	A2	0.702	0.805	
	A3	0.641	0.792	
	A4	0.651	0.802	
	B1	0.728	0.819	
	B2	0.632	0.781	
	B3	0.702	0.811	
可信性（C）	C1	0.623	0.712	0.848
	C2	0.702	0.814	
	C3	0.719	0.825	

续表

变量	测量题项代码	修正的项目总相关（CITC）	项目删除时的Cronbach's α值	Cronbach's α值
专业性（D）	D1	0.632	0.728	0.810
	D2	0.702	0.791	
	D3	0.624	0.742	
	D4	0.618	0.739	
吸引力（E）	E1	0.612	0.709	0.772
	E2	0.645	0.732	
	E3	0.651	0.741	
	E4	0.621	0.752	
产品知识（V）	V1	0.621	0.742	0.802
	V2	0.701	0.792	
	V3	0.642	0.751	

由表9-7可以看出，所有变量的Cronbach's α系数都大于0.7，表明所测变量的信度较好，所有修正的项目总相关（CITC）都大于0.4，项目删除时的Cronbach's α值均小于等于Cronbach's α，表明问卷不需要删除其余的测量题项。

2. 问卷的效度检验

本节参照Churchill（1979）对问卷的内容效度进行检验。由于本节大部分的测量题项源于国外学者，因此本节采用回译的方法进行检验。首先，将国外学者使用的量表翻译为中文，再由英语专业的人员将翻译后的中文译成英文，并将原始的英文题项与英文题项进行对比。其次，请营销专业的博士生探讨，对各个变量的题项进行评价，判断其是否能够测量对应的变量。最终结果表明本节所提变量具有良好的内容效度。

在结构效度上，由于本节的大部分题项都来源于国外学者的量表，因此本节在正式问卷调研时选择进行验证性因子分析（CFA），具体结果如表9-8所示。

表9-8　调研问卷变量的结构效度分析

变量	测量题项代码	因子载荷	平均变异抽取量（AVE）	组合信度（CR）
网红自我披露（W）	W1	0.76	0.507 8	0.902 4
	W2	0.68		
	W3	0.73		
	W4	0.64		
	W5	0.76		
	W6	0.66		
	W7	0.71		
	W8	0.78		
	W9	0.68		
消费者贡献行为（O）	A1	0.79	0.601 4	0.913 3
	A2	0.81		
	A3	0.71		
	A4	0.79		
	B1	0.72		
	B2	0.84		
	B3	0.76		
可信性（C）	C1	0.73	0.504 6	0.753 2
	C2	0.68		
	C3	0.72		
专业性（D）	D1	0.70	0.544 8	0.827
	D2	0.78		
	D3	0.75		
	D4	0.72		
吸引力（E）	E1	0.70	0.619 5	0.866 3
	E2	0.78		
	E3	0.80		
	E4	0.86		
产品知识（V）	V1	0.79	0.635 8	0.839 4
	V2	0.76		
	V3	0.84		

由表9-8可以看出，所有变量测量的因子载荷都在0.4以上。平均变异抽取量（AVE）大于0.5，表明模型的内在质量较高，收敛效度较好。

3. 共同方法偏差检验

在共同方法偏差检验上，本节采用Harman单因素检验。通过把所有变量放到一个探索性因素分析中，检验未旋转的因素分析结果。如果分析结果只析出一个因子或某个因子解释力特别大，即可判定存在严重的共同方法偏差。研究发现其中最大一个因子的解释力为35.564%，小于40%，这表明共同方法偏差较弱。

二、假设检验

（一）主模型假设

本节采用SmartPLS软件进行多元回归分析，假设检验结果如表9-10所示。

表9-10 模型路径系数和假设检验结果

假设	路径系数	标准差	T值	是否支持假设
网红自我披露–网红可信性H1	0.534	0.098 4	5.432 0	是
网红自我披露–网红专业性H2	0.558	0.092 7	6.024 6	是
网红自我披露–网红吸引力H3	0.677	0.071 3	9.502 8	是
网红可信性–消费者贡献行为H4	0.317	0.125 0	2.536 7	是
网红专业性–消费者贡献行为H5	0.349	0.109 4	3.194 6	是
网红吸引力–消费者贡献行为H6	0.269	0.094 9	2.833 3	是

（二）中介检验

本节在中介检验上，参照Zhao等（2010）中介检验流程。先检验自变量与中介变量的系数（ a ）与中介变量与因变量的系数（ b ）之间的乘积，若 ab 显著则存在中介效应。若 ab 不显著则不存在中介效应。在此基础上，对控制中介后自变量与因变量之间的系数（ c' ）进行检验，若 c' 显著，则为部分中介。若 c' 不显著，则为完全中介。若自变量与中介变量的系数（ a ）与中介变量与因变量的系数（ b ），以及控制中介后自变量与因变量之间的系数（ c' ）的积为正，则为互补中介。若 c' 不显著，则为完全中介。若自变量与中介变量的系数（ a ）与中介变量与因变量的系数（ b ），以及控制中介后自变量与因变量之间的系数（c'）的积为负，则为竞争中介。本章节主要采用SmartPLS进行中介检验，具体见表9-11。

表9-11　中介效应检验

假设	路径系数	标准差	T值
网红自我披露–网红可信性–消费者贡献行为	0.309	0.107 4	2.878 1
网红自我披露–网红专业性–消费者贡献行为	0.287	0.121 2	2.368 2
网红自我披露–网红吸引力–消费者贡献行为	0.298	0.140 5	2.123 3

（三）调节检验

本节在产品知识调节效应的检验上，参照温忠麟等（2005）对调节效应的检验方法。温忠麟等（2005）认为当自变量（X）为类别变量，调节变量（M）为类别变量时，采用方差分析进行处理。当自变量（X）为类别变量，调节变量（M）为连续变量时，先将自变量（X）和调节变量（M）去中心化，然后采用层次回归分析。通过先做因变量（Y）对自变量（X）和调节变量（M）的回归，测定相关系数R^2_1。再做因变量（Y）对自变量（X）、调节变量（M）和自变量（X）与调节变量（M）的回归，测定相关系数R^2_2。然后，将R^2_2与R^2_1进行比较，以此来判断调节效应。当自变量（X）为连续变量，调节变量（M）为类别，则采用分组回归，按M值分组。当自变量（X）为连续变量，调节变量（M）为连续变量，先将自变量（X）和调节变量（M）去中心化，然后采用层次回归分析。本节采用SmartPLS进行分析，分析结果如表9-12所示。

表9-12　调节效应检验

假设	路径系数	标准差	T值	是否支持假设
网红可信性*产品知识–消费者贡献行为H7	0.074	0.064 4	1.151	否
网红专业性*产品知识–消费者贡献行为H8	0.208	0.060 4	3.448	是
网红吸引力*c产品知识–消费者贡献行为H9	0.133	0.066 3	1.999	是

三、实证结果讨论

（一）网红信息披露与网红特质

本节发现网红信息披露显著正向影响网红可信性（网红自我披露–网红可信性之间路径系数为0.534，大于0，T值为5.4320，大于1.96），假设H1成立。网红信息披露显著正向影响网红专业性（网红自我披露–网红专业性之间路径系数为0.558，大于0，T值为6.0246，大于1.96），假设H2成立。网红信息披露显著正向影响网红吸引力（网红自我披露–网红吸引力之间路径系数为0.677，大于0，T值为9.5028），假设H3成立。这是因为网红自我披露是互惠的，这就使得消费者会遵循互惠的规范，认为网红是可信的、专业的和具有吸引力的。因为从他人处接受自我披露被视为一种社会奖励，而这种奖励会增加亲密感。

（二）网红特质与消费者贡献行为

本节发现网红可信性显著正向影响消费者贡献行为（网红可信性–消费者贡献行为之间路径系数为0.317，大于0，T值为2.5367，大于1.96），假设H4成立。网红专业性显著正向影响消费者贡献行为（网红专业性–消费者贡献行为之间路径系数为0.349，大于0，T值为3.1946，大于1.96），假设H5成立。网红吸引力显著正向影响消费者贡献行为（网红吸引力–消费者贡献行为之间路径系数为0.269，大于0，T值为2.8333，大于1.96），假设H6成立。这与大部分学者的研究结论一致。这表明当网红可信性越高，专业性越强，吸引力越显著，消费者购买和分享意愿越强。因此，在直播购物过程中，加强信息源的可靠性（网红可信性、专业性和吸引力），对企业成功开展网红营销有一定的作用。

（三）网红特质在网红自我披露与消费者贡献行为之间起中介作用

本节发现网红可信性在网红自我披露与消费者贡献行为之间起中介作用（网红自我披露–网红可信性–消费者贡献行为之间路径系数为0.309，大于0，T值为2.8781，大于1.96）。网红专业性在网红自我披露与消费者贡献行为之间起中介作用（网红自我披露–网红专业性–消费者贡献行为之间的路径系数为0.287，大于0，T值为2.3682，大于1.96）。网红吸引力在网红自我披露与消费者贡献行为之间起中介作用（网红自我披露–网红吸引力–消费者贡献行为之间的路径系数为0.298，大于0，T值为2.1233，大于1.96）。这是因为网红自我披露会缩短网红与消费者之间的距离，拉近彼此之间的关系，让消费者觉得网红是可信的、是专业的、是有吸引力的，而这种可信性、专业性和吸引力会促使消费者对其代言的相关产品进行购买和分享。

（四）产品知识在网红特质和消费者贡献行为之间发挥调节作用

本节发现产品知识在网红可信性与消费者贡献行为之间不发挥调节作用（网红可信性*产品知识–消费者贡献行为之间路径系数为0.074，大于0，T值为1.151，小于1.96），假设H7不成立。这是因为虽然产品知识会影响消费者购买意愿，但由于消费者本身对网红的过度信任，在一定程度上抵消了产品知识在购买过程中所发挥的作用。

产品知识在网红专业性与消费者贡献行为之间发挥调节作用（网红专业性*产品知识–消费者贡献行为之间路径系数为0.208，大于0，T值为3.448，大于1.96），假设H8成立。产品知识在网红吸引力与消费者贡献行为之间发挥调节作用（网红吸引力*产品知识–消费者贡献行为之间路径系数为0.133，大于0，T值为1.999，大于1.96），假设H9成立。这是因为在直播过程中，网红自身对产品越了解，展现得越专业，越能获得消费者认可。当消费者自身的产品知识与网红所展现出的专业性越匹配时，越容易获得消费者青睐，消费者越能购买和分享相关产品。

因此，在直播购物前，网红有必要进行自我披露。因为自我披露可以让消费者感觉到网红是一个有亲和力的人。企业在选择网红进行直播购物时，可以让网红提前对相关信息进行披露，通过将自身的日常生活与企业的产品相结合，以一种生动活泼的方式进行呈现，通过这种方式来吸引消费者，增强消费者对网红的认可，提高消费者对相关产品的吸引力。此外，在进行直播带货时，还要针对产品特点，选择可信性、专业性和吸引力较高的网红，进行直播带货。通过及时有效地对弹幕问题进行解答来提升产品对消费者的吸引力，进而增强消费者自身的体验和临场感，使消费者产生购买行为。

第十章　直播带货情景下服务补救对消费者贡献行为的影响研究

第一节　引论

一、引言

　　自2016年直播带货兴起以来，越来越多的企业逐渐走向直播带货的道路。根据中国互联网络信息中心（CNNIC）发布的第52次《中国互联网络发展状况统计报告》，截至2023年6月，我国网民规模达10.79亿人，较2022年12月增长1 109万人，互联网普及率达76.4%。即时通信，网络视频、短视频用户规模分别达10.47亿人、10.44亿人和10.26亿人，这在一定程度上促进了直播带货的发展。然而在直播带货过程中，由于种种原因造成直播带货的效果不佳，各种"翻车"现象频发，如主播A的粘锅事件、直播主播B的糖水燕窝。产品服务失败所带来的各种抱怨、负面口碑等在一定程度上影响了主播和平台的声誉，并对消费者后续的购买和分享产生重要的影响。面对直播产品服务失败，主播和企业如何补救才能获得消费者宽恕，并继续进行产品的分享和购买，变成了主播和企业亟待解决的问题。

　　目前，已有服务补救的研究，在营销领域主要集中在以下三个方面。一是研究失误发生后带给消费者的负面情绪、口碑；二是探讨针对失误的不同类型采取的补救措施导致的补救效果的不同，如让消费者满意；三是探讨服务失误的内、外部以及第三方归因的影响。对直播这一新的情景下，服务补救是如何影响消费者贡献行为的机制缺乏相应的研究。本节基于心理契约的视角，来研究服务补救是如何通过满足消费者心理契约，来获得消费者宽恕，并最终影响消费者贡献行为。此外，传统客户关系管理研究认为，培育消费者与企业/品牌之间的强关系，有助于抵减产品失败造成的负面影响。本节认为强关系并不一定能抵减产品失败所带来的负面效果，所谓爱之深责之切，由爱转恨，强关系会弱化消费者宽恕。鉴于此，本节将准浪漫关系引入服务补救与消费者贡献行为之间的研究中，研究准浪漫关系是如何影响心理契约与消费者宽恕之间的关系。

二、研究模型

损失厌恶是前景理论中的重要概念，指人们赋予相同货币单位损失的痛苦程度远大于相同货币单位收益的快乐程度，是个体决策时普遍存在的偏好特征。损失厌恶现象说明个体在心理运算的过程中并不是按照经济人原则来追求理性认知上的绩效最大化，而是通过避免损失来实现情感上的满意最大化。在损失厌恶的应用性研究上，损失厌恶被广泛应用于解释个人的禀赋效应、现状偏差、风险决策等，这些研究进一步验证了在感知潜在损失的情境下，个体更可能受损失厌恶心理的影响实施非理性决策，由此说明了损失对个人行为决策起消极影响作用。在损失确定性的情境下，受损失厌恶心理的影响，已有损失会使顾客将注意力集中于与弥补损失目标一致的行为上，拟通过提高行为绩效来降低损失所带来的痛苦程度。因此，在服务失败后，当主播和平台进行服务补救时，消费者会更倾向于以目标导向视角看待参与行为，集中关注补救所带来的效益。当补救所带来的效应与消费者心理预期一致时，消费者更容易选择宽恕，有利于消费者进行产品购买和分享。此外，研究表明关系质量的好坏，会影响消费者宽恕。基于以上分析，提出本章研究模型如图10-1所示。

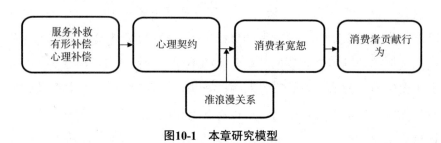

图10-1　本章研究模型

第二节 研究假设

一、服务补救与心理契约

心理契约被认为是消费者和企业之间互惠义务的感知和信念，直播带货过程中的心理契约更强调消费者对主播和平台承诺的义务和责任的主观感知。研究发现消费者行为受到心理契约的引导，不同的心理契约维度对消费者感知服务补救的效用产生影响，有学者指出服务补救策略对关系型心理契约的影响远大于交易型心理契约。在直播带货翻车后，主播和平台及时进行有形补偿和心理补偿，能够让消费者感知主播和平台的诚意，有利于增强消费者对直播和平台承诺义务和责任的主观感知。基于以上分析，提出以下假设。

H1：有形补偿显著正向影响心理契约。

H2：心理补偿显著正向影响心理契约。

二、心理契约与消费者宽恕

宽恕在心理学研究中被认为是被冒犯者停止对冒犯者的抵触情绪，对冒犯者产生仁慈、同情等情绪的过程。主播和平台的经济补救及心理补救方式，能够最小化顾客消极情绪的不利影响，增强消费者对主播和平台承诺义务和责任的主观感知，获得消费者宽恕。此外，研究还表明主播和平台及时进行补救，与消费者建立新的心理契约，有利于降低消费者的期望并增大其容忍区间。消费者为维持原有的满意心理，一般会对商家的服务失误进行外部归因，认为服务失误的责任在于不可控的客观外因而不在于商家，从而愿意宽恕商家。基于以上分析，提出以下假设。

H3：心理契约显著正向影响消费者宽恕。

三、消费者宽恕与消费者贡献行为

在对消费者宽恕的研究中，McCullough（1997）提出了"同理心"模型，指出在面对商家针对服务失误所采取的道歉解释及经济补偿时，消费者在一定程度上会"将心比心",理解并原谅商家的失误行为。消费者宽恕是指面对商家的服务失败,消费者能够转移情绪及压力,并达成与商家关系重建的转变过程。面对服务失误带来的负面感受,消费者宽恕成为这些不利因素的泄压阀,在主播和平台服务补救下形成的宽恕情感将帮助消费者促成正向情感,并引导消费者进行产品信息分享和购买。基于以上分析,提出以下假设。

H4:消费者宽恕显著正向影响消费者贡献行为。

四、准浪漫关系在心理契约与消费者宽恕之家发挥负向调节作用

准浪漫关系是个体在媒体情境中与媒体人物之间形成的虚拟浪漫爱情关系。根据互惠原则,如果顾客与异性主播之间建构强的准浪漫关系,这种强关系的心理建构就会驱动个体对主播产生更高水平的期待。在产生高水平期待后,如果消费者遭遇直播带货产品失败,且感知可控性高,这种强的准浪漫关系就会促使消费者产生强烈的不满和怨恨,并进一步弱化消费者对主播和平台的宽恕,即"爱之深,恨之切"。基于以上分析,提出以下假设。

H5:准浪漫关系在心理契约与消费者宽恕之间发挥负向调节作用。

第三节　研究设计

本节主要通过问卷调查的方式来获取相关数据和文字资料,并以此为基础构建直播带货情景下消费者贡献行为的影响因素的研究。首先介绍相关概念的定义,并通过借鉴现有的国内外学者开发的测量量表生成初始测量题项;其次通过预调研的数据分析对测量量表的信度和效度进行测量,从而形成正式的问卷。本节构建的理论模型共涉及五个概念,分别是服务补救、心理契约、消费者宽恕、准浪漫关系和消费者贡献行为。

一、变量的界定和测量

（一）服务补救的界定和测量

服务补救是商家出现服务失误后,为处理消费者抱怨等后果而采取的补

救措施。在服务补救程度划分上，Miller等（2000）将服务补救划分为有形补偿和心理补偿。本节直播带货情景下的服务补救界定为主播在直播带货过程中出现失误后，主播和平台处理消费者抱怨等后果而采取的补救措施。本节参考照Smith（1999）和Miller（2000）的量表进行测量。具体如表10-1所示。

表10-1　服务补救测量题项

维度	编码	测量题项	文献来源
有形补偿（X）	X1	主播和平台承诺可免费退换货并承担运费	Smith（1999）和Miller 等（2000）
	X2	主播和平台给予的有形补偿超过了带给我的损失	
	X3	主播和平台为我提供价格折扣或赠品	
心理补偿（Y）	Y1	主播和平台对我的不满和抱怨给予真诚的道歉	
	Y2	主播和平台承认错误，并向我详细解释了失误的原因	
	Y3	主播和平台认真对待我的诉求	

（二）心理契约的界定和测量

心理契约是个体在雇佣关系背景下对雇佣双方相互义务的一种理解或有关信念，在营销领域，心理契约被界定为一种有关个人与组织之间进行资源交换的规则和条件的关系模式。心理契约可以划分为交易心理契约和关系心理契约。

本节将心理契约界定为直播带货过程中，主播和平台与个人之间进行资源交换的规则和条件的关系模式。在心理契约的测量上，主要参照Rousseau（1990）和Yang（2010）改编而成，具体如表10-2所示。

表10-2　心理契约测量题项

维度	编码	测量题项	文献来源
心理契约（Z）	Z1	当我对直播间购物活动有疑问时，该主播会耐心解释	Rousseau（1990）和Yang（2010）
	Z2	该主播对所开展的活动负责，使我感到放心	
	Z3	该主播平台会为我提供周到的服务	
	Z4	出现问题时，该主播会主动承担责任	
	Z5	该主播是真的尊重我而不是在敷衍	
	Z6	该主播注重与我长期关系的发展	
	Z7	该主播有时主动给我问候／温馨提醒	
	Z8	该主播重视我的体验感受	

（三）消费者宽恕的界定和测量

宽恕在心理学研究中被认为是被冒犯者停止对冒犯者的抵触情绪，对冒犯者产生仁慈、同情等情绪的过程。除了个人情绪的转变，宽恕还包括被冒犯者与冒犯者关系的重建，以积极的方式重新交往。商家与消费者之间也存在交易关系重建和重购心理，那么消费者宽恕则是消费者与商家之间的一种关系转变。在服务失误后，消费者主动选择宽恕商家，并与商家重新建立信任关系，是消费者放弃报复的一个重要动机过程。若消费者没有宽恕商家的伤害性行为，则会进一步导致双方关系的恶化。从消费者成本与长远发展角度来看，消费者宽恕是巩固消费者与商家关系的重要因素。

已有研究主要集中在消费者宽恕影响因素的分析，当发生服务失误时，关系质量的好坏能够影响消费者的忠诚度和重购行为。若商家对消费者提高承诺水平，增强关系质量，消费者更容易对商家产生同情、信任等情绪，即对商家的宽恕意愿增加。从情绪的角度出发，消费者宽恕是消费者行为心理角度的映射，释放的是消费者内心的负面情绪。当服务失误发生后，消费者移情使其能够立足于商家的角度，考虑商家的处境，从而感受到商家因服务失误而产生的内疚与抱歉。商家的服务也可以通过影响消费者的情绪，使之产生积极或消极的情绪，进而影响消费者对商家的态度、满意度以及重购意愿。

本节将消费者宽恕界定为在直播带货翻车后，消费者放弃对主播和平台的报复，停止对主播和平台的抵触。在消费者宽恕的测量上，本节主要参照Wieseke等（2012）的量表进行测量。具体结果如表10-3所示。

表10-3　消费者宽恕测量题项

维度	编码	测量题项	文献来源
消费者宽恕（KS）	KS1	认可主播和平台处理方法	Wieseke等（2012）
	KS2	理解主播和平台困难	
	KS3	站在主播和平台角度考虑问题	

（四）准浪漫关系的界定和测量

准浪漫关系是在准社会互动和准社会关系基础上发展衍生出来的概念。最初，准社会互动被界定为受众个体在观看公众人物作品（如电视剧片段）

时，个体对某公众人物的反应。准社会关系被解释为受众基于观看某公众人物作品而发展形成的对某公众人物的认知与情感联结。准社会互动针对的是交互的过程，准社会关系针对的是交互的结果。个体与某公众人物之间的一系列准社会互动，最终会累积成个体与该公众人物之间的准社会关系。

有研究基于对准社会互动和准社会关系的探讨，提出了准浪漫关系的概念。准社会关系是现实社会关系在媒体情境下的心理模拟，而现实社会关系包含从点头之交到浪漫爱情的不同程度的社会关系，因此个体在媒体情境中也可能与公众人物发展形成虚拟的准浪漫爱情关系。

本节将准浪漫关系界定为消费者与主播之间形成的一种特定的"爱情"关系。在准浪漫关系的测量上，本节参照Tukachinsky（2011）的量表进行测量。具体如表10-4所示。

表10-4　准浪漫关系测量题项

维度	编码	测量题项	文献来源
准浪漫关系）（ZL）	ZL1	我觉得主播外表很迷人	Tukachinsky（2011）
	ZL2	主播看起来很性感	
	ZL3	主播符合我理想中的外形美标准	
	ZL4	对我来说，主播可能是完美的浪漫伴侣	
	ZL5	我希望主播能知道我所有的想法、恐惧及希望	
	ZL6	我在身体上、情感上和精神上需要主播的支持	

二、问卷的预调研

为保证本节问卷测量的有效性和准确性，本节在正式调查问卷之前进行了问卷的预调研。通过对预调研的数据结果进行分析，完成对问卷测量题项的修正，最终形成正式问卷。为保证预调研的效果，本节在问卷的第一部分告知被调查对象本次问卷主要用于学术目的并对调查对象个人信息进行保密。问卷的第二部分为主体部分，主要采用七点李克特量表进行判断，其中1表示非常不同意，7表示非常同意。

（一）问卷调查方式与调查对象

本节预调研采用问卷发放的方式，通过对问卷的调查来检验问卷的信度和效度，调查选择随机拦截的方式，共发放问卷120份，收回问卷120份，回收率100%。问卷通过消费者有没有在直播间进行购买的经历题项，以及要求其写下直播平台的名称的题项，删除不合格的问卷。此外，还对无效、未填或多选的问卷进行删减，共得到有效问卷100份，有效率为83.33%。具体如表10-5所示。

表10-5　预调研受访者统计特征

特征	分类	样本数量	百分比	特征	分类	样本数量	百分比
性别	男	46	46%		在校学生	3	3%
	女	54	54%		技术人员	5	5%
年龄	18岁以下（不含18岁）	4	4%		专业人员	14	14%
	18~24岁	32	32%		教师	5	5%
	25~34岁	48	48%	职业	工人	6	6%
	35~44岁	9	9%		个体户/自由职业者	24	24%
	45岁以上	7	7%		销售人员	8	8%
受教育程度	初中及以下	5	5%		文职/办事人员	28	28%
	高中或中专	14	14%		无业/失业/下岗	3	3%
	大专	30	30%		退休	2	2%
	本科	41	41%		其他	2	2%
	硕士及以上	10	10%		1 000元以下	6	6%
				个人月收入	1 000~3 000元	22	22%
					3 000~5 000元	42	42%
					5 000~10 000元	27	27%
					10 000元以上	3	3%

从表10-5可以看出，女生比率略高于男生，分别为54%和46%。调查对象年龄段主要集中在25~34岁，占比为48%。学历以本科为主，占比41%。职业主要集中在专业人员、个体户/自由职业者、文职/办事人员，占比分别为14%、5%和6%。月收入主要集中在3 000~5 000元和5 000~10 000元这个阶

段，分别为42%和27%。

（二）问卷的信度和效度检验

本节涉及的变量有形补偿、心理补偿、心理契约、消费者宽恕、消费者贡献行为、心理契约、准浪漫关系，为保证测量题项的内部一致性和有效性，对测量变量进行信度和效度检验。

1. 问卷的信度检验

本节在信度检验上，参照吴明隆（2010）《问卷统计分析实务：SPSS操作与应用》一书中信度的检验方法，采用修正的项目总相关（CITC）和Cronbach's α分别对有形补偿、心理补偿、消费者宽恕、消费者贡献行为、心理契约、准浪漫关系进行分析。具体结果见表10-6。

表10-6 预调研问卷变量的信度分析

变量	测量题项代码	修正的项目总相关（CITC）	项目删除时的Cronbach's α值	Cronbach's α值
有形补偿（X）	X1	0.608	0.758	
	X2	0.612	0.741	0.821
	X3	0.621	0.768	
心理补偿（Y）	Y1	0.618	0.742	
	Y2	0.709	0.803	0.836
	Y3	0.721	0.772	
消费者宽恕（KS）	KS1	0.711	0.805	
	KS2	0.715	0.792	0.841
	KS3	0.701	0.712	
消费者贡献行为（O）	A1	0.612	0.742	
	A2	0.711	0.821	
	A3	0.661	0.782	
	A4	0.701	0.803	0.861
	B1	0.711	0.819	
	B2	0.641	0.742	
	B3	0.701	0.825	

续表

变量	测量题项代码	修正的项目总相关（CITC）	项目删除时的Cronbach's α值	Cronbach's α值
心理契约（Z）	Z1	0.661	0.732	
	Z2	0.702	0.811	
	Z3	0.722	0.825	
	Z4	0.641	0.732	
	Z5	0.702	0.801	
	Z6	0.681	0.768	
	Z7	0.725	0.841	
	Z8	0.682	0.761	
准浪漫关系（ZL）	ZL1	0.691	0.792	
	ZL2	0.701	0.803	
	ZL3	0.712	0.818	
	ZL4	0.672	0.768	
	ZL5	0.711	0.811	
	ZL6	0.721	0.832	

从表10-6可以看出，所有变量的Cronbach's α系数都大于0.7，表明所测变量的信度较好，所有修正的项目总相关（CITC）都大于0.4，项目删除时的Cronbach's α值均小于等于Cronbach's α，表明问卷不需要删除其余的测量题项。具体标准如表10-7所示。

表10-7　问卷的项目分析标准

题项	极端组比较	题项与总分相关		同质化检验		
	决断值	题项与总分相关	校正题项与总分相关	题项删除后的α值	共同性	因素负荷量
判断标准	≥3.000	≥0.400	≥0.400	≤量表信度	≥0.2	≥0.45

2. 问卷效度检验

本节参照Churchill（1979）对问卷的内容效度进行检验。由于本节大部分的测量题项源于国外学者，因此本节采用回译的方法进行检验。首先，通过将国外学者使用的量表翻译为中文，再由英语专业的人员将翻译后的中文译成英文，并将原始的英文题项与英文题项进行对比。其次，请营销专业的博士生探讨，对各个变量的题项进行评价，判断其是否能够测量对应的变量。最终结果表明本节所提变量具有良好的内容效度。

在结构效度上，本节预调研选择进行探索性因子分析（EFA），使用Bartlett球体检验和KMO检验来检验其相关性，其中KMO为0.912，大于0.5，Bartlett球体检验的P值为0，表明问卷题项适合做因子分析。所采用的方法主要为主成分分析方法，采用最大方差法进行因子旋转。

（1）服务补救

在服务补救的测量上，主要参照mith（1999）和Miller 等（2000）的量表进行测量，将服务补救分为有形补偿和心理补偿两个维度，其中有形补偿有3个题项进行测量。心理补偿有3个题项。探索性因子分析结果显示，其KMO为0.915，大于0.5，Bartlett球体检验的P值为0，表明适合做探索性因子分析。具体结果如表10-8所示。

表10-8　预调研服务补救探索性因子分析

变量	代码	成分
		因子
有形补偿（X）	X1	0.803
	X2	0.812
	X3	0.809
心理补偿（Y）	Y1	0.821
	Y2	0.832
	Y3	0.848

从表10-8可以看出，所有因子载荷的数值都在0.8以上，表明共同因素对题项变量的解释较好。

（2）心理契约

在心理契约的测量上，主要参照Rousseau（1990）和Yang（2010）改编而成，由8个题项构成。探索性因子分析结果显示，其KMO为0.901，大于0.5，Bartlett

球体检验的*P*值为0，表明适合做探索性因子分析。具体结果如表10-9所示。

表10-9　预调研心理契约探索性因子分析

变量	代码	成分
		因子
心理契约（Z）	Z1	0.801
	Z2	0.815
	Z3	0.812
	Z4	0.831
	Z5	0.836
	Z6	0.841
	Z7	0.821
	Z8	0.848

从表10-9可以看出，所有因子载荷的数值都在0.8以上，表明共同因素对题项变量的解释较好。

（3）消费者宽恕

在消费者宽恕的测量上，主要参照Wieseke等（2012）的量表进行测量，由3个题项构成。探索性因子分析结果显示，其KMO为0.897，大于0.5，Bartlett球体检验的*P*值为0，表明适合做探索性因子分析。具体结果如表10-10所示。

表10-10　预调研消费者宽恕探索性因子分析

变量	代码	成分
		因子
消费者宽恕（KS）	KS1	0.812
	KS2	0.824
	KS3	0.805

从表10-10可以看出，所有因子载荷的数值都在0.8以上，表明共同因素对题项变量的解释较好。

（4）准浪漫关系

在准浪漫关系的测量上，参照Tukachinsky（2011）的量表进行测量，由6个题项构成。探索性因子分析结果显示，其KMO为0.921，大于0.5，Bartlett球体检验的P值为0，表明适合做探索性因子分析。具体结果如表10-11所示。

表10-11　预调研准浪漫关系探索性因子分析

变量	代码	成分
		因子
	ZL1	0.811
	ZL2	0.808
	ZL3	0.801
准浪漫关系（ZL）	ZL4	0.821
	ZL5	0.819
	ZL6	0.801

从表10-11可以看出，所有因子载荷的数值都在0.8以上，表明共同因素对题项变量的解释较好。

第四节　数据分析

本节主要完成数据的收集及模型假设的验证。首先，进行相应的数据收集，之后对调查对象的特征进行描述性统计分析。其次，进行本节的信度和效度检验。最后，运用结构方法模型对本节的整体模型进行分析判断并进行相应的中介检验。

一、样本概况

本节的正式问卷分为三个部分。一是调研的目的，主要向被调查者说明本次数据收集主要用于学术目的并对被调查者个人信息资料进行保密等。二是问卷的主体部分，主要为相关变量的测量，具体包括有形补偿、心理补偿、消费者宽恕、消费者贡献行为、心理契约和准浪漫关系。三是被调查对象个人的信息特征，包含对性别、年龄、学历、职业和收入的测量。

（一）数据搜集

本节主要通过付费的方式，由专业调研公司进行数据收集。具体而言，于2023年11~12月通过在网上对某网红粉丝后援会QQ群发放问卷进行数据收集，共发放900份问卷，回收问卷846份，剔除部分填写不完整的问卷，有效问卷600份，有效率70.92%。虚拟情境如下："请您想象一种场景，您打算购买一套服装，其他网点都没有销售，而此时您关注的一位网红恰好在直播平台销售该服装，您买了该服装，结果发现质量有问题。"具体结果如表10-12所示。

表10-12　调研受访者统计特征

特征	分类	样本数量	百分比	特征	分类	样本数量	百分比
性别	男	283	47.17%		在校学生	20	3.33%
	女	317	52.83%		技术人员	18	3%
年龄	18岁以下（不含18岁）	54	9%		专业人员	119	19.83%
	18~24岁	136	22.67%		教师	32	5.33%
	25~34岁	260	43.33%		工人	12	2%
	35~44岁	110	18.33%	职业	个体户/自由职业者	145	24.17%
	45岁以上	40	6.67%		销售人员	15	2.5%
受教育程度	初中及以下	4	0.67%		文职/办事人员	232	38.67%
	高中或中专	68	11.33%		无业/失业/下岗	3	0.5%
	大专	189	31.5%		退休	2	0.33%
	本科	312	52%		其他	2	0.33%
	硕士及以上	27	4.5%	个人月收入	1 000元以下	11	1.83%
					1 000~3 000元	121	20.17%
					3 000~5 000元	189	31.5%
					5 000~10 000元	252	42%
					10 000元以上	27	4.5%

如表10-12所示，女生比率略高于男生，分别为52.83%和47.17%。调查对象年龄段主要集中在25~34岁，占比为43.33%。学历以本科为主，占比52%。职业主要集中在专业人员、个体户/自由职业者、文职/办事人员，占比分别为19.83%、24.17%和38.67%。月收入主要集中在3 000~5 000元和5 000~10 000元这个阶段，分别为31.5%和42%。购物人群与中国互联网络信息中心调查显示的购物人群相一致。

（二）问卷的信度和效度检验

本节涉及的变量有形补偿、心理补偿、消费者宽恕、消费者贡献行为、心理契约、准浪漫关系，为保证测量题项的内部一致性和有效性，对测量变量进行信度和效度检验。

1.问卷的信度检验

本节在信度检验上，参照吴明隆（2010）《问卷统计分析实物—SPSS操作与应用》一书中信度的检验方法，采用修正的项目总相关（CITC）和Cronbach's α分别对有形补偿、心理补偿、消费者宽恕、消费者贡献行为、心理契约、准浪漫关系进行分析。具体结果见表10-13。

表10-13　调研问卷变量的信度分析

变量	测量题项代码	修正的项目总相关（CITC）	项目删除时的Cronbach's α值	Cronbach's α值
有形补偿（X）	X1	0.612	0.742	0.872
	X2	0.609	0.721	
	X3	0.721	0.803	
心理补偿（Y）	Y1	0.711	0.791	0.886
	Y2	0.781	0.821	
	Y3	0.792	0.841	
消费者宽恕（KS）	KS1	0.709	0.802	0.83
	KS2	0.732	0.812	
	KS3	0.703	0.771	

变量	测量题项代码	修正的项目总相关（CITC）	项目删除时的Cronbach's α值	Cronbach's α值
消费者贡献行为（O）	A1	0.681	0.732	0.861
	A2	0.709	0.824	
	A3	0.721	0.831	
	A4	0.704	0.805	
	B1	0.715	0.818	
	B2	0.711	0.811	
	B3	0.721	0.841	
心理契约（Z）	Z1	0.761	0.841	0.959
	Z2	0.711	0.821	
	Z3	0.718	0.826	
	Z4	0.709	0.810	
	Z5	0.705	0.808	
	Z6	0.771	0.868	
	Z7	0.742	0.836	
	Z8	0.702	0.805	
准浪漫关系（ZL）	ZL1	0.701	0.803	0.975
	ZL2	0.709	0.811	
	ZL3	0.721	0.821	
	ZL4	0.732	0.841	
	ZL5	0.752	0.838	
	ZL6	0.781	0.901	

从表10-13可以看出，所有变量的Cronbach's α系数都大于0.7，表明所测变量的信度较好，所有修正的项目总相关（CITC）都大于0.4，项目删除时的Cronbach's α值均小于等于Cronbach's α，表明问卷不需要删除其余的测量题项。

2. 问卷的效度检验

本节参照Churchill（1979）对问卷的内容效度进行检验。由于本节大部分的测量题项源于国外学者，因此本节采用回译的方法进行检验。首先，通过将国外学者使用的量表翻译为中文，再由英语专业的人员将翻译后的中文译成英文，并将原始的英文题项与英文题项进行对比。其次，请营销专业的博士生探讨，对各个变量的题项进行评价，判断其是否能够测量对应的变量。最终结果表明本文所提变量具有良好的内容效度。

在结构效度上，由于本节的大部分题项都源于国外学者的量表，因此本节在正式问卷调研时选择进行验证性因子分析（CFA），具体结果如表10-14所示。

表10-14　调研问卷变量的结构效度分析

变量	测量题项代码	因子载荷	平均变异抽取量（AVE）	组合信度（CR）
有形补偿（X）	X1	0.755	0.548 9	0.784 9
	X2	0.715		
	X3	0.752		
心理补偿（Y）	Y1	0.780	0.567 4	0.797
	Y2	0.778		
	Y3	0.699		
消费者宽恕（KS）	KS1	0.732	0.502 2	0.751
	KS2	0.646		
	KS3	0.744		
消费者贡献行为（O）	A1	0.692	0.557 5	0.897 9
	A2	0.712		
	A3	0.721		
	A4	0.748		
	B1	0.732		
	B2	0.821		
	B3	0.792		

变量	测量题项代码	因子载荷	平均变异抽取量（AVE）	组合信度（CR）
心理契约（Z）	Z1	0.715	0.587 8	0.919
	Z2	0.644		
	Z3	0.841		
	Z4	0.802		
	Z5	0.820		
	Z6	0.778		
	Z7	0.738		
	Z8	0.777		
准浪漫关系（ZL）	ZL1	0.760	0.656 6	0.919 7
	ZL2	0.802		
	ZL3	0.829		
	ZL4	0.846		
	ZL5	0.799		
	ZL6	0.823		

从表10-14可以看出，所有变量测量的因子载荷都在0.4以上。平均变异抽取量（AVE）大于0.5，表明模型的内在质量较高，收敛效度较好。

3. 共同方法偏差检验

在共同方法偏差检验上，本节采用Harman单因素检验。通过把所有变量放到一个探索性因素分析中，检验未旋转的因素分析结果。如果分析结果只析出一个因子或某个因子解释力特别大，即可判定存在严重的共同方法偏差。研究发现其中最大一个因子的解释力为39.432%，小于40%，这表明共同方法偏差较弱。

二、假设检验

（一）主模型假设

本节采用AMOS进行多元回归分析，其中RMSEA为0.072，小于0.08。GFI为0.95，NFI为0.964，RFI为0.93，IFI为0.968，CFI为0.987，大于0.9，表明模型拟合指标较好。具体假设检验结果如表10-15所示。

表10-15　模型路径系数和假设检验结果

假设	标准化路径系数	标准差	T值	P值	是否支持假设
有形补偿–心理契约H1	0.695	0.055	9.265	0.000	是
心理补偿–心理契约H2	0.483	0.052	8.175	0.000	是
心理契约–消费者宽恕H3	0.927	0.093	10.442	0.000	是
消费者宽恕–消费者贡献行为H4	0.879	0.086	11.888	0.000	是

（二）中介检验

本节在中介检验上，参照Zhao等（2010）中介检验流程。先检验自变量与中介变量的系数（a）与中介变量与因变量的系数（b）之间的乘积，若ab显著则存在中介效应。若ab不显著则不存在中介效应。在此基础上，对控制中介后自变量与因变量之间的系数（c'）进行检验，若c'显著，则为部分中介。若c'不显著，则为完全中介。若自变量与中介变量的系数（a）与中介变量与因变量的系数（b）以及控制中介后自变量与因变量之间的系数（c'）的积为正，则为互补中介。若c'不显著，则为完全中介。若自变量与中介变量的系数（a）与中介变量与因变量的系数（b），以及控制中介后自变量与因变量之间的系数（c'）的积为负，则为竞争中介。陈瑞等（2014）认为在Bootstrap中介效应检验流程中，若间接效应区间不含0，则ab显著，存在中介效应。若在此基础上间接效应区间含0，则ab不显著，不存在中介效应。若直接效应区间含0，c'不显著，则为完全中介。直接效应区间不含0，则c'显著，为部分中介。本节在中介检验上，主要采用AMOS进行检验，迭代次数为2 000，置信区间为95%，具体结果如表10-16所示。

表10-16　中介变量报告表格

效应	路径关系	效应值	95%的置信区间
直接效应	有形补偿–消费者贡献行为	0.159 0	［0.097 2，0.220 8］
间接效应	有形补偿–心理契约–消费者贡献行为	0.276 7	［0.203 1，0.359 5］
	有形补偿–消费者宽恕–消费者贡献行为	0.100 4	［0.066 7，0.144 7］
	有形补偿–心理契约–消费者宽恕–消费者贡献行为	0.062 7	［0.034 3，0.102 7］
直接效应	心理补偿–消费者贡献行为	0.227 4	［0.169 1，0.285 7］
间接效应	心理补偿–心理契约–消费者贡献行为	0.252 8	［0.182 7，0.334 4］
	心理补偿–消费者宽恕–消费者贡献行为	0.080 1	［0.051 7，0.115 0］
	心理补偿–心理契约–消费者贡献行为	0.060 9	［0.033 9，0.100 7］

　　从表10-16可以看出，有形补偿对消费者贡献行为的直接效应为0.159 0，置信区间为［0.097 2，0.220 8］。其中以心理契约为中介变量的效应值为0.276 7，置信区间为［0.203 1，0.359 5］；以消费者宽恕为中介变量的效应值为0.100 4，置信区间为［0.066 7，0.144 7］。以心理契约和消费者宽恕同时作为链式中介变量的效应值为0.062 7，置信区间为［0.034 3，0.102 7］。三条中介路径效应值都在区间内，且置信区间不含0，表明存在部分中介效应。心理补偿对消费者贡献行为的直接效应为0.227 4，置信区间为［0.169 1，0.285 7］。其中以心理契约为中介变量的效应值为0.252 8，置信区间为［0.182 7，0.334 4］；以消费者宽恕为中介变量的效应值为0.080 1，置信区间为［0.051 7，0.115 0］。以心理契约和消费者宽恕同时作为链式中介变量的效应值为0.060 9，置信区间为［0.033 9，0.100 7］。三条中介路径效应值都在区间内，且置信区间不含0，表明存在部分中介效应。

（三）调节检验

　　本节在涉入度调节效应的检验上，参照温忠麟等（2005）对调节效应的检验方法。温忠麟等（2005）认为当自变量（X）为类别变量，调节变量（M）为类别变量时，采用方差分析进行处理。当自变量（X）为类别变量，调节变量（M）为连续变量时，先将自变量（X）和调节变量（M）去中心化，然后采用层次回归分析。通过先做因变量（Y）对自变量（X）和调节变量（M）的回归，测定相关系数R^2_1。再做因变量（Y）对自变量（X）、调节变量（M）和自变量（X）与调节变量（M）的回归，测定相关系数R^2_2。然后，将R^2_2与R^2_1进行比较，以此来判断调节效应。当自变量（X）为连续变量，调节变量（M）为类别，则采用分组回归，按M值分组。当自变量（X）为连续变量，调节变量（M）为连续变量，先将自变量（X）和调节变量（M）去中心化，然后采用层次回归分析。本章节在调节效应的检验上，先将心理契约和准浪漫关系去中心化，然后采用层次回归分析。通过先做消费者宽恕对心理契约和准浪漫关系的回归，测定相关系数R^2_1。再做消费者宽恕对心理契约、准浪漫关系和心理契约与准浪漫关系乘积之间的回归，测定相关系数R^2_2。然后，将R^2_2与R^2_1进行比较，以此来判断调节效应。具体如表10-17所示。

表10-17 心理契约、准浪漫关系与消费者宽恕回归分析

模型	R^2	调整R^2		非标准化系数	标准误差	标准系数	T值	P
1	0.541	0.540	常量	0.42	0.028			
			心理契约	0.736	0.028	0.736	26.553	0.000
2	0.594	0.592	常量	0.36	0.026			
			心理契约	0.400	0.046	0.400	8.652	0.000
			准浪漫关系	0.407	0.046	0.407	8.804	0.000
3	0.612	0.610	常量	0.11	0.029			
			心理契约	0.39	0.047	0.39	8.232	0.000
			准浪漫关系	0.400	0.047	0.400	8.538	0.000
			心理契约 × 准浪漫关系	−0.14	0.015	−0.29	−9.19	0.000

从表10-17可以发现，模型1到模型3，R^2增幅分别为0.053、0.018，心理契约×准浪漫关系的系数为−014，P值为0，小于0.05，系数显著，假设H5成立即准浪漫关系在心理契约与消费者宽恕之间发挥负向调节作用。

为了研究心理契约与消费者宽恕的关系随准浪漫关系变化的趋势，笔者绘制了相应的交互效应图。如图10-2所示。

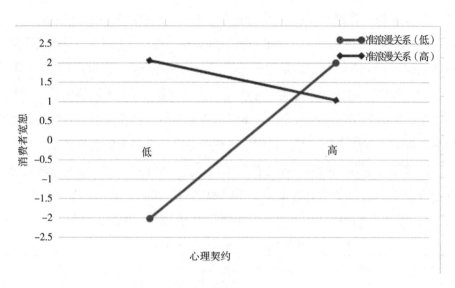

图10-2　准浪漫关系对心理契约与消费者宽恕的调节效应

从图10-2可以发现，在准浪漫关系高分组的前提下，随着心理契约的增加，消费者宽恕会受到抑制即高准浪漫关系会抑制心理契约对消费者宽恕的影响。在准浪漫关系低分组的前提下，随着心理契约的增加，消费者宽恕也更容易实现，即低浪漫关系会增强心理契约对消费者宽恕的影响。不过与高浪漫关系相比，低浪漫关系对心理契约与消费者宽恕的影响更大。

三、实证结果讨论

（一）服务补救与心理契约

本节发现有形补偿显著正向影响心理契约（有形补偿–心理契约之间路径系数为0.695，大于0，T值为9.265，大于1.96），假设H1成立。心理补偿显著正向影响心理契约（心理补偿–心理契约之间路径系数为0.483，大于0，T值为8.175，大于1.96），假设H2成立。这表明在直播翻车后，网红主播和平台对消费者进行有形补偿和心理补偿，能在一定程度上减少消费者心理伤害，增强消费者与网红主播、平台之间的关系，有助于强化消费者与网红主播、平台之间的契约精神。

（二）心理契约与消费者宽恕

本节发现心理契约显著正向影响消费者宽恕（心理契约–消费者宽恕之间路径系数为0.483，大于0，T值为8.175，大于1.96），假设H3成立。这表明在直播翻车后，网红主播和平台及时进行补救，会拉近消费者与主播和平台之间的关系，并在一定程度上获得消费者宽恕。

（三）消费者宽恕与消费者贡献行为

本节研究发现消费者宽恕显著正向影响消费者贡献行为（消费者宽恕–消费者贡献行为之间路径系数为0.879，大于0，T值为11.888，大于1.96），假设H4成立。这表明在直播翻车后，及时获得消费者宽恕，对消费者最终进行产品信息分享和购买有重要的意义。

（四）消费者宽恕与消费者贡献行为

本节研究发现准浪漫关系在心理契约与消费者宽恕之间发挥负向调节作用（心理契约×准浪漫关系之间系数为–0.14，小于0，T值为–9.19，小于–1.96），假设H5成立。这表明在直播带货翻车后，虽然通过补救会在一定程度上拉近消费者与网红主播、平台之间的关系，但爱之深责之切，消费者与网红主播之间的强关系会进一步抑制消费者宽恕，这点与以往强关系会增强消费者宽恕不一致。

因此，在直播翻车后，网红主播和平台要采用适当的补救策略，研究发现与心理补偿相比，有形补偿更容易达到消费者心理预期。此外，网红主播和平台还要重视消费者的心理因素，要及时有效地处理网红主播、平台与消费者之间的关系。

第十一章 案例分析

第一节 研究背景

　　根据2022中国直播带货行业报告，我国电商直播自2016年兴起以来得到了一定的发展。2021年，中国直播电商市场规模已达到12 012亿元。中商产业研究院预计2022年中国电商直播市场规模进一步上升至15 073亿元。在资金、政策等红利加持下，直播电商在未来将实现进一步增长。此外，根据抖音2022电商上半年行业报告，直播带货场次超过5 000万，同比增长198%。带货视频数超过8 000万，同比增长460%。带货达人数超过300万，同比增长141%。品牌数达30万以上，同比增长20%。商品数达1亿以上，同比增长109%。行业涉及服装、家具建材、医药保健、宠物用品等行业，越来越多的实力品牌强势抢占市场。这些都进一步表明，直播带货逐渐变成一种趋势，越来越多的企业开始走向直播带货的道路。

　　通过对直播带货的研究，大多从网红的视角出发研究，研究网红直播是如何影响消费者购买。本节在研究直播带货时，基于人–场–货视角，从网红、社会线索、产品的视角全面研究消费者贡献行为。

第二节 研究设计

一、研究方法选取

案例研究法能够对现象进行翔实地描述，有助于理解现有理论不能很好解释的新现象，还能够对动态的互动历程与所处的情境脉络加以掌握，可以用来建构理论和验证假设，能够获得一个较为全面与整体的观点。尽管直播带货已经成为越来越多的零售企业的选择，并且成为一个大趋势。但如何在直播带货过程中让消费者产生贡献行为是一个新的问题。现有的研究大多基于某一个方面进行研究，无法从整体上将零售企业在直播带货过程中如何让消费者更好地进行分享和购买等贡献行为的机制呈现出来，因此本节选择案例研究法研究YT百货直播带货是如何影响消费者贡献行为的。

二、样本选择和资料获取

本节选择YT百货作为研究对象，原因在于以下两点，一是YT百货作为国内零售业的几大巨头之一，连续多年位居国内零售企业百强之列，且YT百货较早开始布局直播带货。二是国内理论界和实务界多次将YT百货作为案例来研究，具有极高的关注度，因此企业披露的信息比较可信。

首先，通过阅读专著和文献及对YT百货官网的访问来获取相关的资料，并根据需要进行处理。其次，多次对YT百货进行实地考察，包括对店铺的观察、消费者的调查，以此来获取相关的资料。最后，通过与员工、部分管理人员进行交流，获取一手资料，并对其中涉及直播带货的内容做重点分析。

三、研究内容确定

本节重点研究影响消费者贡献行为的影响因素。参照前文对消费者贡献行为的界定，本节重点从人–场–货的视角，研究消费者贡献行为的影响因素。人主要侧重从网红的视角来研究，场重点选择从社会线索的视角来研究，货重点从产品的视角来研究。其中人的因素涉及网红自身的属性、沟通风格等；场的因素涉及物理性社会线索、人员性社会线索和氛围线索等；货的因素涉及产品展示、产品吸引力等研究内容。

第三节　案例分析

一、YT百货简介

YT百货商业集团有限公司成立于1998年。2007年，YT百货成为第一家在香港联交所上市的内地百货公司；2009年，在稳固百货优势的同时，YT百货在行业内率先由百货向购物中心战略转型，全力推进城市综合体、购物中心、互联网+产品发展；2013年，YT百货（集团）有限公司正式更名为YT商业（集团）有限公司；2014年，与阿里开启战略合作；同年6月，发布全新高端运营品牌；2015年，YT强化与阿里巴巴集团的深度合作，并推动YT商业的互联网化进程，逐渐成为传统零售业与互联网融合的典范。这一创新之举，在一定程度上有效促进了零售百货行业的互联网化，引导全国传统零售百货业的转型升级，成为国内零售业不断创新与转型变革的典范。

二、YT百货直播带货情景下消费者贡献行为的影响机制

（一）人的因素

YT百货在2020年进行直播带货之初，选择先对员工进行培训。就以公司某职员为例，在正式进行直播带货之前，公司要求其进行最短为期一周的培训，让其更好地了解相应的直播带货流程。其次，在正式直播带货过程中，该名职员往往选择自身在实体店销售的产品来作为带货的产品。由于产品比较熟悉，因此柜姐直播往往非常具有专业性。此外由于YT这个平台具有一定的知名度，往往更可信性。最后，在直播过程中，由于该名职员都是平时在实体店直接进行销售的员工，因此在自身形象、语言沟通等方面具有一定的亲和力，更容易吸引消费者购买产品和向他人分享产品。

（二）场的因素

YT百货在直播带货之初，就非常注重"场"的因素。通过将直播间布置在YT百货店铺内，让消费者能够直观感受YT百货店铺的产品，增强消费者的

真实感。通过有效的沟通，以及及时回复消费者的问题和疑虑，在一定程度上促进了消费者在直播间下单。通过展示直播间的人气、观看数量、购买数量等，进一步增强直播间的氛围。通过各种线索，吸引消费者积极参与直播间活动，并鼓励消费者积极进行产品的分享和购买。此外，在直播带货过程中，其他消费者之间的信息交流也会影响产品的分享和购买。YT百货在直播带货过程中，通过让工作人员在直播间积极带动气氛，通过对相关产品做出有效合理的评价，来吸引消费者参与产品的分享和购买等贡献行为。

（三）货的因素

YT百货在直播带货之初，就积极注重"货"的因素。通过在直播间向消费者积极展示产品的细节，通过各种试用方式来展现产品的质量和产品的吸引力。此外，积极借鉴YT百货的知名度，通过将直播间带货与YT百货进行捆绑，让YT百货为其背书，进一步保证产品的质量和售后服务。此外，在直播带货过程中，YT百货职员还通过与消费者进行有效沟通，采用定制化的方式，向消费者推荐适合自身的化妆品。通过向消费者科普相关的化妆品知识，提升了消费者对相关产品的了解，实现了消费者对产品的分享和购买，也在一定程度上提高了企业的业绩。

三、YT百货直播带货情景下消费者贡献行为的影响因素

（一）消费者的因素

YT百货在直播带货之初，主要集中在化妆品等专柜产品上，所选择的带货主播都是原有的实体店职员，因此在直播过程中，大部分消费者群体都是女性，大部分年龄都集中在18~34岁，职业涉及多个行业，收入大多集中在3 000~10 000。

大部分消费者选择在直播间购物主要是由于相比传统实体店，大部分直播间的产品价格比实体店要便宜。此外，部分消费者选择在直播间购物是由于直播间的评论比较有趣。

调查发现消费者对相关产品的涉入度会影响消费者对产品的质量感知。在直播带货的过程中，消费者对相关化妆品越了解，越容易做出决策。当网红

宣传的产品与价格与消费者心理预期一致或大于消费者心理预期，越容易获得消费者认可，消费者产生分享和购买等贡献行为就越强烈。

（二）企业的因素

YT百货在直播带货之初，面临一个很重要的问题就是选品。如果选择专柜里面的产品就意味着产品的成本较高。在直播间，YT百货能给消费者打折等让利的活动。如果不让利，意味着消费者会转向其他优惠较多的同类直播间。由于YT百货的主播都是实体店员工，因此在成本方面，YT百货投入相对较小。通过将相关化妆品等进行让利，打折促销来提高产品的竞争力。此外，在直播带货过程中，网红还通过对产品进行全方位的展示，更好让消费者了解产品的细节，提升消费者对产品的质量感知。通过产品价格打折、展示来吸引消费者分享和购买，促使消费者产生贡献行为。

（三）竞争的因素

YT百货在直播带货之初，面临着一个问题就是竞争太激烈。因此在直播带货的过程中，选择自身最擅长的化妆品作为带货的选品。由于YT百货的主播为线下实习店职工，与竞争对手选择的知名网红、明星等，无论在人气还是在实力方面都存在一定的差异。因此，在直播带货之初更多借助YT百货的知名度来打开市场，通过走差异化的模式来获取消费者的认可。通过这种新的模式来获取消费者的认可，从而使消费者产生产品分享和购买等贡献行为，以便更好地提升企业效应。

四、直播带货视角下消费者贡献的理论框架

通过案例分析，笔者发现在YT百货进行直播带货的过程中，重点考虑如何提升消费者产生产品分享和购买等贡献行为。基于人–场–货视角，从网红自身的属性、直播间的场景到产品本身，共同成为影响消费者贡献行为的因素。此外，在直播带货过程中，还受到消费者自身特征、产品促销、竞争对手的影响。本章理论框架，如图11-1所示。

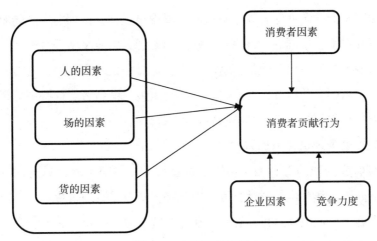

图11-1 本章理论框架

五、结论与建议

本节以YT百货为研究对象,重点研究在YT百货直播带货的情景下影响消费者贡献行为的因素。本节基于人–场–货的视角,来探求对消费者贡献行为的影响因素。在人的因素方面,重点研究网红自身的属性如可信性、专业性和吸引力;在场的方面,重点研究直播间的陈设布置等物理性社会线索、直播间的观看人数等氛围线索;在货的方面,重点关注产品的展示、产品自身的吸引力。此外,在直播带货过程中,由于性别、年龄、收入、职业的差异,造成不同消费者之间在进行产品分享和购买时会产生一定的差异。企业适时的促销、企业自身的声誉等也会影响消费者最终的产品分享和购买等贡献行为。除了以上两大因素以外,竞争对手的力度也是影响消费者贡献行为的因素之一。竞争对手的促销力度,大牌网红的选择,都会影响最终消费者对产品的分享和购买等贡献行为。本节的研究丰富了贡献行为的研究范畴,对零售企业直播带货具有重要指导和借鉴意义。

(一)重视影响消费者贡献行为的因素

本节研究发现人的因素、场的因素和货的因素对消费者贡献行为有重要的影响。因此企业在直播带货的过程中,要重视人–场–货的因素,积极选择合理的网红,只有适合自身产品的网红才是最优选择,做到网红和产品的匹配。在此基础上，企业还要注重直播间的陈设布置，要做到与产品的契合。另外企业还要提前联合网红做好宣传，吸引消费者，以此来增强直播间的观看人数等，以便更好地吸引其他的消费者来进行观看和购买。此外，直播间的产品的选择、展示的生动性等，都会在一定程度上吸引消费者。这些都会影响消费者最终的产品购买和分享，影响消费者贡献行为。

（二）合理地选择目标客户

本节研究发现消费者因素会影响贡献行为。不同年龄、不同学历、不同收入、不同职业都会影响贡献行为。因此零售企业在直播带货时，一定要重视相关的人群，合理地选择目标客户。在进行宣传时，一定要因地制宜，对适合自身产品的客户进行大力宣传，宣传投入也要适宜。

（三）注重自身的声誉

本节研究发现企业因素也是影响贡献行为的一大因素。特别是企业自身的声誉在一定程度上会起到加持的作用。好的企业品牌会影响消费者最终的购买和分享，而糟糕的企业品牌形象会在一定程度上影响消费者的贡献行为。在直播带货过程中，售后是消费者非常关心的一个问题。好的企业品牌会打消消费者最终的售后顾虑，让消费者直接参与购买，产生贡献行为。因此企业要不断提升自身的品牌建设，好的品牌才能带来消费者忠诚，才能避免消费者因网红变动而最终离开企业。

（四）关注竞争对手

本节研究发现竞争对手是影响贡献行为的重要因素。在同等情况下，竞争对手对产品的促销如各种折扣、优惠券等都会影响消费者购买和分享本企业的产品。此外，竞争对手对网红的选择，特别是知名网红，由于知名网红自身具有很高的人气和流量，在一定程度上会影响企业直播间的流量。因此零售企业在直播带货时，要依据竞争对手的状况，做好相关的资讯和情报工作，实时进行调整。

第十二章　研究结论与展望

第一节　主要结论

随着直播带货的迅速发展，越来越多的企业选择走向直播带货的道路。然而在直播带货过程中，由于各因素的影响，消费者贡献行为并不强烈，企业自身业绩并没有太大的提升。如何提升消费者贡献行为是本书需要解决的问题。借助S-O-R理论、场景理论等，通过访谈构建人–场–货视角下的消费者贡献行为模型，通过问卷调查对相关模型进行验证，并在此基础上通过YT百货案例进一步验证相关的理论。具体研究结论如下。

一、直播带货情景下消费者贡献行为的因素

本书通过访谈对直播带货情景下的消费者贡献行为进行探索性分析。通过对访谈材料进行编码、归纳和分析总结共得出十个初始范畴：背景图片、背景音乐、直播间的人气、产品展示、产品吸引力、消费者评论、消费者互动、网红可信性、网红专业性、网红吸引力。初始范畴进一步地归纳为三个副范畴：社会线索、产品因素和网红属性。并在此基础上，进一步总结成三个主范畴：人的因素、场的因素和货的因素。直播带货情景下消费者贡献行为的探讨性分析，为直播带货情景下消费者贡献行为的研究奠定了夯实的基础。

二、直播带货情景下消费者贡献行为的量表开发

本书在信息管理领域对贡献行为的界定基础上，通过访谈对直播带货情景下的消费者贡献行为进行重新界定，将消费者贡献行为界定为在直播带货过

程中，消费者对产品信息的分享和购买，分享的形式包括对产品使用经验或服务经验的文字描述、图片、音频、视频等，并参照Churchill（1979）量表开发的八个步骤进行开发，最终消费者贡献行为共分为主动贡献行为和反应贡献行为两个维度，其中主动贡献行为由四个题项构成，反应贡献行为由三个题项构成。消费者贡献行为量表的开发，扩展了贡献行为的研究范畴，为本书的研究奠定了基础。

三、网红特质与消费者贡献行为

本书在对直播带货情景下消费者贡献行为的影响因素进行探索分析以后，进一步探究人的因素，即网红特质对消费者贡献行为的影响研究，通过构建网红特质（网红可信性、网红专业性、网红吸引力）与消费者贡献行为之间的研究模型，研究发现网红可信性显著正向影响产品质量感知和唤醒感知。网红专业性显著负向影响产品质量感知和唤醒感知，这是因为网红在直播带货过程中，网红表现越专业，消费者对其越不信任，越容易产生怀疑，这与已有信任研究中的"商家展现得越专业，消费者对商家越不信任"这一结论一致。网红吸引力显著正向影响产品质量感知和唤醒感知。产品质量感知显著影响消费者贡献行为。唤醒感知与消费者贡献行为之间并不显著，这是因为消费者唤醒作为一种情绪，虽然在一定程度上会促使消费者产生冲动行为，但由于消费者作为理性人的存在，其做出的决策在一定程度上都是理性的，其必然会影响消费者最后的购买和分享。涉入度在网红可信性与产品质量感知之间发挥调节作用。涉入度在网红专业性与产品质量感知之间不发挥调节作用。这是因为消费者涉入度越高，对产品越了解，当网红在直播过程中所展现的产品专业性与消费者所了解相关产品的知识不一致时，消费者对网红推荐的产品，往往会展现负面的感知，认为网红所推荐的产品质量存在问题，从而使其对相关产品的质量感知较差。涉入度在网红吸引力与产品质量之间发挥调节作用。涉入度在网红可信性与唤醒感知之间发挥一定的调节作用。涉入度在网红专业性与唤醒感知之间不发挥调节作用。这是因为消费者对产品涉入度越高，产品知识越丰富，当网红所展现的产品专业性与消费者自身的产品知识不一致性时，消费者所展现的负面情绪越强烈，唤醒感知越糟糕。涉入度在网红吸引力与唤醒感知之间不发挥调节作用。这是因为消费者对产品涉入度越高，产品知识越丰富。虽然网红吸引力越强，消费者越容易对网红产生依赖，进而产生爱屋及乌的效应，但这种效应会随着消费者产品知识的丰富而削弱，并不会将这种对网红的好感转移到产品的感知上。

四、社会线索与消费者贡献行为

本书以场景理论为研究基础，进一步研究场的因素，构建社会线索与消费者贡献行为之间的模型，研究发现物理性社会线索、人员性社会线索和氛围线索显著正向影响社会临场感，物理性社会线索、人员性社会线索和氛围线索显著正向影响场景依恋，社会临场感显著正向影响消费者贡献行为。场景依恋与消费者贡献行为之间不相关，这是因为在直播带货过程中，消费者更多关注在直播间的场景方面，更多集中在直播间的陈设等方面，对相关的产品并不感兴趣，不会将相关产品进行分享和购买，也不会产生相应的贡献行为。此外，模糊分析法研究表明在核心条件为物理性社会线索、人员性社会线索，边缘条件为氛围线索、社会临场感的模式下，会产生高的贡献行为。在核心条件为物理性社会线索、氛围线索，边缘条件为人员性社会线索、场景依恋的模式下，同样会产生高的贡献行为。在社会临场感、场景依恋核心条件缺失，人员社会线索、氛围线索边缘条件缺失的模式下，会产生非高的贡献行为。在社会临场感、场景依恋核心条件缺失，物理性社会线索边缘条件缺失，边缘条件人员性社会线索、氛围线索的模式下，同样会产生非高的贡献行为。

五、产品展示与消费者贡献行为

本书在对人的因素、场的因素进行研究后，进一步研究货的因素，通过构建产品展示（生动性、互动性）与消费者贡献行为之间的研究模型，研究发现产品展示生动性与认知不信任之间不存在相关关系。这是因为在直播带货过程中，产品自身的细节展示得越生动，越吸引消费者，消费者越容易产生逃避心理，其会因为自身无法购买而产生内疚，进而产生逃避心理。产品展示生动性显著负向影响情感不信任。产品展示互动性显著负向影响认知不信任、情感不信任。认知不信任、情感不信任显著负向影响消费者贡献行为。认知不信任在产品展示生动性与消费者贡献行为之间不起挥中介作用。这是因为在直播带货过程中，产品展示越生动，越吸引消费者，消费者越容易产生内疚，进而使消费者逃离直播间，不再进行产品分享和购买。认知不信任在产品展示互动性与消费者贡献行为之间起中介作用。情感不信任在产品展示生动性与消费者贡献行为之间起中介作用。情感不信任在产品展示互动性与消费者贡献行为之间起中介作用。

六、AR App设计与消费者贡献行为

本书在对人–场–货进行研究后，进一步研究其他情景中的AR因素，通过构建AR设计与消费者贡献行为之间的研究模型，研究发现AR设计显著正向影响空间沉浸、叙事传输。这表明优质的AR广告设计能够让消费者沉浸其中并将广告中的叙事转移到个人身上，进而产生共情。空间沉浸、叙述传输显著正向影响消费者贡献行为。这表明AR广告所带来的叙事传输和空间沉浸极大满足了消费者的体验，使消费者产生分享和购买行为。涉入度在AR设计与空间沉浸、叙述传输之间发挥调节作用。产品知识在空间沉浸、叙事传输与消费者贡献行为之间发挥调节作用。这表明消费者对AR广告涉入度越高，其参与度就越强，也越容易被广告内容所吸引，进而产生空间沉浸和叙事传输；此外，当消费者自身的产品知识与广告所带来的产品知识一致时，消费者就越容易产生分享和购买行为。

七、网红自我披露与消费者贡献行为

本书在对人–场–货进行研究后，进一步研究其他情景中的自我披露因素，通过构建网红自我披露与消费者贡献行为之间的研究模型，研究发现网红自我披露显著正向影响网红可信性、专业性和吸引力。这是因为网红自我披露是互惠的，这就使得粉丝会遵循互惠的规范，认为网红是可信的、专业的和具有吸引力的。因为从他人处接受自我披露被视为一种社会奖励，而这种奖励会

增加亲密感。网红可信性、专业性和吸引力显著影响消费者贡献行为。这与大部分学者的研究结论一致。这表明网红可信性越高，专业性越强，吸引力越显著，粉丝购买意愿越强。因此，在直播购物过程中，加强信息源的可靠性（网红可信性、专业性和吸引力），对企业成功开展网红营销有重要的作用。研究发现产品知识在网红专业性、吸引力与消费者贡献行为之间发挥调节作用。产品知识在网红可信性与消费者贡献行为之间不发挥调节作用。这是因为虽然产品知识会影响消费者购买和分享，但由于消费者本身对网红的过度信任，在一定程度上抵消了产品知识在购买过程中所发挥的作用。

八、服务补救与消费者贡献行为

本书在对人–场–货进行研究后，进一步研究其他情景中的服务补救因素，通过构建服务补救与消费者贡献行为之间的研究模型，研究发现服务补救（有形补偿与心理补偿）显著正向影响心理契约。这表明在网红直播翻车后，网红和平台对消费者进行有形补偿和心理补偿，能在一定程度上减少消费者心理伤害，增强消费者与网红、平台之间的关系，有助于强化消费者与网红、平台之间的契约精神。心理契约显著正向影响消费者宽恕。这表明网红在直播翻车后，网红和平台及时进行补救，会拉近消费者与网红和平台之间的关系，并在一定程度上获得消费者宽恕。消费者宽恕显著正向影响消费者贡献行为。这表明网红在直播翻车后，及时获得消费者宽恕，对消费者最终进行产品信息分享和购买有重要的意义。准浪漫关系在心理契约与消费者宽恕之间发挥负向调节作用。这表明网红在直播带货翻车后，虽然通过补救会在一定程度上拉近消费者与网红、平台之间的关系，但爱之深责之切，消费者与网红之间的强关系会进一步抑制消费者宽恕，这点与以往强关系会增强消费者宽恕不一致。

九、YT百货案例分析

本书以YT百货为例研究YT百货直播情景下消费者贡献行为的影响，研究发现在人的因素方面，网红自身的属性如可信性、专业性和吸引力会对消费者贡献行为有显著的影响；在场的方面，直播间的陈设布置等物理性社会线索、直播间的观看人数等氛围线索会影响消费者最终的购买和分享；在货的方面，产品的展示的细节、产品自身的吸引力也会影响消费者最终的贡献行为。此外，在直播带货过程中，由于性别、年龄、收入、职业的差异，造成不同消费者之间在进行产品分享和购买时会产生一定的差异。而企业适当的促销、企业自身的声誉等也会影响消费者最终的产品分享和购买等贡献行为。除了以上两大因素以外，竞争对手的力度也是影响消费者贡献行为的一大因素。竞争对手的促销力度，大牌网红的选择，都会影响最终消费者对产品的分享和购买等贡献行为。

第二节　理论贡献与管理借鉴

一、理论贡献

直播带货由于其可视化、娱乐性等特点受到消费者和企业追捧。越来越多的零售企业走向了直播带货的道路，寄希望于直播带货来提升企业业绩。然而在直播过程中，由于各种因素造成消费者贡献行为不强，企业业绩并不理想。本书对直播带货情景下的消费者贡献行为进行研究，具有重要的理论意义和价值。

（一）对直播带货情景下消费者贡献行为的因素进行探析

以往直播带货的研究，更多集中在网红的属性、平台的特征、直播的动机等方面，本书通过对有直播购物经历的消费者进行访谈，通过编码、归纳和总结，得出影响消费者贡献行为的因素即网红的因素、社会线索的因素和产品展示的因素。并在此基础上，进一步将其总结为人的因素、货的因素和场的因素，为从人–场–货的视角来研究消费者贡献行为，打下了坚实的基础。

（二）提出了消费者贡献行为测量量表

本书在直播带货背景下，参照贡献行为的概念，将消费者贡献行为进行相应的界定。随后通过访谈，确定消费者贡献行为的两个维度。其中主动贡献行为是消费者主动将产品使用经验、体会等信息进行分享，分享形式包括评论、视频、图片等。反应贡献行为是消费者被动参与产品信息的分享，通过与他人进行沟通交流，从而将相关产品的使用经验、体会等信息传达出去。

在消费者贡献行为的测量上，本书参照Churchill（1979）量表开发的方法和流程，基于相关的测量量表和消费者访谈结果，提出消费者贡献行为的测量量表，并通过相应的数据收集，对消费者贡献行为测量量表进行信度和效度检验。数据结果显示消费者贡献行为具有良好的信度和效度。其中主动贡献行为由"我会发表产品的使用经验与体会，并与其他用户分享"等题项进行测量；反应贡献行为由"我会参与他人提出的各类产品话题讨论，而不只是特定产品的话题"等题项进行测量。

（三）构建网红特质与消费者贡献行为之间的研究模型

本书借鉴S-O-R理论，从人的视角构建网红特质对消费者贡献行为的影响机制。并在此基础上，将涉入度引入模型中，研究涉入度在网红特质（网红可信性、网红专业性、网红吸引力）与产品质量感知之间的调节作用，以及涉入度在网红特质（网红可信性、网红专业性、网红吸引力）与唤醒感知之间的调节作用，综合分析了网红特质（网红可信性、网红专业性、网红吸引力）、产品质量感知、唤醒感知与消费者贡献行为之间的关系，并探讨其直接和间接路径关系，在一定程度上丰富了已有贡献行为的研究。

（四）构建社会线索与消费者贡献行为之间的研究模型

本书基于场景理论，从场的视角构建社会线索对消费者贡献行为的影响机制。并在此基础上，进一步探讨社会线索是如何通过社会临场感、场景依恋来影响消费者贡献行为的。利用结构方程模型和模糊分析法综合分析了社会线索（物理性社会线索、人员性社会线索、氛围线索）、社会临场感、场景依恋与消费者贡献行为之间的关系，并探讨其直接和间接路径关系，从理论和方法上丰富了消费者贡献行为的相关研究。

（五）构建产品展示与消费者贡献行为之间的研究模型

本书基于信任理论，从货的视角构建产品展示对消费者贡献行为的影响机制。并在此基础上，进一步探索产品展示（生动性、互动性）是如何通过认知不信任、情感不信任来影响消费者贡献行为的。利用结构方程模型综合分析产品展示（生动性、互动性）、认知不信任、情感不信任与消费者贡献行为之间的关系，并探讨其直接和间接路径分析。并在此基础上，进一步探求认知不信任、情感不信任在产品展示（生动性、互动性）与消费者贡献行为之间的中介效应，为消费者贡献行为的研究提供了新的研究视角。

（六）构建AR App设计与消费者贡献行为之间的研究模型

本书基于心理意象理论，构建AR设计与消费者贡献行为之间的模型。并在此基础上，进一步探求AR设计是如何通过空间沉浸和叙事传输来影响消费者贡献行为的。利用结构方程模型综合分析AR设计、空间沉浸、叙事传输与消费者贡献行为之间的关系，并探讨涉入度在AR设计与空间沉浸、叙事传输之间的调节作用及产品知识在空间沉浸、叙事传输与消费者贡献行为之间的调节作用，扩展了消费者贡献行为的研究范畴。

（七）构建网红自我披露与消费者贡献行为之间的研究模型

本书基于S-O-R模式，构建网红自我披露与消费者贡献行为之间的模型。并在此基础上，进一步探求自我披露是如何通过网红特质来影响消费者贡献行为的。利用结构方程模型综合分析网红自我披露、网红特质与消费者贡献行为之间的关系，并探讨产品知识在网红特质（网红可信性、专业性和吸引力）与消费者贡献行为之间的调节作用，进一步扩展了网红的研究范畴。

（八）构建服务补救与消费者贡献行为之间的研究模型

本书基于前进理论，构建服务补救与消费者贡献行为之间的模型。并在此基础上，进一步探求服务补救是如何通过心理契约、消费者宽恕来影响消费者贡献行为的。利用结构方程模型综合分析服务补救、心理企业、消费者宽恕与消费者贡献行为之间的关系，并探讨准浪漫关系在心理契约与消费者宽恕之间的调节作用，进一步扩展了服务补救的研究范畴。

（九）YT百货直播带货的案例研究

本书以YT百货为例，研究YT百货在直播带货期间如何影响消费者贡献行为和提升自身的企业绩效。基于人–场–货视角，YT百货充分利用员工的专业性和YT百货自身的品牌优势为产品站队，从而获得消费者对相关产品的知识。此外，YT百货还充分利用场景的优势，将直播选择在YT百货店铺大厅，进一步增强了消费者的认可。通过产品细节的展示，通过与消费者之间有效及时的沟通，及时打消了消费者的顾虑，进一步获得消费者的信任。好的声誉和售后，进一步增强了消费者产品购买和分享的决心。YT百货案例的成功有利于企业更好地实施直播带货的战略，为贡献行为的研究提供了实践支持。

二、管理借鉴

随着直播带货的迅速发展，越来越多的企业走向直播带货的道路，然而由于实施不当，最终造成消费者贡献率低，企业业绩并不显著。本书基于人-场-货的视角来探求消费者贡献行为的影响因素，为企业进行直播带货提供指导和借鉴意义。

（一）基于直播带货的场景，整体实施布局

研究发现，背景图片、背景音乐、直播间的人气、产品展示、产品吸引力、消费者评论、消费者互动、网红可信性、网红专业性、网红吸引力会影响消费者贡献行为。因此零售企业在直播带货时，要充分考虑，整体布局，将每个细节都细致考虑，要做好全盘的规划，以便更好地吸引消费者进行产品分享和购买，提高消费者在直播间的贡献率。

（二）重视人的因素，合理选择网红

首先，研究发现网红自身的特质如可信性、互动性、吸引力等会影响产品质量感知，会唤醒消费者情感，并进而影响消费者购买决策。因此，企业在进行直播带货时，要针对产品特点，选择可信性、互动性和吸引力较高的网红，进行直播带货。通过网红自身的特质，吸引消费者进行购买。其次，研究还发现消费者对产品的感知会影响消费者贡献行为。因此，企业在利用网红来提高营销效率时，还要关注产品本身的质量。只有在保证产品质量的前提下，才能获得消费者长久的青睐。最后，研究进一步发现产品涉入度会影响网红特质与消费者产品质量感知、唤醒感知之间的关系。因此，在消费者高产品涉入度的前提下，企业应提升网红的可信性，通过网红在直播过程中抽奖、赠送小礼物、对弹幕问题进行解答等方式来提升与消费者之间的互动，进而增加消费者自身的体验和临场感。

（三）重视场的因素，营造良好的社会线索

首先，研究发现物理性社会线索、人员性社会线索和氛围线索显著正向影响社会临场感和场景依恋。因此，在直播带货的过程中，要充分考虑直播间的场景和布局，为消费者营造一个温馨的场景。此外，在直播带货过程中，网红还应该积极与消费者进行互动，通过及时、有效地回答消费者的困惑，来拉近企业与消费者的距离，增强消费者的临场感和依恋感。其次，研究还发现社会临场感显著正向影响消费者贡献行为。因此，在直播带货过程中，网红可以通过向消费者展示产品的形状、大小、色泽使消费者了解产品。此外，在直播过程中，主播还可以通过试穿，通过用手触摸产品来向消费者展现产品的质量，通过与消费者互动，来有效传递相关的信息，进而解决消费者最为关心的问题。通过拉近与消费者之间的距离，来增强消费者对企业的贡献行为（如产品分享和购买）。最后，研究进一步发现场景依恋显著正向影响消费者贡献行为。因此，在直播带货过程中，企业工作人员和网红要加强对消费者心理利益的关注，要主动拉近与消费者之间的距离，通过对消费者的偏好进行建档，与消费者之间建立良好的关系，增进消费者对直播场景的依恋，并最终对企业产生贡献行为（如产品分享和购买）。

（四）重视货的因素，提升产品的展示水准

首先，研究发现产品展示互动性显著负向影响认知不信任和情感不信任。因此在直播购物过程中，直播平台要积极加强与消费者之间的互动，特别是主播要积极与消费者进行沟通，及时有效地回答消费者对产品的提问，通过有效的回答来打消消费者对平台或主播的质疑和不信任，从而更好地增进彼此之间的信任。其次，产品展示生动性显著负向影响情感不信任。因此，在直播购物过程中，主播或直播平台要积极展示产品的款式、产地，通过试穿，向消费者全方位地展示产品的性能。此外，直播平台或网红还可以通过3D试衣间，让消费者免费体验试穿等。通过提高直播过程中的生动性，来增加消费者临场感，并最终消除消费者对平台或主播的不信任。最后，认知不信任和情感不信任显著负向影响消费者贡献行为。因此，在直播带货过程中，一定要拉近网红、产品与消费者之间的距离。网红可以通过拉家常、展示产品细节在一定

程度上打消消费者顾虑。此外，对售后的承诺，也是降低消费者不信任感的一个重要因素。

（五）重视其他的情景因素，增强情景与消费者的匹配度

首先，研究发现AR App设计会显著影响叙事传输和空间沉浸，而叙事传输和空间沉浸会显著影响消费者贡献行为，涉入度在AR App设计与叙事传输、空间沉浸之间具有调节作用，产品知识在叙事传输、空间沉浸和贡献行为之间具有调节作用。因此在直播带货过程中，企业要投入相关的资源完善设计，力求在AR App中向消费者全方位展示产品细节，通过人与产品的互动及产品展现出的生动性，激发消费者空间沉浸感。此外，企业可以在AR App中灵活运用叙事传输方法展开营销活动，如分享创始人创建品牌的经历，通过对品牌背后故事的讲述，增加品牌故事叙事的想象力和生动性，传递品牌理念，营造品牌形象，增强消费者的品牌偏好和认同。

其次，研究还发现网红自我披露显著正向影响网红可信性、专业性和吸引力。网红可信性、专业性、吸引力与消费者贡献行为之间呈现正相关关系。网红可信性、专业性、吸引力在网红自我披露与消费者贡献行为之间起中介作用。产品知识在网红专业性、吸引力与消费者贡献行为之间发挥调节作用。因此在直播购物前，网红有必要进行自我披露。因为自我披露可以让消费者感觉到网红是一个有亲和力的人。企业在选择网红进行直播购物时，可以让网红提前对相关信息进行披露，通过将自身的日常生活与企业的产品相结合，以一种生动活泼的方式进行呈现，通过这种方式来吸引消费者，增强消费者对网红的认可，提高消费者对相关产品的吸引力。

最后，研究发现服务补救显著正向影响心理契约。心理契约显著正向影响消费者宽恕。消费者宽恕正向影响消费者贡献行为。准浪漫关系在心理契约与消费者宽恕之间发挥负向调节作用。因此，在直播翻车后，及时的补救有助于获得消费者好感，更容易让消费者宽恕网红和平台的失误，有助于后期消费者对产品进行信息分享或购买。

第三节 研究的局限与展望

一、研究局限

本书在研究过程中，虽力求做到科学严谨，但由于个人能力、研究时间和研究水平的限制，本书在问卷调查和实证研究中难免存在一定的缺陷和不足。

（一）直播带货情景下消费者贡献行为的影响因素存在不足

本书在研究直播带货情景下消费者贡献行为时，虽然严格按照扎根理论的步骤进行相关的研究，但由于访谈的样本有限，没有经过更大样本的检验，难免会受到影响。此外，由于在编码过程中，主要由编码者进行主观编码，虽然按照一定程序对相关编码进行规范，但在编码过程中难免会受到个人主观因素的干扰。因此，在进行直播带货情景下消费者贡献行为的因素探讨会存在一定的局限性。

（二）网红特质与消费者贡献行为之间的研究存在不足

本书在研究网红特质与消费者贡献行为时，虽然在样本的选择上，通过加入一定的限制来提升样本的代表性，但由于时间和精力等因素的限制，使得样本的某些特征过于单一，如受教育的程度大部分集中在本科阶段，职业主要集中在文职/办事人员等，难以对外进行推广。此外，在研究网红特质与消费者贡献行为之间的关系时，重点研究涉入度在网红特质与产品质量感知、唤醒感知之间的影响，没有考虑其他因素的影响，如产品知识、认同感知等也会在一定程度上影响消费者贡献行为。

（三）社会线索与消费者贡献行为之间的研究存在不足

本书在研究社会线索与消费者贡献行为时，主要采用问卷调查的方法搜集数据，没有采用二手数据和面板数据。而贡献行为在信息管理领域，一些学者们主要采用二手数据如医疗平台进行研究，由此造成样本的外延性不够。此外，在方法上，本书主要采用结构方程和模糊分析来分析，没有采用数学建模的方法。

（四）产品展示与消费者贡献行为之间的研究存在不足

本书在研究产品展示与消费者贡献行为时，主要采用国外的量表进行测量，在量表进行翻译时，难免会存在误差，虽然采用翻译–回译的模式，仍难免会存在一定差异。此外，在研究产品展示与消费者贡献行为时，所选择的中介主要是认知不信任和情感不信任，没有考虑其他的变量如临场感，也没有考虑其他变量对消费者贡献行为的影响如积极倾向和防御倾向，这些都会在一定程度上对消费者贡献行为产生影响。

（五）AR App设计、网红自我披露与消费者贡献行为之间的研究存在不足

本书在研究AR App设计与消费者贡献行为时，重点选择从叙事传输和空间沉浸的视角来研究消费者贡献行为。在未来的研究中，学者们可以基于AR移动应用程序广告环境的视角，探求影响消费者贡献行为的其他因素。在研究网红自我披露与消费者贡献行为时，选择信息源为中介变量进行相关的研究，未来可以选择从类社会关系的视角研究自我披露是如何通过类社会关系影响消费者贡献行为的。

二、研究展望

本书基于直播带货的情景，研究消费者贡献行为的影响因素，丰富了已有直播带货的研究成果，扩展了贡献行为的研究范畴。但由于研究时间和研究水平的限制，本书研究中仍然存在一些需要改进和探讨的地方。

（一）进一步探求直播带货情景下消费者贡献行为的影响因素

本书通过访谈，通过编码、归纳和总结，将相关因素分为背景图片、背景音乐、直播间的人气、产品展示、产品吸引力、消费者评论、消费者互动、网红可信性、网红专业性、网红吸引力十个因子，并进一步归纳为网红、社会线索和产品展示，最终总结为人–场–货三个方面。在归纳和总结过程中，并没有考虑其他的影响因素，如消费者特征、企业的声誉、竞争对手力量等，这些都会在一定程度上影响消费者贡献行为。

（二）引入新的变量

本书在研究直播带货情景下消费者贡献行为时，主要从人–场–货的视角研究其对消费者贡献行为的影响。本书在研究过程中，选择从产品质量感知、唤醒感知、社会临场感、场景依恋、认知不信任、情感不信任为中介变量，未来在中介变量的选择上可以从缘分感、心理契约等因素入手；在调节变量的选择上，本书在研究过程中选择从涉入度入手，未来在调节变量的选取上可以从内容一致性、认知闭合、产品知识等方面进行研究。

（三）方法创新

本书在对直播带货情景下消费者贡献行为的研究，主要采用访谈和问卷调查的方法来搜集数据，所采用的方法主要是扎根理论、结构方差和模糊分析法，未来可以借鉴信息管理领域对贡献行为的研究方法，采用二手数据或者通过网站"爬虫"的模式来收集收据，通过数学建模的方式来进一步研究消费者贡献行为，提高研究的外部性和推广性。

参考文献

英文参考文献：

A K K, R A B, Ryan H. 2016. Celebrity influence and identification: a test of the angelina effect[J]. Journal of health communication, 21(3):318-326.

ANSHEL H M. 2013. The effect of arousal on warm-up decrement[J]. Research Quarterly for Exercise and Sport, 56(1):1-9.

AVAN, UYAR, ZORLU, et al. 2019. The effects of servicescape on the emotional states and behavioural responses of hotel guests[J]. Anatolia, 30(3):303-315.

BERG J H, ARCHER R L. 1983. The disclosure - liking relationship[J]. Human Communication Research, 10(2):269-281.

BIOCCA A F, HARMS C, BURGOON K J. 2003. Towards a more robust theory and measure of social presence: review and suggested criteria. [J]. Presence, 12(5):456-480.

BISWAS D, BISWAS A, DAS N. 2006. The differential effects of celebrity and expert endorsements on consumer risk perceptions: the role of consumer knowledge, perceived congruency, and product technology orientation[J]. Journal of Advertising, 35(2):17-31.

BRENGMAN M, WILLEMS K, KERREBROECK H. 2019. Can't touch this: the impact of augmented reality versus touch and non-touch interfaces on perceived ownership[J]. Virtual Reality, 23(3):269-280.

BRIDGES E, FLORSHEIM R. 2007. Hedonic and utilitarian shopping goals:

The online experience[J]. Journal of Business Research, 61(4):309-314.

C M G, C T B. 2000. The role of transportation in the persuasiveness of public narratives. [J]. Journal of personality and social psychology, 79(5):701-21.

CHEN C, LIN Y. 2018. What drives live-stream usage intention? The perspectives of flow, entertainment, social interaction, and endorsement[J]. Telematics and Informatics, 35(1):293-303.

CHIN Y T, R. S C, K. S R. 2022. Augmented reality in retail and its impact on sales[J]. Journal of Marketing, 86(1):48-66.

CHOI S M, RIFON N J. 2012. It is a match: the impact of congruence between celebrity image and consumer ideal self on endorsement effectiveness[J]. Psychology & Marketing, 29(9):639-650

CHUNG S, CHO H. 2017. Fostering parasocial relationships with celebrities on social media: implications for celebrity endorsement[j]. psychology & marketing, 34(4):481-495.

CHUNG S, CHO H. 2017. Fostering parasocial relationships with celebrities on social media: implications for celebrity endorsement[J]. Psychology Marketing, 34(4):481-495.

CHURCHILL G A. 1979. A paradigm for developing better measures of marketing constructs[j]. journal of marketing research, 16(1):64-73.

COLLINS N L, MILLER L C. 1994. Self-disclosure and liking: a meta-analytic review. [J]. Psychological Bulletin, 116(3):457-475.

COWAN K, KETRON S. 2019. A dual model of product involvement for effective virtual reality: the roles of imagination, co-creation, telepresence, and interactivity[J]. Journal of Business Research, (100)：483-492.

COX D. 2009. Predicting consumption, wine involvement and perceived quality of australian red wine[J]. Journal of Wine Research, 20(3):209-229.

COYLE J R, THORSON E. 2001. The effects of progressive levels of interactivity and vividness in web marketing sites[J]. Journal of Advertising, 30(3)：

65-77.

CUMMINGS N J. 2004. Work groups, structural diversity, and knowledge sharing in a global organization[J]. Management Science, 50(3):352-364.

DODDS W B, MONROE K B, GREWAL D. 1991. Effects of price, brand, and store information on buyers' product evaluations[j]. Journal of Marketing Research, 28(3):307-319.

DOWELL T C, DUNCAN F D. 2016. Periscoping economics through someone else's eyes: a real world (twitter) app[J]. International Review of Economics Education, (23)34-39.

E S, DANNY D H, KYUN Y C. 2021. Augmented reality advertising via a mobile app[J]. Psychology Marketing, 39(3):543-558.

ERDOGAN Z B. 1999. Celebrity endorsement: a literature review[J]. Journal of Marketing Management, 15(4):291-314.

EVANS N J, PHUA J, LIM J, et al. 2017. Disclosing instagram influencer advertising: the effects of disclosure language on advertising recognition, attitudes, and behavioral intent[J]. Journal of Interactive Advertising, 17(2)：138-149.

FERCHAUD A, GRZESLO J, ORME S, et al. 2018. Parasocial attributes and youtube personalities: exploring content trends across the most subscribed youtube channels[J]. Computers in Human Behavior, (80)：88-96.

FERCHAUD, ARIENNE, GRZESLO, JENNA, ORME, STEPHANIE, et al. 2018. Parasocial attributes and YouTube personalities: Exploring content trends across the most subscribed YouTube channels[J]. Computers in human behavior, (80):88-96.

FIORE M A, KIM J. 2007. An integrative framework capturing experiential and utilitarian shopping experience[J]. International Journal of Retail Distribution Management, 35(6):421-442.

FLOH A, MADLBERGER M. 2013. The role of atmospheric cues in online impulse-buying behavior[J]. Electronic Commerce Research & Applications, 12(1-

6):425-439.

FORTIN D R, DHOLAKIA R R. 2005. Interactivity and vividness effects on social presence and involvement with a web-based advertisement[J]. Journal of business research, (3):58.

FOWLES D C. 1980. The three arousal model: implication of gray two-factor learning theory for heart rate, electmplate activity, and psychopathy[J]. Psychohysiology, (17): 87-104.

FREIDEN J B. 1984. Advertising spokesperson effects: an examination of endorser type and gender on two audiences[J]. Journal of Advertising Research, 24(5):33-41.

GAMMOH S B, VOSS E K, CHAKRABORTY G. 2006. Consumer evaluation of brand alliance signals[J]. Psychology and Marketing, 23(6):465-486.

GENG R, WANG S, CHEN X, et al. 2020. Content marketing in e-commerce platforms in the internet celebrity economy[J]. Industrial Management Data Systems, 120(3):464-485.

GIRISH R, V. K. 2008. Interaction orientation and firm performance[J]. Journal of Marketing, 72(1):27-45.

GONG W, LI X. 2017. Engaging fans on microblog: the synthetic influence of parasocial interaction and source characteristics on celebrity endorsement[J]. Psychology Marketing, 34(7):720-732.

HASSANEIN K, HEAD M M. 2007. Manipulating perceived social presence through the web interface and its impact on attitude towards online shopping[J]. International Journal of Human-Computer Studies, 65(8):689-708.

HAUSMAN V A, SIEKPE S J. 2008. The effect of web interface features on consumer online purchase intentions[J]. Journal of Business Research, 62(1):5-13.

HILKEN T, KEELING I D, RUYTER D K, et al. 2020. Seeing eye to eye: social augmented reality and shared decision making in the marketplace[J]. Journal of the Academy of Marketing Science: Official Publication of the Academy of

Marketing Science, 48(4):143-164.

HILKEN T, RUYTER D K, CHYLINSKI M, et al. 2017. Augmenting the eye of the beholder: exploring the strategic potential of augmented reality to enhance online service experiences[J]. Journal of the Academy of Marketing Science, 45(6):884-905.

HONG J, STERNTHAL B. 2010. The effects of consumer prior knowledge and processing strategies on judgments[J]. Journal of Marketing Research, 47(2):301-311.

HOU F, GUAN Z, LI B, et al. 2019. Factors influencing people's continuous watching intention and consumption intention in live streaming[J]. Internet Research, 30(1):141-163.

HU H, JASPER R C. 2006. Social cues in the store environment and their impact on store image[J]. International Journal of Retail Distribution Management, 34(1):25-48.

HUANG L. 2015. Trust in product review blogs: the influence of self-disclosure and popularity[J]. Behaviour Information Technology, 34(1):33-44.

HUANG, TSENG-LUNG, LIU, et al. 2014. Formation of augmented-reality interactive technology's persuasive effects from the perspective of experiential value[J]. Internet Research, 24(1):82-109.

HWANG K, ZHANG Q. 2018. Influence of parasocial relationship between digital celebrities and their followers on followers' purchase and electronic word-of-mouth intentions, and persuasion knowledge[J]. Computers in Human Behavior, (87):155-173.

HWANG K, ZHANG Q. 2018. Influence of parasocial relationship between digital celebrities and their followers on followers' purchase and electronic word-of-mouth intentions, and persuasion knowledge[J]. Computers in Human Behavior, (87): 155-173.

HWANG Y, JEONG S. 2016. "This is a sponsored blog post, but all opinions are my own": The effects of sponsorship disclosure on responses to sponsored blog posts[J]. Computers in Human Behavior, (62):528-535.

IPE M. 2003. Knowledge sharing in organizations: a conceptual framework[J]. Human Resource Development Review, 2(4):337-359.

JANS D S, CAUBERGHE V, HUDDERS L. 2018. How an advertising disclosure alerts young adolescents to sponsored vlogs: the moderating role of a peer-based advertising literacy intervention through an informational vlog[J]. Journal of Advertising, 47(4):309-325.

JOHN C. MOWEN, MICHAEL MINOR. 1998. Consumer behavior[M]. Upper Saddle River：Prentice-Hall.

JOSHUA G. 2011. The Unwatched Life Is Not Worth Living: The Elevation of the Ordinary in Celebrity Culture[J]. PMLA, 126(4):1061-1069.

JOSIAM, B. M. 2005. Involvement and the tourist shopper: using the involvement construct to segment the american tourist shopper at the mall[J]. Journal of Vacation Marketing, 11(2):135-154.

KIANI R, SHADLEN N M. 2009. Representation of confidence associated with a decision by neurons in the parietal cortex[J]. Science, 324(5928):759-764.

KIM J, LENNON S J. 2013. Effects of reputation and website quality on online consumers' emotion, perceived risk and purchase intention: based on the stimulus-organism-response model[J]. Journal of Research in Interactive Marketing, 7(1):33-56.

KIM M, KIM J. 2020. How does a celebrity make fans happy? Interaction between celebrities and fans in the social media context[J]. Computers in Human Behavior, 111:106419.

KOCK N. 2015. Common method bias in pls-sem: a full collinearity assessment approach[J]. International Journal of e-Collaboration (IJeC), 11(4):1-10.

KOO D, JU S. 2009. The interactional effects of atmospherics and perceptual curiosity on emotions and online shopping intention[J]. Computers in Human

Behavior, 26(3):377-388.

KRUGMAN H E. 1965. The impact of television advertising: learning without involvement[J]. Public Opinion Quarterly, (3):3.

KUMAR V, GUPTA S. 2016. Conceptualizing the evolution and future of advertising[J]. Journal of Advertising, 45(3):302-317.

KYLE G, GRAEFE A, MANNING R, et al. 2004. Effects of place attachment on users' perceptions of social and environmental conditions in a natural setting[J]. Journal of Environmental Psychology, 24(2):213-225.

LABRECQUE L I. 2014. Fostering Consumer–Brand Relationships in Social Media Environments: The Role of Parasocial Interaction[J]. Journal of Interactive Marketing, 28(2):134-148.

LAURENT G, KAPFERER, JEAN-NOËL. 1985. Measuring consumer involvement profiles[J]. Journal of Marketing Research, 22(1):41-53.

LEHMANN F D R. 2004. Reactance to recommendations: when unsolicited advice yields contrary responses[J]. Marketing Science, 23(1):82-94.

LEMI B, ZEYNEP C. 2018. When more is more? The impact of breadth and depth of information disclosure on attributional confidence about and interpersonal attraction to a social network site profile owner[J]. CYBERPSYCHOLOGY-JOURNAL OF PSYCHOSOCIAL RESEARCH ON CYBERSPACE, 12(1):1-17.

LIN R, UTZ S. 2017. Self-disclosure on SNS: Do disclosure intimacy and narrativity influence interpersonal closeness and social attraction?[J]. Computers in Human Behavior, (70)：426-436.

LOU C, YUAN S. 2019. Influencer Marketing: How Message Value and Credibility Affect Consumer Trust of Branded Content on Social Media[J]. Journal of Interactive Advertising, 19(1):58-73.

MAHR D, LIEVENS A. 2011. Virtual lead user communities: drivers of knowledge creation for innovation[J]. Research Policy, 41(1):167-177.

MILGRAM P, KISHINO F. 1994. A taxonomy of mixed reality visual displays[J]. IEICE Transactions on Information and Systems, 12(12):1321-1329.

NILSSON C N, NORDAHL R, SERAFIN S. 2016. Immersion revisited: a review of existing definitions of immersion and their relation to different theories of presence[J]. Human Technology, 12(2):108-134.

OHANIAN R. 1990. Construction and validation of a scale to measure celebrity endorsers' perceived expertise, trustworthiness, and attractiveness[J]. Journal of Advertising, 19(3):39-52.

QUAN Y, CHOE J S, IM I. 2020. The economics of para-social interactions during live streaming broadcasts : a study of wanghongs[J]. Asia Pacific Journal of Information Systems, 30(1):143-165.

RIDINGS M C, GEFEN D, ARINZE B. 2002. Some antecedents and effects of trust in virtual communities[J]. Journal of Strategic Information Systems, 11(3-4):271-295.

ROSENBAUM S M, MASSIAH C. An expanded servicescape perspective[J]. Journal of Service Management, 2011, 22(4):471-490.

ROSENBAUM S M. 2005. The symbolic servicescape: your kind is welcomed here[J]. Journal of Consumer Behaviour, 4(4):257-267.

SAMANTHA K, RORY M, JOY P. 2020. When less is more: the impact of macro and micro social media influencers' disclosure[J]. Journal of Marketing Management, 36(3-4):248-278.

SAREL G D. 1991. Comparative advertising effectiveness: the role of involvement and source credibility[J]. Journal of Advertising, 20(1):38-45.

SEO Y, LI X, CHOI K Y, et al. 2018. Narrative transportation and paratextual features of social media in viral advertising[J]. Journal of Advertising, 47(1):83-95.

SEOKHO H, JIHWAN Y, JOOKYUNG K. 2021. Impact of experiential value of augmented reality: the context of heritage tourism[J]. Sustainability, 13(8):4147.

SHEN F, AHERN L, BAKER M. 2014. Stories that count: influence of news narratives on issue attitudes[J]. Journalism & Mass Communication Quarterly,

91(1):98-117.

SILVERA H D, AUSTAD B. 2004. Factors predicting the effectiveness of celebrity endorsement advertisements[J]. European Journal of Marketing, 38(11-12):1509-1526.

STUBB C, COLLIANDER J. 2019. "This is not sponsored content" – The effects of impartiality disclosure and e-commerce landing pages on consumer responses to social media influencer posts[J]. Computers in Human Behavior, (98):210-222.

SUN Y, SHAO X, LI X, ET AL. 2020. A 2020 perspective on "How live streaming influences purchase intentions in social commerce: An IT affordance perspective"[J]. Electronic Commerce Research and Applications, (40):100958.

SUNDARAM D S, WEBSTER C. 2000. The role of nonverbal communication in service encounters[J]. Journal of Services Marketing, 14(5):378-391.

T S M, B L F, S J C, et al. 2013. Narrative versus non-narrative: the role of identification, transportation and emotion in reducing health disparities[J]. The Journal of communication, 63(1):116-137.

TSAY-VOGEL M, SHANAHAN J, SIGNORIELLI N. 2018. Social media cultivating perceptions of privacy: A 5-year analysis of privacy attitudes and self-disclosure behaviors among Facebook users. [J]. New Media Society, 20(1):141-161.

UTZ S. 2015. The function of self-disclosure on social network sites: Not only intimate, but also positive and entertaining self-disclosures increase the feeling of connection[J]. Computers in Human Behavior, (45):1-10.

VALARIE, A, ZEITHAML. 1988. Consumer perceptions of price, quality, and value: a means-end model and synthesis of evidence[J]. Journal of Marketing, 52(3):2-22.

WINSTED K F. 1997. The service experience in two cultures: a behavioral perspective[J]. 73(3):337-360.

WYNVEEN C J, KYLE G T, SUTTON S G. 2012. Natural area visitors' place meaning and place attachment ascribed to a marine setting[J]. Journal of Environmental Psychology, 32(4):287-296.

YI-CHEON M, SHU-CHUAN, SAUER, et al. 2017. Is augmented reality technology an effective tool for e-commerce? an interactivity and vividness perspective[J]. (39):89-103.

YU HUI, FANG. 2012. Does online interactivity matter? Exploring the role of interactivity strategies in consumer decision making[J]. Computers in Human Behavior, 28(5):1790-1804.

YU J, HU J H, CHENG T H. 2015. Role of affect in self-disclosure on social network websites: a test of two competing models[J]. Journal of Management Information Systems, 32(2):239-277.

ZAICHKOWSKY J L. 1985. Measuring the involvement construct[J]. Journal of Consumer Research, 12(3):341-352.

ZHAO X, JR J G L, CHEN Q. Reconsidering baron and kenny: myths and truths about mediation analysis[J]. Journal of Consumer Research, 2010, 37(2):197-206.

ZHENG L. 2014. Narrative transportation in radio advertising: a study of the effects of dispositional traits on mental transportation[J]. Journal of Radio & Audio Media, 21(1):36-50.

ZHOU T, LU Y. 2011. Examining mobile instant messaging user loyalty from the perspectives of network externalities and flow experience[J]. Computers in Human Behavior, 27(2):883-889.

中文参考文献：

敖鹏. 网红为什么这样红——基于网红现象的解读和思考［J］. 当代传播，2016（4）：40-44.

毕达天. 2014. B2C电子商务企业–客户间互动对客户体验影响研究［D］. 长春：吉林大学.

曹威麟，陈文江. 2007. 心理契约研究述评［J］. 管理学报，4（5）：682-687，694.

曾锵. 2020. 场景化架构零售商业模式研究［J］. 商业经济与管理，（6）：5-17.

陈纯柱，刘娟. 网络主播监管中的问题与制度构建［J］. 探索，2017（6）：136-145.

陈晶，袁文萍，冯延勇，等. 2010. 决策信心的认知机制与神经基础［J］. 心理科学进展，18（4）：630-638.

陈荣，苏凇，窦文宇. 2013. 对信息源的正向跟随倾向对决策效果的影响［J］. 心理学报，45（8）：887-898.

陈瑞，郑毓煌，刘文静. 2013. 中介效应分析：原理、程序、Bootstrap方法及其应用［J］. 营销科学学报，9（4）：120-135.

陈艺妮，金晓彤. 2013. 中国消费者网络购物中信任与不信任的形成机制［J］. 科学决策，（10）：1-14.

陈迎欣，郗旭彤，文艳艳. 2021. 网络直播购物模式中的买卖双方互信研究［J］. 中国管理科学，29（2）：228-236.

程振宇. 2013. 社会网络下网络互动对购买意愿影响及信任保证机制研究［D］. 北京邮电大学.

戴鑫，卢虹. 2015. 社会临场感在多领域的发展及营销研究借鉴［J］. 管理学报，12（8）：1172-1183.

范钧，聂津君. 2016. 企业–顾客在线互动、知识共创与新产品开发绩效［J］. 37（1）：119-127.

范小军，蒋欣羽，倪蓉蓉，等. 2020. 移动视频直播的互动性对持续使用意愿的影响［J］. 系统管理学报，29（2）：294-307.

范晓明，王晓玉，杨秾. 2018. 消费者感知视角的网络发言人特质对品牌关系投资意愿影响机制研究［J］. 南开管理评论，21（5）：66-74.

范晓屏，韩洪叶，孙佳琦. 2013. 网站生动性和互动性对消费者产品态度的影响——认知需求的调节效应研究［J］. 管理工程学报，27（3）：196-204.

范晓屏，马庆国. 2009. 基于虚拟社区的网络互动对网络购买意向的影响研究［J］.浙江大学学报学报（人文社会科学版），39（5）：149-157..

费鸿萍，周成臣. 2021. 主播类型与品牌态度及购买意愿——基于网络直播购物场景的实验研究［J］.河南师范大学学报（哲学社会科学版），48（3）：80-89.

费显政，丁奕峰. 2013. 营销互动中的消费者内疚模型研究［J］.管理学报，10（07）：1016-1023.

符国群，佟学英. 2003. 品牌、价格和原产地如何影响消费者的购买选择［J］.管理科学学报，（6）：79-84.

高辉，沈佳. 2016. 基于购物过程体验的享乐性购物研究述评［J］.外国经济与管理，38（4）：63-72.

龚潇潇，叶作亮，吴玉萍，等. 2019. 直播场景氛围线索对消费者冲动消费意愿的影响机制研究［J］.管理学报，16（6）：875-882.

韩箫亦. 2020. 电商主播属性对消费者在线行为意向的作用机理研究［D］.长春：吉林大学.

黄京华，金悦，张晶. 2016. 企业微博如何提升消费者忠诚度——基于社会认同理论的实证研究［J］.南开管理评论，19（4）：159-168.

黄静，郭昱琅，熊小明，等. 2016. 在线图片呈现顺序对消费者购买意愿的影响研究——基于信息处理模式视角［J］.营销科学学报，12（1）：15-29.

黄静，邹淯鹏，刘洪亮，等. 2017. 网上产品动静呈现对消费者产品评价的影响［J］.管理学报，14（5）：742-750.

黄苏萍，马姗子，刘军. 2019. 霹雳手段还是菩萨心肠？刻板印象下企业家领导风格与产品质量感知关系的研究［J］.管理世界，35（9）：101-200.

黄元豪，李先国，黎静仪. 2020. 网红植入广告对用户行为回避的影响机制研究［J］.管理现代化，40（3）：102-105.

贾雷，周星，朱晓倩. 2012. 不信任研究脉络梳理与未来展望［J］.外国经济与管理，34（8）：73-81.

金立印. 2006. 消费者企业认同感对产品评价及行为意向的影响［J］.南开

管理评论，（3）：16-21.

金晓彤，田一伟. 2019. 共享经济下消费者信任和不信任的形成机制——基于结构方程模型和模糊集定性比较方法［J］. 技术经济，38（8）：99-107.

金玉芳，董大海，刘瑞明. 2006. 消费者品牌信任机制建立及影响因素的实证研究［J］. 南开管理评论，9（5）：28-35.

李清，卫海英，杨德锋，等. 2016. 顾客-员工拟亲关系对顾客重购意愿的影响——沟通风格、感知背叛的调节作用［J］. 营销科学学报，12（1）：89-106.

李艳娥. 2010. 顾客体验：理论渊源、演变及其梳理［J］. 商业研究，（2）：31-35.

李智娜. 2012. 在线品牌社群中互动性对品牌忠诚度的影响研究——以在线汽车品牌社群为例［D］. 上海：复旦大学.

梁静. 2010. 销售互动中的说服效果——基于消费者说服应对的视角［D］. 杭州：浙江大学.

廖文虎，尚光辉. 2021. 网络直播背景下网红对消费者决策信心的影响研究［J］. 河南牧业经济学院学报，34（6）：33-42.

廖文虎. 2021. 网络直播购物特征对消费者不信任的影响研究［J］. 中国物价，（4）：109-112.

林红焱，周星. 2014. 网络环境下消费者不信任的测量［J］. JMS年会论文.

林家宝，鲁耀斌，章淑婷. 2010. 网上至移动环境下的信任转移模型及其实证研究［J］. 南开管理评论，13（3）：80-89；100.

刘凤军，孟陆，陈斯允，等. 2020. 网红直播对消费者购买意愿的影响及其机制研究［J］. 管理学报，17（1）：94-104.

刘海鸥，陈晶，张亚明，等. 网红经济下青少年卷入行为及其归因实证研究［J］. 情报杂志，2018，37（2）：104-109.

刘平胜，石永东. 2020. 直播带货营销模式对消费者购买决策的影响机制［J］. 中国流通经济，34（10）：38-47.

刘雪峰，张志学. 2009. 认知闭合需要研究评述［J］. 心理科学进展，17（1）：51-55.

刘洋，李琪，殷猛. 2020. 网络直播购物特征对消费者购买行为影响研究［J］. 软科学，34（6）：108-114.

刘颖，孟健. 2018. 国际网络视频直播研究述评［J］. 信息资源管理学报，8（4）：106-118.

刘忠宇，赵向豪，龙蔚. 2020. 网红直播带货下消费者购买意愿的形成机制——基于扎根理论的分析［J］. 中国流通经济，34（8）：48-57.

罗海成. 2005. 营销情境中的心理契约及其测量［J］. 商业经济与管理，（6）：37-41；47.

吕洪兵. 2012. B2C网店社会临场感与粘性倾向的关系研究［D］. 大连：大连理工大学.

马志浩，葛进平，周翔. 2020. 网络直播用户的持续使用行为及主观幸福感——基于期望确认模型及准社会关系的理论视角［J］. 新闻与传播评论，73（2）：29-46.

迈尔斯. 休伯曼. 2008. 质性资料的分析：方法与实践［M］. 张芬芬，译. 重庆：重庆大学出版社.

孟陆，刘凤军，陈斯允，等. 2020. 我可以唤起你吗——不同类型直播网红信息源特性对消费者购买意愿的影响机制研究［J］. 南开管理评论，23（1）：131-143.

彭军锋，景奉杰.. 2006. 关系品质对服务补救效果的调节作用［J］. 南开管理评论，（4）：8-15.

彭泗清. 2004. 企业服务能力提升：挑战与对策［J］. 经济界，（2）：26-29.

秦敏，梁溯. 2017. 在线产品创新社区用户识别机制与用户贡献行为研究：基于亲社会行为理论视角［J］. 南开管理评论，20（3）：28-39.

佘升翔，许浩然，徐大佑. 2022. 直播营销中消费者与带货主播的心理契约：量表开发及其动态演化［J］. 财经论丛，（6）：93-102.

沈霄，王国华，杨腾飞，等. 我国网红现象的发展历程、特征分析与治理对策［J］.情报杂志，2016，35（11）：93-98.

孙婧，王新新.2019.网红与网红经济——基于名人理论的评析［J］.外国经济与管理，41（4）：18-30.

孙乃娟，李辉.2011.感知互动一定能产生顾客满意吗?——基于体验价值、消费者涉入度、任务类型作用机制的实证研究［J］.经济管理，33（12）：107-118.

谭舒，李飞翔.2017."知识网红经济"视域下全民价值共创研究［J］.科技进步与对策，34（3）：123-127.

唐嘉庚.2007.互动性对B2C环境下信任及购买行为倾向影响研究［D］.上海：复旦大学.

陶金国，訾永真.2017.网红模式下消费者购买意愿的影响因素研究［J］.南京财经大学学报，（2）：89-95.

万君，李静，赵宏霞.2015.基于信任转移视角的移动购物用户接受行为实证研究［J］.软科学，29（2）：121-125.

汪旭晖，王东明，郝相涛.2017.线上线下价格策略对多渠道零售商品牌权益的影响——产品卷入度与品牌强度的调节作用［J］.财经问题研究，（6）：93-100.

王德芳，余林.2006.虚拟社会关系的心理学研究及展望［J］.心理科学进展，（3）：462-467.

王国顺，杨晨.2014.实体和网络零售下消费者的信任转移与渠道迁徙［J］.中南大学学报（社会科学版），20（4）：9-16.

王海花，李玉，熊丽君，等.2019.主播网红属性对用户参与价值共创意愿的影响研究［J］.上海管理科学，41（4）：19-26.

王海忠，王晶雪，何云.2007.品牌名、原产国、价格对感知质量与购买意向的暗示作用［J］.南开管理评论，（6）：19-25；32.

王晶.2017.从网红到网红经济：自媒体传播新探索［J］.出版广角，（5）：49-50.

王新刚，林荫.2022.直播带货"翻车"的治理机制研究［J］.经济管理，

44（2）：178-191.

王兴元，刘泓辰. 2017. 网红粉丝热忱形成机制及对消费意愿的影响［J］. 企业经济，36（2）：129-135.

卫海英，骆紫薇. 2014. 中国的服务企业如何与顾客建立长期关系？——企业互动导向变革型领导和员工互动响应对中国式顾客关系的双驱动模型［J］. 管理世界，（1）：105-119.

卫海英，杨国亮. 2011. 企业—顾客互动对品牌信任的影响分析——基于危机预防的视角［J］. 财贸经济，（4）：79-84.

卫海英，杨国亮. 2012. 企业互动导向下的品牌危机预防模式研究［J］. 商业经济与管理，（12）：42-51.

卫海英，张蕾，梁彦明，等. 2011. 多维互动对服务品牌资产的影响——基于灰关联分析的研究［J］. 管理科学学报，14（10）：43-53.

温忠麟，侯杰泰，张雷. 2005. 调节效应与中介效应的比较和应用［J］. 心理学报，（2）：268-274.

吴明隆. 2009. 结构方程模型：AMOS的操作与应用［M］. 重庆：重庆大学出版.

吴明隆. 2010. 问卷统计分析实务：SPSS操作与应用［M］. 重庆：重庆大学出版.

吴娜，宁昌会，龚潇潇. 2020. 直播营销中沟通风格相似性对购买意愿的作用机制研究［J］. 外国经济与管理，42（8）：81-95.

吴娜. 2021. 直播营销中主播沟通风格对购买意愿的影响——基于"人、货、场"视角［D］. 武汉：中南财经政法大学.

吴思，王慧，琪龙菲，等. 2022. 政府官员可以像网红一样直播吗？—公益直播代言人身份、语言风格对消费者购买意愿的影响［J］. 珞珈管理评论，（01）：116-136.

肖爽. 2011. 基于TAM/TPB整合模型的移动广告用户使用动机研究［D］. 武汉：武汉大学.

谢恩，黄缘缘，赵锐. 不同维度信任相互作用及对在线购物意愿影响研究［J］.管理科学，25（2）：69-77.

谢莹，李纯青，高鹏，等.2019.直播营销中社会临场感对线上从众消费的影响及作用机理研究——行为与神经生理视角［J］.心理科学进展，27（6）：990-1004.

徐娟，黄奇，袁勤俭.018.沉浸理论及其在信息系统研究中的应用与展望［J］.现代情报，238（10）：157-166.

杨强，申亚琛.2017.微商信息源特性对消费者购买意愿的影响研究［J］.大连理工大学学报（社会科学版），38（2）：27-32.

杨晓鹏，艾时钟.2015.信息不对称调节下网站质量对购买意愿影响的实证研究［J］.情报科学，33（10）：85-90.

于兆吉，朱蔓菱，魏闯.2023.心理契约视角下在线购物预防性服务补救对消费者宽恕的影响［J］.管理工程学报，37（6）：201-211.

喻昕，许正良.2017.网络直播平台中弹幕用户信息参与行为研究——基于沉浸理论的视角［J］.情报科学，35（10）：147- 151.

袁国宝，谢利明.2016.网红经济：移动互联网时代的千亿红利市场［M］.北京：企业管理出版社.

袁平，刘艳彬，李兴森.2015.互动导向、顾客参与创新与创新绩效的关系研究［J］.科研管理，36（8）：52-59.

袁少锋，李金苹.2022.直播带货产品失败事件中的顾客感知可控性与报复欲望——准浪漫关系的调节效应［J］.中国流通经济，36（6）：49-60.

詹姆斯·菲茨西蒙斯，莫娜·菲茨西蒙斯.2003.服务管理运作、战略与信息技术［M］.张金成，范秀成，译.北京：机械工业出版社.

张红霞，张益.2010.国别属性重要吗?代言人与广告效果关系研究的新视角［J］.心理学报，42（2）：304-316.

张昊，董智琦，王弘苏.2017.时尚网红参与价值共创对时尚产品设计属性影响的量表开发与实证研究［J］.管理学报，14（9）：1351-1361.

张渝，邵兵家.2022.强制型顾客参与对感知共同创造与在线服务补救满意的影响研究［J］.管理工程学报，36（1）：1-12.

张泽林，韦斐琼，韩冀东，等.2018.空气质量对消费者互联网搜索行为的影响［J］.管理科学，31（5）：16-29.

赵宏霞，王新海，周宝刚.2015.B2C网络购物中在线互动及临场感与消费者信任研究［J］.管理评论，27（2）：43-54.

赵茹，张楠.2016.解读网红：粉丝聚集与流量变现［J］.新闻研究导刊，7（21）：21-22.

肇丹丹.2015.B2C互动对渠道转换行为的影响研究［D］.武汉：中南财经政法大学.

郑春东，胡慧莹，韩晴.2016.网上商店产品展示研究综述—基于对SOR模型的拓展［J］.大连海事大学学报（社会科学版），15（1）：62-68.

周飞.2013.顾客互动与渠道协同绩效的关系研究——基于消费者渠道迁移行为的视角［D］.广州：华南理工大学.

周浩，龙立荣.共同方法偏差的统计检验与控制方法［J］.心理科学进展，2014（6）：942-950.

周鹏生.2018.认知闭合需要的结构及其产生机制［J］.心理技术与应用，6（11）：677-687.

周象贤.2009.名人广告效果的影响因素及其理论探讨［J］.心理科学进展，17（4）：811-820.

周延风，张婷，陈少娜.2018.网红社交媒体传播及消费者情感倾向分析——以网红品牌"喜茶"为例［J］.商业经济与管理，（4）：70-80.

朱国玮，吴雅丽.2015.网络环境下模特呈现对消费者触觉感知的影响研究［J］.中国软科学，（2）：146-154.

朱世平.2003.体验营销及其模型构造.商业经济与管理，（5）：25-27.

朱逸，桂勇.2020.网络直播购物：影响消费者行动参与的信息策略选择——基于"文本挖掘+QCA"的混合性研究［J］.企业经济，（5）：95-103.

庄贵军，李苗，沈璐，等.2012.网络交互技术的采用及其对企业与顾客交互的影响——基于5家企业的案例分析［J］.财贸研究，2013，24（3）：1-11.

附　　录

（附录A—H为本书的调查问卷，1~7分别代表非常不同意、比较不同意、
略微不同意、中性、略微同意、比较同意、非常同意）

附录A　消费者贡献行为影响因素访谈提纲

尊敬的女士/先生：

　　您好！我是一名高校教师，正在进行一项有关直播带货情景下消费者贡献行为方面的学术研究。本问卷采用匿名的方式，您所提供的信息仅供学术研究之用，敬请您安心填答，感谢您的支持！

1.请您回忆一下，您是否有过在直播间进行购物的经历？

　　（1）是（2）否

2.请您根据自己的回忆，写下您所在直播间的名称？

3.请您根据这次购物的经历，回忆一下进入购物直播间您第一眼会注意什么？

4.您觉得根据这次购物的经历，在观看直播时您一般会注意到直播间的哪些要素？

5.您认为直播过程中哪些情境因素会影响您的贡献行为？并说明原因.

个人信息部分

6.您的性别：

　　（1）男

　　（2）女

7.您的年龄：

　　（1）18岁以下（不含18岁）

（2）18～24岁

（3）25～34岁

（4）35～44岁

（5）45岁以上

8. 您的受教育程度：

（1）初中及以下

（2）高中或中专

（3）大专

（4）本科

（5）硕士及以上

9. 您的职业：

（1）在校学生

（2）技术人员

（3）专业人员

（4）教师

（5）工人

（6）个体户/自由职业者

（7）销售人员

（8）文职/办事人员

（9）无业/失业/下岗

（10）退休

（11）其他

10. 您的个人月收入（人民币）：

（1）1 000元以下

（2）1 000~3 000元

（3）3 000~5 000元

（4）5 000~10 000元

（5）10 000元以上

附录B　消费者贡献行为

尊敬的女士/先生：

　　您好！我是一名高校教师，正在进行一项有关消费者贡献行为方面的学术研究。本问卷采用匿名的方式，您所提供的信息仅供学术研究之用，敬请您安心填答，感谢您的支持！

1. 请您回忆一下，您是否有过在直播间进行购物的经历？

　　（1）是（2）否

2. 请您根据自己的回忆，写下您购物的直播间名称？

3. 请您回忆一下自己最近一次在直播间购物的经历，根据此次购物的真实感受，对下面的主动贡献行为的量表进行打分（1-7分别代表非常不同意-非常同意）。

　　（1）我会发表产品的使用经验与体会，并与其他用户分　享1 2 3 4 5 6 7

　　（2）我会发表对现有产品的改进建议或解决方案，以期公司完善产品息　1 2 3 4 5 6 7

　　（3）我会向其他消费者推荐相关的产品　1 2 3 4 5 6 7

　　（4）我会在直播间购买相关产品　1 2 3 4 5 6 7

4. 请您回忆一下自己最近一次在直播间购物的经历，根据此次购物的真实感受，对下面的反应贡献行为的量表进行打分（1-7分别代表非常不同意-非常同意）。

　　（1）我会参与他人提出的各类产品话题讨论，而不只是特定产品的话题　1 2 3 4 5 6 7

　　（2）我会被提出的主题内容或创意所吸引，继而参与讨论　1 2 3 4 5 6 7

　　（3）我会就他人产品的建议方案，提出自己的意见和想法　1 2 3 4 5 6 7

个人信息部分

5. 您的性别:

（1）男

（2）女

6. 您的年龄:

（1）18岁以下（不含18岁）

（2）18～24岁

（3）25～34岁

（4）35～44岁

（5）45岁以上

7. 您的受教育程度:

（1）初中及以下

（2）高中或中专

（3）大专

（4）本科

（5）硕士及以上

8. 您的职业:

（1）在校学生

（2）技术人员

（3）专业人员

（4）教师

（5）工人

（6）个体户/自由职业者

（7）销售人员

（8）文职/办事人员

（9）无业/失业/下岗

（10）退休

（11）其他

9. 您的个人月收入（人民币）：

（1）1 000元以下

（2）1 000～3 000元

（3）3 000～5 000元

（4）5 000～10 000元

（5）10 000元以上

附录C　网红特质对消费者贡献行为的调查问卷

尊敬的女士/先生：

　　您好！我是一名高校教师，正在进行一项有关网红特质对消费者贡献行为方面的学术研究。本问卷采用匿名的方式，您所提供的信息仅供学术研究之用，敬请您安心填答，感谢您的支持！

1. 请您回忆一下，您是否有过在直播间进行购物的经历？

（1）是（2）否

2. 请您根据自己的回忆，写下您所购物的直播间的名称？

3. 请您回忆一下自己最近一次在直播间购物的经历，根据此次购物的真实感受，对下面的网红可信性量表进行打分（1–7分别代表非常不同意–非常同意）。

（1）该网红直播的内容是可信的　1 2 3 4 5 6 7

（2）该网红推荐的相应产品较为可靠　1 2 3 4 5 6 7

（3）信任所观看的直播网红　1 2 3 4 5 6 7

4. 请您回忆一下自己最近一次在直播间购物的经历的经历，根据此次购物的真实感受，对下面的网红专业性量表进行打分（1–7分别代表非常不同意–非常同意）。

（1）您所观看的网红具有专业的技巧　1 2 3 4 5 6 7

（2）您所观看的直播网红具有特殊的技能专长　1 2 3 4 5 6 7

（3）您所观看的直播网红对推荐产品具有丰富的使用经验　1 2 3 4 5 6 7

（4）您所观看直播网红具有专业的知识　1 2 3 4 5 6 7

5.请您回忆一下自己最近一次在直播间购物的经历，根据此次购物的真实感受，对下面的网红吸引力量表进行打分（1-7分别代表非常不同意-非常同意）。

（1）您观看直播网红的原因是因为网红的外表吸引您　1 2 3 4 5 6 7

（2）您之所以关注该网红是因为他（她）很有魅力　1 2 3 4 5 6 7

（3）您认为您所观看的网红直播人很幽默有趣　1 2 3 4 5 6 7

（4）您认同直播网红的生活习惯　1 2 3 4 5 6 7

6.请您回忆一下自己最近一次在直播间购物的经历，根据此次购物的真实感受，对下面的产品质量感知量表进行打分（1-7分别代表非常不同意-非常同意）。

（1）网红推荐的产品很值得信赖　1 2 3 4 5 6 7

（2）网红推荐的产品工艺非常先进　1 2 3 4 5 6 7

（3）网红推荐的产品有很高的品质　1 2 3 4 5 6 7

（4）网红推荐的产品非常可靠　1 2 3 4 5 6 7

（5）网红推荐的产品效果非常持久　1 2 3 4 5 6 7

7.请您回忆一下自己最近一次在直播间购物的经历，根据此次购物的真实感受，对下面的唤醒感知量表进行打分（1-7分别代表非常不同意-非常同意）。

（1）当您在直播间进行购物时，您会很激动　1 2 3 4 5 6 7

（2）当您在直播间进行购物时，您会睡意全无　1 2 3 4 5 6 7

（3）当您在直播间进行购物时，您会很兴奋　1 2 3 4 5 6 7

（4）当您在直播间进行购物时，您会很疯狂　1 2 3 4 5 6 7

8.请您回忆一下自己最近一次在直播购物的经历，根据此次购物的真实感受，对下面的涉入度进行打分（1-7分别代表非常不同意-非常同意）。

（1）我在该直播间购买产品时会仔细挑选　1 2 3 4 5 6 7

（2）我愿意花很多时间在该直播间购买产品　1 2 3 4 5 6 7

（3）我对在该直播间购买产品很感兴趣　1 2 3 4 5 6 7

9.请您回忆一下自己最近一次在直播间购物的经历，根据此次购物的真实感受，对下面的消费者贡献行为的量表进行打分（1-7分别代表非常不同意-非常同意）。

（1）我会发表产品的使用经验与体会，并与其他用户分享　1 2 3 4 5 6 7

（2）我会发表对现有产品的改进建议或解决方案，以期公司完善产品信息
　　　1 2 3 4 5 6 7

（3）我会向其他消费者推荐相关的产品　1 2 3 4 5 6 7

（4）我会在直播间购买相关产品　1 2 3 4 5 6 7

（5）我会参与他人提出的各类产品话题讨论，而不只是特定产品的话题
　　　1 2 3 4 5 6 7

（6）我会被提出的主题内容或创意所吸引，继而参与讨论　1 2 3 4 5 6 7

（7）我会就他人产品的建议方案，提出自己的意见和想法　1 2 3 4 5 6 7

个人信息部分

10. 您的性别：

　（1）男

　（2）女

11. 您的年龄：

　（1）18岁以下（不含18岁）

　（2）18～24岁

　（3）25～34岁

　（4）35～44岁

　（5）45岁以上

12. 您的受教育程度：

　（1）初中及以下

　（2）高中或中专

　（3）大专

　（4）本科

　（5）硕士及以上

13. 您的职业：

　（1）在校学生

（2）技术人员

（3）专业人员

（4）教师

（5）工人

（6）个体户/自由职业者

（7）销售人员

（8）文职/办事人员

（9）无业/失业/下岗

（10）退休

（11）其他

14.您的个人月收入（人民币）：

（1）1 000元以下

（2）1 000～3 000元

（3）3 000～5 000元

（4）5 000～10 000元

（5）10 000元以上

附录D　社会线索对消费者贡献行为的调查问卷

尊敬的女士/先生：

　　您好！我是一名高校教师，正在进行一项有关社会线索对消费者贡献行为方面的学术研究。本问卷采用匿名的方式，您所提供的信息仅供学术研究之用，敬请您安心填答，感谢您的支持！

1.请您回忆一下，您是否有过在直播间进行购物的经历？

　　（1）是（2）否

2.请您根据自己的回忆，写下您所购物的直播间的名称？

3.请您回忆一下自己最近一次在直播间购物的经历，根据此次购物的真实感

受，对下面的物理性社会线索量表进行打分（1-7分别代表非常不同意–非常
同意）。

（1）直播间设计的要素符合我的形象、偏好或让我有所感触　1 2 3 4 5 6 7

（2）直播间设计的要素让我觉得我是属于这里的，是受欢迎的　1 2 3 4 5 6 7

（3）该直播间能让人体会到社会交往的感觉　1 2 3 4 5 6 7

（4）在该直播间感受到人际交往的温暖感　1 2 3 4 5 6 7

4. 请您回忆一下自己最近一次在直播间购物的经历，根据此次购物的真实感
受，对下面的人员性社会线索量表进行打分（1-7分别代表非常不同意–非常
同意）。

（1）对于我提出的各种问题和疑问，主播都能够快速有效地给予解决和答
复　1 2 3 4 5 6 7

（2）和主播交流时，他们的语言表现出对顾客的尊敬和欢迎　1 2 3 4 5 6 7

（3）主播能够熟练准确地提供相应的服务　1 2 3 4 5 6 7

（4）主播能够及时提供服务　1 2 3 4 5 6 7

（5）主播能够在观看者需要时提供关心和帮助　1 2 3 4 5 6 7

（6）其他顾客的在线评论内容与产品密切相关　1 2 3 4 5 6 7

（7）其他顾客的在线评论内容给人的感觉是真实可靠的　1 2 3 4 5 6 7

（8）其他顾客的在线评论内容未后续购买者提供了大量有用的信息　1 2 3 4 5 6 7

（9）其他顾客的评价内容积极客观　1 2 3 4 5 6 7

（10）其他顾客与我有很多的共同点　1 2 3 4 5 6 7

5. 请您回忆一下自己最近一次在直播间购物的经历，根据此次购物的真实感受，
对下面的氛围线索量表进行打分（1-7分别代表非常不同意–非常同意）。

（1）该直播平台的信息能满足我的需求　1 2 3 4 5 6 7

（2）该直播平台上有充分的产品/服务信息　1 2 3 4 5 6 7

（3）该直播平台上的信息是最新的、及时的　1 2 3 4 5 6 7

（4）在该直播平台上浏览信息是容易的　1 2 3 4 5 6 7

（5）很容易比较该直播平台上的产品/服务　1 2 3 4 5 6 7

（6）学习使用该直播平台对我而言是容易的　1 2 3 4 5 6 7

（7）该直播平台令我在视觉上赏心悦目　1 2 3 4 5 6 7

（8）该直播平台使用的颜色是吸引人的　1 2 3 4 5 6 7

（9）该直播平台的结构布局是吸引人的　1 2 3 4 5 6 7

6. 请您回忆一下自己最近一次在直播间购物的经历，根据此次购物的真实感受，
对下面的社会临场感量表进行打分（1~7分别代表非常不同意–非常同意）。

（1）我一般先到评论区参与讨论，寻求他人的看法，再做出购买决策
　　　1 2 3 4 5 6 7

（2）当我遇到问题时，能即时与主播进行在线交流　1 2 3 4 5 6 7

（3）我时常邀请好友一起观看并寻求他们的建议　1 2 3 4 5 6 7

（4）我感到兴奋和刺激　1 2 3 4 5 6 7

（5）我没有压力，非常轻松　1 2 3 4 5 6 7

（6）主播的音容笑貌使我感到非常亲近　1 2 3 4 5 6 7

（7）与主播联系能得到即时回应，让我减少了忧虑　1 2 3 4 5 6 7

（8）我会查看访客记录数据，查看浏览该直播的人数　1 2 3 4 5 6 7

（9）我会适时关注顾客购买产品的情况　1 2 3 4 5 6 7

（10）顾客与主播的沟通非常重要，尤其是即时交流　1 2 3 4 5 6 7

7. 请您回忆一下自己最近一次在直播间购物的经历，根据此次购物的真实感受，
对下面的场景依恋的量表进行打分（1~7分别代表非常不同意–非常同意）。

（1）如果进行同样的购物活动，我会优先选择这家直播间　1 2 3 4 5 6 7

（2）在这家直播间看直播和消费能很好地满足我的需求　1 2 3 4 5 6 7

（3）在这家直播间看直播和消费比在别处更让我满意　1 2 3 4 5 6 7

（4）观看这家直播和购物对我来讲是一种享受　1 2 3 4 5 6 7

8. 请您回忆一下自己最近一次在直播间购物的经历，根据此次购物的真实感
受，对下面的消费者贡献行为的量表进行打分（1~7分别代表非常不同意–非
常同意）。

（1）我会发表产品的使用经验与体会，并与其他用户分享　1 2 3 4 5 6 7

（2）我会发表对现有产品的改进建议或解决方案，以期公司完善产品信息
　　　1 2 3 4 5 6 7

（3）我会向其他消费者推荐相关的产品　1 2 3 4 5 6 7

（4）我会在直播间购买相关产品　1 2 3 4 5 6 7

（5）我会参与他人提出的各类产品话题讨论，而不只是特定产品的话题
　　　1 2 3 4 5 6 7

（6）我会被提出的主题内容或创意所吸引，继而参与讨论　1 2 3 4 5 6 7

（7）我会就他人产品的建议方案，提出自己的意见和想法　1 2 3 4 5 6 7

个人信息部分

9. 您的性别：

（1）男

（2）女

10. 您的年龄：

（1）18岁以下（不含18岁）

（2）18～24岁

（3）25～34岁

（4）35～44岁

（5）45岁以上

11. 您的受教育程度：

（1）初中及以下

（2）高中或中专

（3）大专

（4）本科

（5）硕士及以上

12. 您的职业：

（1）在校学生

（2）技术人员

（3）专业人员

（4）教师

（5）工人

（6）个体户/自由职业者

（7）销售人员

（8）文职/办事人员

（9）无业/失业/下岗

（10）退休

（11）其他

13. 您的个人月收入（人民币）：

（1）1 000元以下

（2）1 000～3 000元

（3）3 000～5 000元

（4）5 000～10 000元

（5）10 000元以上

附录E　产品展示对消费者贡献行为的调查问卷

尊敬的女士/先生：

　　您好！我是一名高校教师，正在进行一项有关社会线索对消费者贡献行为方面的学术研究。本问卷采用匿名的方式，您所提供的信息仅供学术研究之用，敬请您安心填答，感谢您的支持！

1. 请您回忆一下，您是否有过在直播间进行购物的经历？

　　（1）是（2）否

2. 请您根据自己的回忆，写下您所购物的直播间的名称？

3. 请您回忆一下自己最近一次在直播间购物的经历，根据此次购物的真实感受，对下面的产品展示生动性量表进行打分（1-7分别代表非常不同意-非常同意）。

　　（1）直播购物中我可以使用视觉和听觉等多种感官来体验商品　1 2 3 4 5 6 7

（2）直播购物中的商品展示非常逼真　1 2 3 4 5 6 7

（3）直播购物中的商品展示栩栩如生　1 2 3 4 5 6 7

（4）直播购物中提供多种信息展示方式　1 2 3 4 5 6 7

4. 请您回忆一下自己最近一次在直播间购物的经历，根据此次购物的真实感受，对下面的产品展示互动性量表进行打分（1–7分别代表非常不同意–非常同意）。

（1）我可以从多角度观看商品的内外部结构　1 2 3 4 5 6 7

（2）我可以选择不同的商品搭配在一起　1 2 3 4 5 6 7

（3）我可以随时调取商品的参数指标　1 2 3 4 5 6 7

（4）我可以通过直播让卖家展示商品细节　1 2 3 4 5 6 7

5. 请您回忆一下自己最近一次在直播间购物的经历，根据此次购物的真实感受，对下面的认知不信任量表进行打分（1–7分别代表非常不同意–非常同意）。

（1）这个卖家（网红）就想着尽最大可能赚到钱　1 2 3 4 5 6 7

（2）这个卖家（网红）就是个骗子　1 2 3 4 5 6 7

（3）这个卖家（网红）不会遵守诺言，提供优质产品和服务　1 2 3 4 5 6 7

（4）这个卖家（网红）不会满足我的需　要1 2 3 4 5 6 7

（5）这个卖家（网红）的管理方式是不负责任和不可靠的　1 2 3 4 5 6 7

6. 请您回忆一下自己最近一次在直播间购物的经历，根据此次购物的真实感受，对下面的情感不信任量表进行打分（1–7分别代表非常不同意–非常同意）。

（1）在这个直播间购物，让我担心　1 2 3 4 5 6 7

（2）在这个直播间购物，让我紧张　1 2 3 4 5 6 7

（3）这个直播间网红的敷衍，让我不安　1 2 3 4 5 6 7

（4）在这个直播间购物，让我害怕　1 2 3 4 5 6 7

7. 请您回忆一下自己最近一次在直播间购物的经历，根据此次购物的真实感受，对下面的消费者贡献行为的量表进行打分（1–7分别代表非常不同意–非常同意）。

（1）我会发表产品的使用经验与体会，并与其他用户分享　1 2 3 4 5 6 7

（2）我会发表对现有产品的改进建议或解决方案，以期公司完善产品信息
　　 1 2 3 4 5 6 7

（3）我会向其他消费者推荐相关的产品　1 2 3 4 5 6 7

（4）我会在直播间购买相关产品　1 2 3 4 5 6 7

（5）我会参与他人提出的各类产品话题讨论，而不只是特定产品的话题
　　 1 2 3 4 5 6 7

（6）我会被提出的主题内容或创意所吸引，继而参与讨论　1 2 3 4 5 6 7

（7）我会就他人产品的建议方案，提出自己的意见和想法　1 2 3 4 5 6 7

个人信息部分

8. 您的性别：

（1）男

（2）女

9. 您的年龄：

（1）18岁以下（不含18岁）

（2）18～24岁

（3）25～34岁

（4）35～44岁

（5）45岁以上

10. 您的受教育程度：

（1）初中及以下

（2）高中或中专

（3）大专

（4）本科

（5）硕士及以上

11. 您的职业：

（1）在校学生

（2）技术人员

（3）专业人员

（4）教师

（5）工人

（6）个体户/自由职业者

（7）销售人员

（8）文职/办事人员

（9）无业/失业/下岗

（10）退休

（11）其他

12.您的个人月收入（人民币）：

（1）1 000元以下

（2）1 000～3 000元

（3）3 000～5 000元

（4）5 000～10 000元

（5）10 000元以上

附录F　AR App对消费者贡献行为的影响研究的调查问卷

尊敬的女士/先生：

　　您好!我是一名教师，正在进行一项有关AR App设计对消费者贡献行为的影响研究。本问卷采用匿名的方式，您所提供的信息仅供学术研究之用，敬请您安心填答，感谢您的支持!

1.请您回忆一下，自己使用AR的经历，并根据自身的经历，对AR设计的量表进行打分（1~7分别代表非常不同意–非常同意）。

　　（1）AR App内容设计非常吸引人　1 2 3 4 5 6 7

　　（2）AR App内容设计非常生动　1 2 3 4 5 6 7

　　（3）AR App内容设计很好　1 2 3 4 5 6 7

（4）我从AR内容设计中感受到了真正的和谐感

2. 请您回忆一下，自己使用AR的经历，并根据自身的经历，对叙事传输的量表进行打分（1—7分别代表非常不同意—非常同意）。

（1）当我通过AR手机应用程序观看叙事广告时，我可以很容易地想象其中发生的事件　1 2 3 4 5 6 7

（2）通过AR手机应用，我可以想象自己在叙事广告中描述的事件　1 2 3 4 5 6 7

（3）通过AR手机App的叙事广告影响了我的情感　1 2 3 4 5 6 7

（4）广告中的场景在我脑海中清晰可见　1 2 3 4 5 6 7

3. 请您回忆一下，自己使用AR的经历，并根据自身的经历，对空间沉浸进行打分（1—7分别代表非常不同意—非常同意）。

（1）在体验AR的过程中，我感觉自己身处在AR创建的世界里　1 2 3 4 5 6 7

（2）在AR体验中，我的身体是在现实中，但我的思想是在AR创造的世界/地方　1 2 3 4 5 6 7

（3）在体验AR的过程中，我感觉自己仿佛来到了由AR创造的世界/地方　1 2 3 4 5 6 7

4. 请您回忆一下，自己使用AR的经历，并根据自身的经历，对体验进行打分（1—7分别代表非常不同意—非常同意）。

在直播购物的过程中，

（1）在使用AR App观看广告的过程中，我能发现很多乐趣　1 2 3 4 5 6 7

（2）在使用AR App观看广告的过程中，我注意力高度集中，完全逃离现实　1 2 3 4 5 6 7

（3）在使用AR App观看广告的过程中，我感觉自己在不同的时间和空间　1 2 3 4 5 6 7

（4）增强现实的广告体验让我想象在别的地方　1 2 3 4 5 6 7

5. 请您回忆一下自己使用AR的经历，并根据自身的经历，对产品知识进行打分（1—7分别代表非常不同意—非常同意）。

（1）我对该产品很感兴趣　1 2 3 4 5 6 7

（2）和其他人相比，我更了解该产品　1 2 3 4 5 6 7

（3）我朋友们认为我是该产品方面的专家　1 2 3 4 5 6 7

6. 请您回忆一下自己使用AR的经历，并根据自身的经历，对涉入度进行打分（1–7分别代表非常不同意–非常同意）。

（1）我非常关注该产品　1 2 3 4 5 6 7

（2）选择购买该产品对我来说非常重要　1 2 3 4 5 6 7

（3）我非常在意该产品所带来的结果　1 2 3 4 5 6 7

7. 请您回忆一下自己最近一次在直播间购物的经历，根据此次购物的真实感受，对下面的消费者贡献行为的量表进行打分（1–7分别代表非常不同意–非常同意）。

（1）我会发表产品的使用经验与体会，并与其他用户分享　1 2 3 4 5 6 7

（2）我会发表对现有产品的改进建议或解决方案，以期公司完善产品信息
　　 1 2 3 4 5 6 7

（3）我会向其他消费者推荐相关的产品　1 2 3 4 5 6 7

（4）我会在直播间购买相关产品　1 2 3 4 5 6 7

（5）我会参与他人提出的各类产品话题讨论，而不只是特定产品的话题
　　 1 2 3 4 5 6 7

（6）我会被提出的主题内容或创意所吸引，继而参与讨论　1 2 3 4 5 6 7

（7）我会就他人产品的建议方案，提出自己的意见和想法　1 2 3 4 5 6 7

个人信息部分

8. 您的性别：

（1）男

（2）女

9. 您的年龄：

（1）18岁以下（不含18岁）

（2）18～24岁

（3）25～34岁

（4）35～44岁

（5）45岁以上

10. 您的受教育程度：

（1）初中及以下

（2）高中或中专

（3）大专

（4）本科

（5）硕士及以上

11. 您的职业：

（1）在校学生

（2）技术人员

（3）专业人员

（4）教师

（5）工人

（6）个体户/自由职业者

（7）销售人员

（8）文职/办事人员

（9）无业/失业/下岗

（10）退休

（11）其他

12. 您的个人月收入（人民币）：

（1）1 000元以下

（2）1 000～3 000元

（3）3 000～5 000元

（4）5 000～10 000元

（5）10 000元以上

附录G　网红自我披露对消费者贡献行为的影响研究的调查问卷

尊敬的女士/先生：

　　您好!我是一名教师，正在进行一项有关网红自我披露对消费者贡献行为的影响研究。本问卷采用匿名的方式，您所提供的信息仅供学术研究之用，敬请您安心填答，感谢您的支持!

1.请您想一下，您最喜欢的美妆时尚主播，写下两个他或她的名字，并进行排序_____

2.请您根据自己对网红主播的排序，对网红自我亲密揭露量表进行打分（1-7分别代表非常不同意-非常同意）。

　　（1）该网红经常分享关于她自己的信息　1 2 3 4 5 6 7

　　（2）该网红经常谈论自己的行为　1 2 3 4 5 6 7

　　（3）该网红经常分享自身的感受　1 2 3 4 5 6 7

　　（4）该网红经常分享自身的情感　1 2 3 4 5 6 7

　　（5）该网红经常谈及自身的愿望和理想　1 2 3 4 5 6 7

　　（7）该网红经常会分享自身的情绪　1 2 3 4 5 6 7

　　（8）该网红经常会分享自身的想法　1 2 3 4 5 6 7

　　（9）该网红经常会分享自身的观点　1 2 3 4 5 6 7

情景：请您设想一下，某家企业正在抖音、快手、淘宝、小红书等平台直播推出一个新的美妆时尚产品，而您所喜欢的美妆时尚主播正好代言这一产品

3.您觉得：（1-7分别代表非常不同意-非常同意）。

　　（1）该网红直播的内容是可信的　1 2 3 4 5 6 7

　　（2）该网红推荐的相应产品较为可靠　1 2 3 4 5 6 7

　　（3）信任所观看的直播网红　1 2 3 4 5 6 7

4. 您觉得：（1-7分别代表非常不同意-非常同意）

　　（1）您所观看的网红具有专业的技巧　1 2 3 4 5 6 7

　　（2）您所观看的直播网红具有特殊的技能专长　1 2 3 4 5 6 7

　　（3）您所观看的直播网红对推荐产品具有丰富的使用经验　1 2 3 4 5 6 7

　　（4）您所观看直播网红具有专业的知识　1 2 3 4 5 6 7

5. 您觉得：（1-7分别代表非常不同意-非常同意）

　　（1）您观看直播网红的原因是因为网红的外表吸引您　1 2 3 4 5 6 7

　　（2）您观看直播网红的原因是因为网红的外表吸引您　1 2 3 4 5 6 7

　　（3）您认为您所观看的网红直播人很幽默有趣　1 2 3 4 5 6 7

　　（4）您认同直播网红的生活习惯　1 2 3 4 5 6 7

6. 请您对产品知识量表进行打分（1-7分别代表非常不同意-非常同意）。

　　（1）我对美妆和时尚产品感兴趣　1 2 3 4 5 6 7

　　（2）和其他人相比，我更了解美妆和时尚　1 2 3 4 5 6 7

　　（3）我的朋友们认为我是美妆和时尚方面的专家　1 2 3 4 5 6 7

7. 请您回忆一下自己最近一次在直播间购物的经历，根据此次购物的真实感受，对下面的消费者贡献行为的量表进行打分（1-7分别代表非常不同意-非常同意）。

　　（1）我会发表产品的使用经验与体会，并与其他用户分享　1 2 3 4 5 6 7

　　（2）我会发表对现有产品的改进建议或解决方案，以期公司完善产品息
　　　　1 2 3 4 5 6 7

　　（3）我会向其他消费者推荐相关的产品　1 2 3 4 5 6 7

　　（4）我会在直播间购买相关产品　1 2 3 4 5 6 7

　　（5）我会参与他人提出的各类产品话题讨论，而不只是特定产品的话题
　　　　1 2 3 4 5 6 7

　　（6）我会被提出的主题内容或创意所吸引，继而参与讨论　1 2 3 4 5 6 7

　　（7）我会就他人产品的建议方案，提出自己的意见和想法　1 2 3 4 5 6 7

个人信息部分

8.您的性别

（1）男

（2）女

9.您的年龄

（1）18岁以下（不含18岁）

（2）18～24岁

（3）25～34岁

（4）35～44岁

（5）45岁以上

10.您的受教育程度

（1）初中及以下

（2）高中或中专

（3）大专

（4）本科

（5）硕士及以上

11.您的职业

（1）在校学生

（2）技术人员

（3）专业人员

（4）教师

（5）工人

（6）个体户/自由职业者

（7）销售人员

（8）文职/办事人员

（9）无业/失业/下岗

（10）退休

（11）其他

12. 您的个人月收入（人民币）：

   （1）1 000元以下

   （2）1 000~3 000元

   （3）3 000~5 000元

   （4）5 000~10 000元

   （5）10 000元以上

附录H　直播带货情景下服务补救对消费者贡献行为的影响研究

尊敬的女士/先生：

    您好!我是一名教师，正在进行一项有关直播带货情景下服务补救对消费者贡献行为。本问卷采用匿名的方式，您所提供的信息仅供学术研究之用，敬请您安心填答，感谢您的支持!

1. 请您回忆一下，自己在直播间购物的某次不愉悦的经历，并根据此次经历，对有形补偿的量表进行打分（1-7分别代表非常不同意-非常同意）。

    1. 主播承诺可免费退换货并承担运费　1 2 3 4 5 6 7

    2. 主播给予的有形补偿超过了带给我的损失　1 2 3 4 5 6 7

    3. 主播为我提供价格折扣或赠品　1 2 3 4 5 6 7

2. 请您回忆一下，自己在直播间购物的某次不愉悦的经历，并根据此次经历，对心理补偿的量表进行打分（1-7分别代表非常不同意-非常同意）。

    （1）主播对我的不满和抱怨给予真诚的道歉　1 2 3 4 5 6 7

    （2）主播承认错误，并向我详细解释了失误的原因　1 2 3 4 5 6 7

    （3）主播认真对待我的诉求　1 2 3 4 5 6 7

3. 请您回忆一下，自己在直播间购物的某次不愉悦的经历，并根据自身的经历，对心理契约量表进行打分（1-7分别代表非常不同意-非常同意）。

    （1）当我对直播间购物活动有疑问时，该主播会耐心解释　1 2 3 4 5 6 7

（2）该主播对所开展的活动负责，使我感到放心　1 2 3 4 5 6 7

（3）该主播平台会为我提供周到的服务　1 2 3 4 5 6 7

（4）出现问题时，该主播会主动承担责任　1 2 3 4 5 6 7

（5）该主播是真的尊重我而不是在敷衍　1 2 3 4 5 6 7

（6）该主播注重与我长期关系的发展　1 2 3 4 5 6 7

（7）该主播有时主动给我问候／温馨提醒　1 2 3 4 5 6 7

（8）该主播重视我的体验感受　1 2 3 4 5 6 7

4. 请您回忆一下，自己在直播间购物的某次不愉悦的经历，并根据自身的经历，对消费者宽恕进行打分（1~7分别代表非常不同意–非常同意）。

（1）认可主播和平台处理方法　1 2 3 4 5 6 7

（2）理解主播和平台困难　1 2 3 4 5 6 7

（3）站在主播和平台角度考虑问题　1 2 3 4 5 6 7

5. 请您回忆一下，自己在直播间购物的某次不愉悦的经历，并根据自身的经历，对消费者贡献行为进行打分（1~7分别代表非常不同意–非常同意）。

（1）我会对该产品/服务的体验进行分享　1 2 3 4 5 6 7

（2）我会为该产品/服务提供解决方案　1 2 3 4 5 6 7

（3）我会购买该产品/服务　1 2 3 4 5 6 7

6. 请您回忆一下，自己在直播间购物的某次不愉悦的经历，并根据自身的经历，对准浪漫关系进行打分（1~7分别代表非常不同意–非常同意）。

（1）我觉得主播外表很迷人　1 2 3 4 5 6 7

（2）主播看起来很性感　1 2 3 4 5 6 7

（3）主播符合我理想中的外形美标准　1 2 3 4 5 6 7

（4）对我来说，主播可能是完美的浪漫伴侣　1 2 3 4 5 6 7

（5）我希望主播能知道我所有的想法、恐惧及希望　1 2 3 4 5 6 7

（6）我在身体上、情感上和精神上需要主播的支持　1 2 3 4 5 6 7

个人信息部分

7. 您的性别：

　（1）男

　（2）女

8. 您的年龄：

　（1）18岁以下（不含18岁）

　（2）18～24岁

　（3）25～34岁

　（4）35～44岁

　（5）45岁以上

9. 您的受教育程度：

　（1）初中及以下

　（2）高中或中专

　（3）大专

　（4）本科

　（5）硕士及以上

10. 您的职业：

　（1）在校学生

　（2）技术人员

　（3）专业人员

　（4）教师

　（5）工人

　（6）个体户/自由职业者

　（7）销售人员

　（8）文职/办事人员

　（9）无业/失业/下岗

　（10）退休

　（11）其他

11. 您的个人月收入（人民币）：

（1）1 000元以下

（2）1 000～3 000元

（3）3 000～5 000元

（4）5 000～10 000元

（5）10 000元以上